Führung im Endstadium

Eine Symphonie des Kontrollverlusts

AF223162

Bildung mit Profil und Mehrwert #5

Über den Autor

Ulrich Wirth denkt Führung nicht als Hierarchie, sondern als Zumutung. Als Leiter eines universitären Bildungszentrums mit 120 Mitarbeiter:innen hat er in den letzten zwei Jahrzehnten Programme entwickelt, die nicht nur funktionieren, sondern irritieren, herausfordern und die richtigen Fragen stellen. Zukunftsfähigkeit, Dynamik, Innovation? Für ihn keine Buzzwords, sondern tägliche Realität.

Der Erfolg? Messbar, ja. Aber nicht nur in Zahlen und Preisen. Der Bildungspreis der Saarländischen Wirtschaft für die Schulsozialberatung 2022. Der bundesweite SCHULEWIRTSCHAFT-Preis 2024 für das Community Outreach-Projekt *Mini Nurse AcadeME*. Doch Erfolge lassen sich nicht in Trophäen archivieren, weil sie nur dann etwas wert sind, wenn sie Raum für neue Brüche und neue Ideen öffnen.

Ulrich Wirth redet nicht über Wandel, er stürzt sich hinein. Als Experte für Geschäftsmodellentwicklung und Change Management bringt er Klarheit in die Komplexität moderner Arbeitswelten. Er schreibt und spricht über Themen, die provozieren, ohne bloß laut zu sein. Leadership? Kein Hochglanzbegriff, sondern eine Baustelle, die jeden Tag neue Widersprüche freilegt. Bildungsmanagement? Kein System, sondern ein Experimentierfeld für Menschen, die sich mit Visionen die Finger schmutzig machen. New Work? Keine Ideologie, sondern ein Test auf die eigene Haltung.

Mit seinem interprofessionellen Blick baut er Brücken. Zwischen Theorie und Praxis. Zwischen Menschen, die sich nie treffen wollten, aber zusammenarbeiten müssen. Zwischen Tradition und Innovation.

Glücklicherweise ist er mehr als seine Arbeit, auch wenn er sie manchmal mit einer Hingabe betreibt, die anderes fast unsichtbar macht. Aber das ist eine andere Geschichte.

Ulrich Wirth

Führung im Endstadium

Eine Symphonie des Kontrollverlusts

Bildung mit Profil und Mehrwert #5

FSC
www.fsc.org
MIX
Papier aus ver-
antwortungsvollen
Quellen
Paper from
responsible sources
FSC® C105338

Bibliografische Information der Deutschen Nationalbibliothek:

Die Deutsche Nationalbibliothek verzeichnet diese Publikation in der Deutschen Nationalbibliografie; detaillierte bibliografische Daten sind im Internet über dnb.dnb.de abrufbar.

Verlag: BoD · Books on Demand GmbH, Überseering 33, 22297 Hamburg,

bod@bod.de

Druck: Libri Plureos GmbH, Friedensallee 273, 22763 Hamburg

ISBN: 978-3-8192-7725-2

Für diejenigen, die uns gezeigt haben,
dass Widerstand ein Akt der Würde ist.
Und für die, die sich nicht einfangen lassen,
weder vom Spektakel noch von der Ernsthaftigkeit.
Von Guy Debord bis Captain Sensible.

„Und das Chaos sei willkommen;
denn die Ordnung hat versagt."

Karl Kraus: Die chinesische Mauer.
In: Christian Wagenknecht (Hrsg.): Karl Kraus Schriften, Bd.2.
Frankfurt am Main: Suhrkamp, 1987, S. 292.

„Power, force, motion, drive"

Propaganda: *p:Machinery* (1985)

INHALTSVERZEICHNIS

Dritter Satz: Scherzo – Die Bewegung

Vierter Satz: Finale – Der Höhepunkt

.../
PROLOG

Willkommen im Endstadium. Es gibt eine Art „perversen Genuss" darin, zuzusehen, wie die alte Ordnung zerbröckelt.[1] Die Fassade der Kontrolle, die uns jahrzehntelang ein falsches Sicherheitsgefühl vermittelt hat, ist nicht mehr als ein erodierender Mythos. Im Endstadium ist Führung nicht länger die Kunst des Navigierens, sondern ein verzweifeltes Schauspiel zwischen Dominanz und Kapitulation. Und genau hier liegt das Paradoxon: Wir versuchen immer noch, Lösungen zu finden, obwohl die Fragen selbst uns längst entglitten sind.

Dieser „perverse Genuss" besteht nicht nur darin, Zeuge des Zerfalls zu sein, sondern auch in der Erkenntnis, dass die Bruchstellen der alten Ordnung uns eine ungeahnte Freiheit eröffnen. Ein solcher Reiz entsteht oft gerade aus der Beobachtung und Dekonstruktion bestehender Ordnungen, ein Moment, das zwar Freiheit, aber auch Unbehagen und Zumutung mit sich bringt. Es ist das Vergnügen, sich in der Dekonstruktion zu verlieren, um etwas radikal Neues zu schaffen. Aber Vorsicht: Diese Freiheit ist kein Geschenk, sie ist ein Risiko, eine Provokation. Sie fordert von uns, die bequemen Illusionen der Vergangenheit zu hinterfragen und uns den unbequemen Wahrheiten unserer Gegenwart zu stellen.

Führung hat sich deutlich verändert. Das 21. Jahrhundert stellt Führungskräfte vor Herausforderungen, die vor wenigen Jahrzehnten noch wie dystopische Fiktion wirkten: Klimakrise, Digitalisierung

---

[1]   Vgl. dazu Slavoj Žižek: The Ticklish Subject. The Absent Centre of Political Ontology. New York: Verso, 1999, S. 297.

und globale Instabilität; hyperindividualisierte Gesellschaften, Fantastilliardäre, die Gott spielen, und Populisten, die ganze Systeme wie persönliche Marken behandeln. All diese Kräfte wirken wie ein Tornado, der die vertrauten Strukturen von Macht und Kontrolle auseinanderreißt. Nahm Terry Gilliam 1985 in *Brazil* bereits vorweg, wie Bürokratie, Technokratie und Kontrollsysteme den Einzelnen erdrücken, zeigt sich heute umso deutlicher, dass Führung nicht mehr von Stabilität und Kontrolle, sondern von Flexibilität und Widerstandsfähigkeit bestimmt sein muss.

Mit Michel Foucault ist Macht niemals statisch.[2] Sie ist ein Netzwerk, das sich ständig neu formt, fließt und strömt, oft unterhalb der Sonarschwelle und damit außerhalb unserer Wahrnehmung. Dies steht in direktem Kontrast zu den klassischen Modellen von Führung, die Macht als hierarchisch, kontrollierbar und linear verstanden. Aktuelle Führungsdiskurse fordern daher ein radikales Umdenken: weg von der Illusion totaler Kontrolle hin zu einer dynamischen, netzwerkorientierten Perspektive. Führung im 21. Jahrhundert bedeutet weniger, *Strukturen zu retten*, als *Strömungen zu lenken;* ein Prozess, der Offenheit, Anpassungsfähigkeit und die Fähigkeit erfordert, Ambivalenz auszuhalten.

Zwischen Strömung und Stabilität

Die mit diesem Bild verbundenen Überlegungen entstanden nicht am heimischen Schreibtisch mit Blick auf die Sickinger Höhe, sondern an einem Ort, der wie kein zweiter Bewegung und Beständigkeit zugleich verkörpert: in Yvoire, wo man das Mittelalter förmlich einsaugen kann, mit Blick auf den Genfer See oder Lac Léman, wie dieser am französischen Südufer heißt.

---

2   Vgl. dazu Michel Foucault: Sexualität und Wahrheit. Erster Band: Der Wille zum Wissen. Frankfurt am Main: Suhrkamp, 1977.

In Yvoire riecht es nach Lavendel und Geschichte. Pflastersteine, die Jahrhunderte tragen, führen hinab zum Ufer des Sees. Dort, wo die Mauern enden, beginnt die Bewegung. Die Stadt steht; und sie fließt. Genau das ist Führung: eine Kunst zwischen Verankerung und Veränderung. Zwischen Altstadt und Wasserlinie, zwischen Zeit und Strömung.

Das Wellenbild vor meinen Augen erinnerte mich daran: Führung ist kein fester Zustand, sondern ein ständiges Wechselspiel aus Einfluss, Resonanz und Kurskorrektur. Unsichtbare Tiefenströmungen prägen die Dynamik einer Organisation, oft unbemerkt, aber von fundamentaler Wirkung. Manche Strömungen tragen mit; andere wirken entgegen, offenbaren Widerstände, versteckte Kräfte oder ungenutzte Potenziale. Und jene internen Wellen, die an den Grenzen zwischen Abteilungen, Perspektiven und Hierarchien entstehen: Sie können Reibung erzeugen, Strukturen herausfordern und zugleich neue Möglichkeiten eröffnen.

Diese Beobachtungen lassen sich kaum trennen vom größeren Narrativ moderner Führung. Denn im herrschenden Führungsnarrativ geht es längst nicht mehr darum, die alten Konzepte zu retten. Vielmehr stellt sich die Frage, ob sie jemals mehr waren als ein verzweifelter Versuch, das Chaos zu bändigen. Denn wie die Arbeiten von Otto Scharmer oder Frederic Laloux zeigen, liegt die Zukunft der Führung nicht in starren Modellen, sondern in der Fähigkeit, ein Umfeld zu schaffen, in dem Komplexität nicht als Bedrohung, sondern als Ressource begriffen wird.[3] Nur wer Kontrolle loslässt, kann in einer Welt bestehen, die von ständigen Umbrüchen geprägt ist.

---

[3]   Vgl. dazu C. Otto Scharmer: Theorie U. Von der Zukunft her führen. Presencing als soziale Technik. Heidelberg: Carl-Auer-Systeme Verlag, 2011; Frederic Laloux: Reinventing Organizations. Ein Leitfaden zur Gestaltung sinnstiftender Formen der Zusammenarbeit. München: Vahlen, 2015.

Vielleicht liegt genau darin das latente Unbehagen, das Führungskräfte erfasst: die verstörende Einsicht, dass die Herausforderung der Gegenwart nicht darin besteht, Unsicherheit zu bekämpfen, sondern sie als inhärenten Bestandteil des Fortschritts zu begreifen. Paradox und schockierend: Das Streben nach Ordnung war stets nur eine Geste, um das Chaos zu maskieren. Dabei ist es genau dieses Chaos, das die einzige echte Quelle von Innovation und Wandel bleibt. Ein Gedanke, der Widerstand auslöst, weil er Wahrheit in sich trägt.

Dieses Buch ist aus der Überzeugung gewachsen, dass Führung neu gedacht werden muss: nicht als starres Konzept, sondern als fluide Struktur, die uns befähigt, mit der Komplexität unserer Zeit umzugehen.[4] Es verspricht keine klaren Antworten, wahrscheinlich weil es sie nicht gibt – oder weil jede Antwort neue Fragen nach sich zieht. Stattdessen fordert es dazu auf, die Risse im Fundament moderner Führung sichtbar zu machen, Widersprüche auszuhalten und sich den unbequemen Fragen zu stellen.

---

[4]   Fluidität ist das neue Dogma, kein fester Halt, nur konstantes Fließen. Die genannten Autor:innen teilen die Überzeugung, dass traditionelle Führungskonzepte in einer komplexen und unsicheren Welt nicht mehr funktionieren. Stattdessen setzen sie auf Adaptivität, interdisziplinäre Perspektiven und die Fähigkeit, Stabilität durch fortwährende Anpassung und kollektives Lernen zu ersetzen: Neben Laloux, Anm. 3, sind das Mihaly Csikszentmihalyi: Flow. Das Geheimnis des Glücks. Stuttgart: Klett-Cotta, 1992; Zygmunt Bauman: Flüchtige Moderne. Frankfurt am Main: Suhrkamp, 2003; Ronald Heifetz, Alexander Grashow und Marty Linsky: Adaptive Leadership. Tools and Tactics for Changing Your Organization and the World. Boston: Harvard Business Review Press, 2009; Paul Aitken und Malcolm Higgs: Developing Change Leaders. The Principles and Practices of Change Leadership Development. London: Routledge, 2009; Chris Ernst und Donna Chrobot-Mason: Boundary Spanning Leadership. Six Practices for Solving Problems, Driving Innovation, and Transforming Organizations. New York: McGraw-Hill, 2011; Barbara Kellerman: The End of Leadership. New York: HarperBusiness, 2012; Russel L. Honore: Leadership in the New Normal. A Short Course. Lafayette, LA: Acadian House Publishing, 2017.

Führung im Beben: Zerfall, Paradoxien, Kontrollillusion

Diese Risse oder Bruchstellen sind ein Paradoxon in Echtzeit. Führung ist heute kein stabiler Zustand mehr, sondern ein permanentes Erdbeben. Wir leben in einer Zeit, in der Autorität zugleich unverzichtbar und überholt erscheint, in der Unternehmen einerseits „menschlicher" werden sollen, während sie andererseits durch Algorithmen ihre letzten Reste an Menschlichkeit auspressen. Diese Spannungen lassen sich nicht mehr kaschieren. Und vielleicht wäre es auch gar nicht klug, es zu versuchen: Sie brechen auf, bluten, verschieben sich unaufhaltsam.

1. Die erste Bruchstelle ist die *Auflösung klassischer Hierarchien.* Führung war einmal einfach: Es gab oben und unten, Befehl und Gehorsam. Heute? Ein labyrinthisches Netzwerk, in dem Führungskräfte nicht mehr befehlen, sondern betteln müssen: um Aufmerksamkeit, um Engagement, um die bloße Akzeptanz ihrer Rolle. Das Top-down-Modell zerbricht, aber was entsteht an seiner Stelle? Demokratische Partizipation oder einfach nur Chaos, in dem die lautesten Stimmen gewinnen?

2. Der groteske *Widerspruch zwischen Effizienz und Menschlichkeit* ist die zweite Bruchstelle. Die moderne Wirtschaft will alles gleichzeitig: maximale Produktivität und maximale Mitarbeiterzufriedenheit. Man soll inspirieren, aber KPI-getrieben führen, Diversität feiern, aber Leistung standardisieren, Innovation fordern, aber keine Risiken eingehen. Führung wird so zu einer Paradoxie auf zwei Beinen, ein Versuch, Feuer mit Benzin zu löschen, während man gleichzeitig versichert, dass alles nachhaltig und CO_2-neutral ist.

3. Dann ist da die *Digitalisierungsfalle,* verkauft als Befreiung, genutzt als Kontrollinstrument. In der Theorie ermöglichen digitale Tools flexibles Arbeiten, Demokratisierung von Wissen, eine Kultur der Offenheit. In der Praxis? Meeting-Tracking, permanente Erreichbarkeit, eine neue Art der

Überwachung, die nicht mehr mit der Peitsche, sondern mit freundlichen Push-Nachrichten funktioniert. Foucault nahm es treffend vorweg: Die subtilste Macht ist die, die uns glauben lässt, wir hätten sie freiwillig gewählt.[5]

4. Und schließlich das größte Dilemma: *Führung ist politisch geworden,* ob man will oder nicht. Klimawandel, Diversität, soziale Verantwortung – wer nicht Stellung bezieht, ist raus. Früher konnte man sich in der neutralen Wohlfühlzone von „Wirtschaft ist unpolitisch" bewegen. Heute? Die Illusion ist vorbei. Ein Unternehmen, das keine Haltung hat, ist kein Unternehmen mehr, sondern ein Relikt.

Die Bruchstellen der Führung sind somit nicht einfach Krisen, die überwunden werden müssen. Sie sind das neue Normal. Führung ist kein solider Felsen mehr, sondern eine schwankende Planke über einem Abgrund, in dem Ideologien, Technologien und Machtspiele miteinander kollidieren. Wer heute führen will, muss lernen, in der Unsicherheit zu schwimmen; oder mit den alten Gewissheiten unterzugehen. Ohne Rettungsring.

Es gibt keinen festen Boden mehr, keine universelle Methode, die garantiert, dass Führung auch morgen noch funktioniert. Die alten Sicherheiten? Nur Illusionen. Die Idee, dass Führung ein festes Set an Prinzipien sei, das man nur richtig anwenden müsse, um erfolgreich zu sein, hat sich in der Realität als Wunschdenken entpuppt. Stattdessen gleicht Führung heute einem offenen Meer ohne Küstenlinie – unberechenbar, tief, unergründlich.

Doch schwimmen bedeutet nicht, dass es eine Rettung gibt. Es gibt keinen Rettungsring, keinen Fixpunkt, an dem man sich festhalten könnte. Führung ist kein sicherer Hafen mehr, sondern ein ständiges Navigieren durch Strömungen, die von Ideologien, Technologien,

---

[5]   Vgl. dazu Michel Foucault: Überwachen und Strafen. Die Geburt des Gefängnisses. Frankfurt am Main: Suhrkamp, 1977, S. 260ff.

gesellschaftlichen Umbrüchen und geopolitischen Machtverschiebungen getrieben werden. Die Wahl ist brutal einfach: lernen, in der Unsicherheit zu treiben, beweglich zu bleiben, auf Sicht zu navigieren – oder mit den alten Gewissheiten unterzugehen. Wer darauf wartet, dass sich das Meer beruhigt (oder gar teilt), wird ertrinken.

Wir stehen an einem Wendepunkt. Die tektonischen Platten der Führung verschieben sich, mit unklarer Richtung und ungewissem Ausgang.

Zwischen Zynismus und Neubeginn: Führung als Haltung

Ich will es nochmals betonen: Dieses Buch ist aus der Überzeugung gewachsen, dass wir Führung grundlegend neu denken müssen. Diese Überzeugung rührt aus meiner Neigung, kritisch zu hinterfragen – zumeist wach, nahezu immer lösungsorientiert, immer offen für neue Perspektiven und innerlich getrieben, auch unbequeme Themen anzusprechen. Genau diese Haltung hat mich gelehrt, dass Führung nicht darin liegt, einfach einfache Antworten zu liefern, sondern den Mut aufzubringen, die richtigen Fragen zu stellen, Herausforderungen proaktiv anzugehen und gemeinsam nachhaltige Lösungen zu entwickeln.

Führung hat sich verschoben, von Kontrolle und Macht hin zur Haltung. Seit wann? Vielleicht seitdem die alten Gewissheiten zerbröckelten, seit Komplexität nicht mehr beherrscht, sondern nur noch ausgehalten werden kann. Heute ist Führung die Fähigkeit, Unsicherheiten zu akzeptieren, Orientierung zu bieten und den Raum für kollektive Intelligenz zu schaffen. Doch diese Haltung verlangt Mut: nicht nur, um die Absurdität der Situation zu erkennen, sondern um sich in ihr zu behaupten. Führung im 21. Jahrhundert ist ein Balanceakt zwischen Zynismus und Hoffnung, zwischen der Angst vor dem Zusammenbruch und der Möglichkeit eines radikalen Neubeginns.

Wurzeln und Horizonte und die Kunst der Verbindung

Nach sorgfältiger Überlegung komme ich zu dem Schluss, dass ich erneut ein Buch meiner großartigen Frau widmen muss. Inmitten der Überlegungen zu Führung, Komplexität und Widersprüchen erinnert sie mich daran, einfach indem sie atmet, bei der Gestaltung der Zukunft niemals zu vergessen, wo unsere Herkunft liegt: in den Dingen, an die wir glauben und für die wir stehen. Sie ist eine Wanderin zwischen den Kulturen, deren Fähigkeit, in Widersprüchen zu leben und dennoch Verbindungen zu schaffen, mich zutiefst inspiriert hat, dieses Buch zu schreiben. Ihre Haltung ist kein Kompromiss, sondern ein stilles Manifest: zwischen Welten zu stehen heißt nicht, zerrissen zu sein, sondern doppelt verwurzelt. Und wer Horizonte nicht nur sieht, sondern fühlt, weiß, dass jede Grenze auch ein Anfang ist.

Yvoire, den 19. April 2025

Ulrich Wirth

P.S.:

Beinahe hätte ich unterschlagen zu erwähnen, dass das Schreiben wesentlich leichter fällt, wenn zwei Hunde im Raum sind. Sie erinnern mich daran, dass der wahre Genuss oft in den kleinen, scheinbar banalen Momenten des Lebens liegt. Momente, die uns helfen, selbst im größten Durcheinander einen klaren Gedanken zu fassen.

Sie diskutieren nicht, sie urteilen nicht, sie liegen einfach da, als wären sie Zen-Meister in französischer Bulldoggenform. Ihre Präsenz ist radikal analog in einer Welt, die sich in der digitalen Fragmentierung verliert. Und manchmal ist das, was uns zentriert, einfach nur ein tiefer Atemzug im Takt von Pfoten auf Parkett.

Diese Lektion hätte ich gerne schon viel früher gelernt.

Führung im Endstadium

Eine Symphonie des Kontrollverlusts

0/

EINLEITUNG

Zwischen Zynismus und Hoffnung: Eine Essaysammlung für mutige Führungskräfte

Dieses Buch taugt zu nichts. Außer zum Umdenken.

Es ist kein Kompass und keine klassische Gebrauchsanweisung. Vielmehr ist es eine Sammlung von Essays, die sich den zentralen Fragen moderner Führung widmen. Jeder Essay steht für sich und beleuchtet eine spezifische Facette unserer widersprüchlichen Realität.[6] Zusammengenommen aber formen diese Texte ein Mosaik, das dazu einlädt, Führung aus *ungewohnten Blickwinkeln* zu betrachten, unbequem, widerständig, gegen den Strich gedacht.

---

[6] Gerade weil jeder Essay für sich steht, erklärt das auch deren inhomogenen Stil. Sie sind nicht aus einer sterilen, gleichgeschalteten Schreibwerkstatt hervorgegangen, sondern in unterschiedlichen Zeiten, Stimmungen und Denkprozessen entstanden. Genau das wollte ich erhalten. Es wäre eine Verfälschung gewesen, sie nachträglich zu glätten, so als ließe sich intellektuelle Reibung durch redaktionelle Kosmetik eliminieren.
Diese Essays können nicht das Endprodukt einer geschlossenen Lehrmeinung sein. Sie stehen im Widerspruch zu jeder Form von intellektuellem Stillstand. Sie sind Ausdruck eines Denkens, das sich nicht mit fertigen Antworten zufriedengibt, sondern sich an der Komplexität abarbeitet. Wer eine stringente, lehrbuchartige Argumentation sucht, wird hier nicht fündig werden. Doch wer Widersprüche als produktive Zumutung begreift, wird sich in diesen Texten wiederfinden. Denken ist keine Fließbandproduktion, keine algorithmisch generierte Konsistenz. Es ist ein Prozess, der stockt, stolpert, sich widerspricht – und der sich gerade darin entfaltet. Wie ein Gespräch spät in der Nacht, in dem Argumente aufeinanderprallen, ohne sich aufzulösen. Die Essays sind Momentaufnahmen eines offenen Diskurses, nicht der Abschluss einer stringenten Theorie.

Ungewohnte Blickwinkel... Ich denke an die 1980er, ans *Logo* in Koblenz, ans *Exil*. An Gabi und Claudia, an Ingo und Bauer. Und natürlich, jeder von uns hatte seinen Stammplatz. Hinten rechts an der großen Bassbox standen die Punks, das Becks in der Hand, die Leinwand im Rücken, die Volker geräuschlos hinunterließ, um Clips aus Derek Burbidges *„ Urgh! A Music War"* zu spielen, Gary Numan in seinem albernen Elektroscooter, Klaus Nomi, bereits das Virus in sich, Lux Interior mit dem Mikro im Mund: *„Come on, little mama, let's tear this damn place up"*. Dennoch ein sicherer Raum. Bekannte Gesichter. Ein Ort, an dem die Welt gigantisch, aber überschaubar schien.

Aber wie anders sah der Laden aus, wenn man die Perspektive wechselte? Dort, wo die Mods standen, die Psychobillies, die Skinheads, bevor ihnen Hausverbot erteilt worden war. Plötzlich andere Regeln, andere Codes. Spannungen. Bewegung bedeutete nicht nur neue Einsichten, sondern auch Risiko. Damals musste man wissen, wo man stand und mehr noch: *wofür* man stand – und was passierte, wenn man sich in Bewegung setzte.

Jetzt, mit bald vierzig Jahren Abstand, stelle ich einigermaßen verblüfft fest, dass Führung eigentlich genau so funktioniert. Wer immer an der gleichen Stelle bleibt, sieht nur einen Ausschnitt der Realität. Wer sich bewegt, verändert nicht nur seinen Blick, sondern auch sich selbst. Das trägt zu *Haltung* bei, auch wenn es unbequem ist. Vielleicht sogar gefährlich. Aber es ist der einzige Weg, etwas wirklich zu verstehen.

Es geht dabei nicht um Heldenmut, sondern um etwas Subtileres: um die Gravität der Selbstverortung. Eine fast barocke Formulierung, gewiss, aber treffend für das, was es heißt, zu sich zu stehen, ohne sich aufzublasen. Würde mit Ironie. Und eine innere Form von Würde, die sich erst im Wandel bewährt.

Die Erosion der Gewissheiten: Wie sich Macht und Verantwortung transformieren

Die Neuvermessung von Macht und Verantwortung aus dem Geiste der Krise vollzieht sich hier und jetzt, in einem Moment, in dem wir tagtäglich Zeuge werden, dass bisher Undenkbares offen ausgesprochen wird und vermeintlich feste Regeln nicht nur hinterfragt, sondern gebrochen werden. Ob es um den Umgang mit Unsicherheit, die Nutzung technologischer Werkzeuge oder die Auseinandersetzung mit gesellschaftlichen Erwartungen geht: die Gegenwart ist nicht nur in radikaler Umformung, sondern ein Spielfeld permanenter Verschiebungen, in dem alte Gewissheiten erodieren und neue Ordnungen erst im Entstehen begriffen sind:

- Wirtschaftliche und geopolitische Interessen werden zunehmend mit postliberalen, neoreaktionären, absurden, ich möchte sagen: *kolonialistisch* anmutenden Machtfantasien verknüpft. Wie irrational und größenwahnsinnig ist die Idee, Grönland zu kaufen? Der Panamakanal, ganz Kanada – alles will der 47. Präsident der Vereinigten Staaten den USA zugeschlagen. Das ist geopolitischer Monopoly-Kapitalismus, der nostalgisches Großmachtdenken mit marktradikalem Opportunismus verbindet. Was kommt als nächstes? *Erobern Sie Kamtschatka?*
- Russlands Angriff auf die Ukraine 2022 und die Vorgeschichte, die Annexion der Krim und die „Unabhängigkeit" der selbstproklamierten Volksrepubliken Donezk und Luhansk 2014, erschüttert die Grundlagen internationaler Abkommen und zeigt, wie Putins neoimperialistischer Machtrevisionismus die globale Ordnung nicht nur infrage stellt, sondern gewaltsam umzuschreiben versucht.

- Russlands Energiepolitik wirft die Frage auf, ob ein Staat Gas und Öl als geopolitische Waffen einsetzen darf, um politische Ziele durchzusetzen: Nord Stream 1 und 2 zeigen, wie brüchig vermeintliche Stabilität sein kann.
- Chinas aggressive Haltung gegenüber Taiwan ist Ausdruck von strategischem Expansionismus, mit dem es die Kontrolle im Asien-Pazifik-Raum ausweiten will. Dabei untergräbt Peking den internationalen Status quo und destabilisiert durch militärische Aktivitäten die regionale Sicherheit, was Länder wie Japan, Australien und die USA wiederum zu Gegenmaßnahmen provoziert.
- Der Wettlauf um Halbleiter und die technologische Vorherrschaft in dieser Schlüsselindustrie verschärfen geopolitische Spannungen, wobei Taiwan sowohl als globaler Knotenpunkt als auch als potenzielles Pulverfass im Zentrum steht.
- Der Hafen von Hambantota in Sri Lanka ist kein Einzelfall, sondern ein Muster:[7] Chinas *Belt and Road Initiative* schafft Abhängigkeiten, die weniger nach Entwicklungshilfe und mehr nach geopolitischer Schachpartie aussehen. Wie viel wirtschaftliche Erpressbarkeit darf unter dem Deckmantel der Infrastruktur geduldet werden?
- Die Rolle der USA im Nahostkonflikt offenbart die enge Verzahnung von Ölinteressen und geopolitischer Einflussnahme. Die *Abraham Accords Declaration* zeigt, wie strategische Allianzen geschmiedet werden – doch um welchen Preis?
- Frankreichs militärische Präsenz in ehemaligen Kolonien Afrikas folgt einer klaren Logik der Machtprojektion, gestützt durch strategische Rohstoffe wie Uran aus Niger. Ist das noch Stabilitätssicherung oder längst wirtschaftlich motivierte Kontrolle?

---

[7] Vgl. dazu Ajit Singh: The Myth of „Debt-trap Diplomacy" And Realities of Chinese Development Finance. In: Third World Quarterly 42 (2021), S. 239-253.

- Die Türkei verfolgt eine expansive Politik im östlichen Mittelmeer und in Konfliktregionen wie Syrien, die scheinbar auf nationalistischen und wirtschaftlichen Interessen beruht. Doch wie wird dieses Vorgehen legitimiert?
- Indiens Einfluss in Südasien: Kann Indien durch seine Infrastrukturprojekte und strategische Allianzen, etwa im Rahmen des *Quadrilateral Security Dialogue (QUAD),* als moralischer Gegenspieler Chinas gelten? Oder betreibt es lediglich eine subtilere Form von geopolitischem Wettbewerb?

Warum sollte es in Technologie und Gesellschaft anders sein? Auch hier verschwimmen alte Gewissheiten:

- Künstliche Intelligenz stellt die Grundpfeiler von Kontrolle und Ethik auf eine Probe, die vor 20 Jahren noch undenkbar war. Wer setzt die Grenzen? Und wer überwacht die, die sie definieren?
- Social Media-Plattformen wie *TikTok* oder *X* (das gute alte *Twitter*) dominieren Diskurse und destabilisieren klassische Medienstrukturen.
- Im Bereich der Raumfahrt werden durch die Visionen von Marskolonien privater Raumfahrtunternehmen wie *SpaceX* die Grenzen des Machbaren verschoben.
- Gesellschaftlich hinterfragen Bewegungen wie *Fridays for Future, Extinction Rebellion* oder *Center for Humane Technology (CHT)* etablierte Strukturen, sei es im Klimaaktivismus oder im Umgang mit digitalen Technologien, während Debatten um Genderidentitäten die traditionellen Vorstellungen von Geschlechterrollen aufgebrochen haben.

In der Wirtschaft zeigt sich diese Dynamik durch Kryptowährungen, die traditionelle Finanzsysteme herausfordern, oder durch Deglobalisierungstendenzen wie den *Brexit*, die eine vermeintlich stabile

Ordnung in Frage stellen:

- Kryptowährungen und ihre Auswirkungen haben traditionelle Finanzsysteme ins Wanken gebracht. Während Länder wie El Salvador *Bitcoin* als offizielles Zahlungsmittel eingeführt haben, verbieten Staaten wie China das *Krypto-Mining* und befeuern damit die Debatte um staatliche Kontrolle.
- *Stablecoins* und *digitale Zentralbankwährungen (CBDCs)* stehen im Spannungsfeld zwischen Regulierung und technologischer Innovation. *Stablecoins* wie *Tether* und Chinas *Digital Yuan* zeigen, wie Staaten versuchen, Kryptowährungen zu kontrollieren, während sie gleichzeitig neue Möglichkeiten für digitale Finanzsysteme ausloten.
- *Brexit* und die Folgen für Europa sind nach wie vor spürbar. Der Austritt des Vereinigten Königreichs aus der EU hat Handelsbeziehungen destabilisiert und neue Spannungen geschaffen, besonders bei den Nordirland-Protokollen, die den Frieden in der Region gefährden.
- Deglobalisierung und Lieferkettenkrisen haben sich durch Ereignisse wie die COVID-19-Pandemie und geopolitische Spannungen verstärkt. Infolgedessen ziehen sich Unternehmen zunehmend aus globalen Märkten zurück, um Abhängigkeiten zu minimieren und Produktionsketten stärker zu nationalisieren.

Die Physiologie[8] dieses bizarren Mosaiks bringt es jedoch mit sich, dass jedes Teil im Kontext des Ganzen betrachtet werden muss, ohne

---

[8] Man kann sich heute kaum noch vorstellen, dass das 19. Jahrhundert eine eigene literarische Kategorie für den Zeitgeist hatte: die *„Physiologies"*. Nein, nicht Brillat-Savarins gastrosophische Meditationen über Geschmack und Verdauung, wir reden hier nicht über die Philosophie des guten Essens, sondern über die Typologie des gesellschaftlichen Seins. Louis Adrien Huarts *„Physiologies"*, wie die 1841 erschienene *Physiologie de l'étudiant*, waren keine wissenschaftlichen Abhandlungen, sondern stilistisch scharfkantige Miniaturen, die das Leben sezieren, statt es nur zu beschreiben. Sie waren das *Twitter* des 19. Jahrhunderts: präzise, pointiert und oft gnadenlos treffend.

dabei seine Eigenständigkeit zu verlieren – ein Palimpsest,[9] das die Dynamik rhizomatischer Schichtungen spiegelt, bei denen es keine festen Ursprünge, sondern nur überlagerte Relationen gibt. In diesem ständigen Fluss von Verbindungen und Transformationen wird sichtbar, wie Konflikte, Interessen und Strukturen ineinandergreifen und ein offenes Geflecht formen. Es ist diese Dynamik zwischen Fragment und Gesamtheit, die es den Leser:innen ermöglicht, eigene Einsichten und Verknüpfungen zu entwickeln.

Ob im Umgang mit Unsicherheit, der Nutzung technologischer Werkzeuge oder der Reibung an gesellschaftlichen Erwartungen, diese Essays sind Hebel für eine Welt, in der alte Gewissheiten erodieren und neue Grenzen nur entstehen, um sogleich ins Wanken zu geraten.

Die Struktur der Essays

Wie in einer Symphonie ist diese Essaysammlung in vier Sätze gegliedert, deren Klang sich düster und eindringlich entfaltet: ein unvollkommener Tanz zwischen Absurdität und Notwendigkeit, zwischen Hoffnung und Zynismus. Und sie steht näher bei Beethoven als bei Mozart: keine leichten, optimistischen Harmonien wie

---

Damals funktionierte das. Weil die Leute noch wussten, dass das Denken keine sterile Tätigkeit ist, sondern eine, die weh tun darf. Heute? Da regiert die Angst vor der Spitze, vor der Prägnanz. Wer sich an einer *„Physiologie des deutschen Bedenkenträgers"* versucht, bekommt keinen Applaus, sondern Betroffenheitsbekundungen. Literatursoziologisch sind diese Texte dennoch Gold wert. Sie sind Momentaufnahmen einer Gesellschaft, die sich gerade selbst erfindet. Oder zerlegt.

Adorno hat das einmal als „geschichtsphilosophische Sonnenuhr" bezeichnet. Treffender geht's kaum: Diese Texte werfen Schatten, und zwar genau dorthin, wo sich die Leute lieber nicht umsehen. Theodor W. Adorno: Gesammelte Schriften in 20 Bänden, Band 11: Noten zur Literatur. Frankfurt am Main: Suhrkamp, 2003, S. 60.

[9] Vgl. dazu Gilles Deleuze und Félix Guattari: Tausend Plateaus. Kapitalismus und Schizophrenie. Berlin: Merve, 1992, S. 11ff.

in Mozarts *Jupiter-Symphonie*, sondern die Schwere und Unausweichlichkeit der *Schicksalssymphonie*, in der jedes Motiv von einer tiefen Ernsthaftigkeit und einem Hauch von Tragik durchzogen ist.

Erster Satz: Allegro – Der Aufbruch

Im ersten Satz geht es um Dynamik und Energie, die sich in der Dekonstruktion alter Führungsmythen und der Offenlegung neuer Realitäten entfaltet.[10] Foucault schärft unseren Blick dafür, dass Macht sich weniger in spektakulären Momenten offenbart, sondern vielmehr in den feinen Mechanismen, die unsere Wahrnehmung strukturieren und unser Handeln lenken.

Die Essays im ersten Satz zeichnen das Bild einer Welt, die von den Anforderungen einer VUCA-Welt geprägt ist. In *Die Illusion der Kontrolle* wird die Überzeugung dekonstruiert, dass wir die Ereignisse um uns herum beherrschen könnten – eine ideologische Konstruktion, die laut Foucault auf der Disziplinargesellschaft basiert. *Wahlamt versus Qualifikation* verdeutlicht das Spannungsfeld zwischen demokratischer Legitimation und technokratischer Expertise, der man sich systemtheoretisch nähern kann.

Die Auflösung traditioneller Strukturen hätte Gilles Deleuze, wie in *Führung im Endstadium* und *Die Auflösung von Hierarchien* beschrieben, als Übergang von der Disziplinar- zur Kontrollgesellschaft bezeichnet. Die Hierarchie als Relikt des Industriezeitalters wird hier nicht nur kritisch hinterfragt, sondern als Hindernis für eine neue, fluide Form der Macht verstanden.

---

10 Am Dirigentenpult geben sich Foucault, Luhmann und Deleuze den Taktstock in die Hand: Eine Symphonie der Macht, die von Disziplin über Legitimation bis hin zur Kontrolle reicht. Foucault wie Anm. 5; Niklas Luhmann: Legitimation durch Verfahren. Frankfurt am Main: Suhrkamp, 1983; Gilles Deleuze: Postskriptum über die Kontrollgesellschaften. In: ders.: Unterhandlungen 1972-1990. Frankfurt am Main: Suhrkamp, 1993, S. 254-262.

Zweiter Satz: Adagio – Die Reflexion

Im zweiten Satz wird der Tonfall langsamer und nachdenklicher. Hier geht es um die psychologischen und moralischen Aspekte moderner Führung.[11]

In *Leadership und die Krise des Vertrauens* wird die Frage aufgeworfen, ob Vertrauen überhaupt noch existiert oder ob es längst zur Simulation geworden ist, ein Konzept, das Jean Baudrillard als „Simulakrum" bezeichnet hätte. In *Empathie als Machtinstrument* zeigt sich die Ambivalenz moderner Führung: Mitgefühl wird hier zur subtilen Technik der Kontrolle, eine Macht, die nicht direkt ausgeübt wird, sondern – wie Foucault es beschreiben würde – in die Subjekte integriert wird.

Die Essays *Die Hyperindividualisierung* und *Arbeit als Sinnstifter* nehmen die neoliberale Ideologie ins Visier, die das Individuum als Projekt formt und es gleichzeitig diszipliniert. Deleuze würde diese Hyperindividualisierung als Teil der Kontrollgesellschaft interpretieren, in der Subjekte durch subtile Mechanismen gelenkt werden.

Globale Perspektiven – Führung im Zeitalter kultureller Diversität und *Die Ästhetik der Führung* erweitern den Diskurs um Fragen der kulturellen und symbolischen Macht, die nicht nur national, sondern global wirken.

---

[11] Die im zweiten Satz angesprochenen Themen wie die Krise des Vertrauens, die Mechanismen der Kontrolle und die neoliberale Selbstdisziplinierung finden sich in der Auseinandersetzung mit zentralen Denkern und ihren Konzepten wieder. Vgl. dazu Jean Baudrillard: Agonie des Realen. Berlin: Merve, 1978; Foucault wie Anm. 5; Deleuze wie Anm. 10; Richard Sennett: Der flexible Mensch. Die Kultur des neuen Kapitalismus. 6. Aufl. Berlin: Berlin-Verlag, 1998; Judith Butler: Raster des Krieges. Warum wir nicht jedes Leid beklagen? Frankfurt am Main: Campus Verlag, 2010.

Dritter Satz: Scherzo – Die Bewegung

Der dritte Satz ist geprägt von Bewegung und Dynamik, die sich durch technologische Macht und deren Auswirkungen auf die Führung zieht.[12]

Die Digitalisierungsfalle und *Die Diktatur der Algorithmen* offenbaren die Mechanismen einer Kontrollgesellschaft, in der Algorithmen (als die unsichtbaren Architekten unserer Entscheidungen) ähnlich wie Deleuzes „Kontrollmaschinen" operieren. Sie überwachen, modulieren und gestalten unsere Interaktionen in Echtzeit.

In *Virtuelle Rebellion* wird die scheinbare Subversion des Digitalen entlarvt: Deleuze hätte dies als eine Illusion beschrieben, die jede Form von Widerstand integriert und neutralisiert. Gleichzeitig eröffnen Essays wie *Technologie als Chance – Leadership im Zeitalter der Künstlichen Intelligenz* und *Die Blockchain-Ideologie* eine Ambivalenz, die sowohl Risiken als auch Potenziale umfasst.

Zwei Essays dieser Sammlung widmen sich einer Ideologie, die das moderne Arbeitsleben prägt: Resilienz und Selbstoptimierung. Sie analysieren, wie diese Konzepte nicht nur das Verhalten von Individuen, sondern auch die Dynamik von Organisationen und Führung beeinflussen. Und sie zeigen, warum es an der Zeit ist, diese Logik zu hinterfragen und radikale Alternativen zu denken.

Der dritte Satz zeigt, wie die technologische Sphäre die Dynamik der Macht nicht nur verändert, sondern auch verstärkt, ein Thema, das

---

12   Die im dritten Satz behandelten Themen zur technologischen Macht, den Kontrollmechanismen und der Ambivalenz digitaler Entwicklungen greifen zentrale Gedanken der Philosophie und Gesellschaftskritik auf. Deleuze und Foucault wie Anm. 11, ferner Shoshana Zuboff: Das Zeitalter des Überwachungskapitalismus. Frankfurt am Main: Campus, 2018; Byung-Chul Han: Im Schwarm. Ansichten des Digitalen. Berlin: Matthes & Seitz, 2013; Luciano Floridi: The Fourth Revolution. How the Infosphere is Reshaping Human Reality. Oxford: Oxford University Press, 2014.

Foucaults Konzept der Biopolitik und Deleuzes Idee der Kontrollgesellschaft in den digitalen Raum überführt.

Vierter Satz: Finale – Der Höhepunkt

Der finale Satz bringt alle Themen auf die Bühne globaler und gesellschaftlicher Krisen. Es ist der Höhepunkt der Symphonie, in dem
die zentralen Fragen nach Führung und Macht in ihrer radikalsten
Form gestellt werden.[13]

Klimakapitalismus und *Führung in der Klimakrise* fragen, ob Nachhaltigkeit nur ein weiteres Simulakrum ist, eine perfekte Inszenierung von Verantwortung, die keine Konsequenzen hat, wie Jean
Baudrillard es formulieren würde. *Kapitalismus als Spektakel* und
Die neue Feudalherrschaft zeigen, wie Macht zunehmend performativ wird und Führung zu einer Inszenierung degeneriert.

In *Die Gamification der Gesellschaft* und *Die Entmenschlichung der
Führung* wird die Frage gestellt, ob moderne Systeme überhaupt
noch menschliche Werte berücksichtigen können. Oder ob sie, wie
Deleuze sagen würde, nur noch Teil eines „Werdens" ohne Richtung
sind. Schließlich führt *Leadership und Future Skills Literacy* in eine
Zukunft, in der Führung nicht nur auf Überlebensstrategien, sondern
auf Visionen basiert.

Dieser finale Satz fragt: Kann Führung in einer Welt, die sich selbst
entfremdet hat, überhaupt noch Sinn machen? Oder ist sie, wie

---

[13]   Der vierte Satz verknüpft globale Krisen mit fundamentalen Fragen zu Führung,
Macht und ihrer Zukunft. Die behandelten Themen finden ihre theoretische
Grundlage in den Konzepten zur Performativität, Simulation und Machtstruktu-
ren. Deleuze und Baudrillard wie in Anm. 11, ferner Michel Foucault: Die
Ordnung der Dinge. Eine Archäologie der Humanwissenschaften. Frankfurt am
Main: Suhrkamp, 1974; Guy Debord: Die Gesellschaft des Spektakels. Hamburg:
Edition Nautilus, 1978; Naomi Klein: Die Entscheidung. Kapitalismus vs. Klima.
Frankfurt am Main: Fischer, 2015.

Foucault und Deleuze andeuten würden, nur noch ein perpetuelles Anpassungsspiel, in dem Macht fließend und unsichtbar bleibt?

Hinweise für die Praxis

Alle Essays sind kalkuliert offen gestaltet, um Raum für eigene Interpretation und Anwendung zu lassen. Bevormundung liegt mir fern, in beide Richtungen. Sie laden dazu ein, nicht nur bestehende Modelle zu hinterfragen, sondern auch neue Denk- und Handlungsmuster zu entwickeln. Jeder Essay bietet Denkanstöße, die Führungskräfte inspirieren können, ihre eigene Praxis zu reflektieren und zu transformieren. Ob es um den Umgang mit Unsicherheit, die Nutzung technologischer Werkzeuge oder die Auseinandersetzung mit gesellschaftlichen Erwartungen geht: diese Essays sind Werkzeuge für eine Welt, die zunehmend weniger feste Regeln kennt.

Ein humanistisches Manifest

Und doch, trotz des Zynismus und des Chaos, blitzt in diesem Buch immer wieder ein dezidiert humanistisches Fundament auf. Ein Bild des Menschen, der scheitert, zweifelt und trotzdem weitermacht. Führung ist kein Heldentum, sondern ein Balanceakt, eine Symphonie aus Hoffnung und Zynismus, aus Fragment und Gesamtheit. Es ist der Mut, die Gratwanderung nicht zu scheuen, sondern sie als das einzig Menschliche anzunehmen.

Falls diese Essays eine musikalische Entsprechung hätten, wäre es *Gustav Mahlers Symphonie Nr. 5 in cis-Moll:* ein Werk, das zwischen Tragik und Erneuerung oszilliert, das keine einfachen Lösungen bietet, sondern einen offenen Dialog zwischen Licht und Schatten führt. Eine Komposition, die das Chaos nicht negiert, sondern integriert – genau wie diese Texte. Wie diese Essays beginnt die Symphonie in düsterer Reflexion, führt durch ein hoffnungsvolles Zentrum – das berühmte *Adagietto* – und endet in einem triumphalen Finale. Hoffnung und Zynismus, Fragment und Gesamtheit, Menschlichkeit und Abgrund existieren hier Seite an Seite.

Führung, wie sie hier verstanden wird, ist ein existenzieller Entwurf; keine Methode, kein Modell, sondern ein Akt der Zumutung. Wer führt, muss aushalten können, dass nichts eindeutig ist.

Dass Klarheit oft eine Form von Gewalt ist, weil sie Komplexität unterdrückt.

Dass Integrität nicht in der Konsistenz liegt, sondern in der Fähigkeit, innere Widersprüche bewusst zu tragen.

Dass das Pathos der Verantwortung heute im Gewand der Ironie auftritt.

Dass Scheitern nicht das Gegenteil von Erfolg ist, sondern seine Voraussetzung.

Und dass jede Entscheidung zugleich ein Verlust ist: an Möglichkeiten, an Unschuld, an Gewissheit.

Es ist diese Spannung, dieses Wechselspiel zwischen Licht und Dunkelheit, das den Kern moderner Führung ausmacht: ein Zustand, der weder rein harmonisch noch endgültig auflösbar ist.

Falls Sie Antworten suchen, sind Sie hier komplett falsch. Dieses Buch ist kein fertiger Akkord, sondern eine Sammlung von Leitmotiven, die in den Köpfen seiner Leser:innen weiterklingen sollen.

Falls Sie bereit sind, sich diesen Paradoxien zu stellen, die Leerstellen zu füllen und die Bruchstellen der modernen Führung auszuhalten, nun, dann seien Sie herzlich willkommen.

Die Essays beginnen. Die Bühne gehört Ihnen. Die Partitur ist offen.

Erster Satz: Allegro – Der Aufbruch

Aufruhr und Auftakt: Der Zerfall alter Gewissheiten

1/

FÜHRUNG IM ENDSTADIUM

Warum wir das Ende der Kontrolle akzeptieren müssen

Willkommen im Endstadium der Führung, diesem absurden Theater, in dem das moderne Management seine eigene Groteske inszeniert. Die heutige Führungskraft ist ein tragische Held und gleicht mehr einer kafkaesken Figur denn einem souveränen Entscheider: Sie hält starr an der Illusion der Kontrolle fest, während die Realität um sie herum wie in einem surrealistischen Gemälde von Dalí zerfließt. Die Hierarchie, auf der sie thront, ist nichts weiter als eine Simulation, ein Hologramm von Macht – eine Tatsache, die Jean Baudrillard mit seiner unvergleichlichen Radikalität lange vor uns allen entschlüsselt hat.

Doch warum klammern wir uns an diese Farce? Warum inszenieren wir uns weiterhin als Beherrscher einer Welt, die längst unsere Regeln ignoriert? Die Antwort ist so unbequem wie simpel: Das System selbst ist die Ursache. Die klassisch zu nennenden Modelle der Führung – der autoritäre Führungsstil, der Taylorismus mit seiner rigiden Trennung von Denken und Handeln, Max Webers bürokratische Ordnung und die zentralisierten Entscheidungsstrukturen der Industrieära – haben uns in eine Sackgasse geführt: *Dead End.*[14]

---

[14]   Vgl. dazu Frederick Winslow Taylor: The Principles of Scientific Management. New York: Harper & Brothers, 1911; Max Weber: Wirtschaft und Gesellschaft. Grundriss der verstehenden Soziologie. 5. revidierte Auflage, hrsg. von Johannes Winckelmann. Tübingen: Mohr Siebeck, 1972. Hier speziell die Darstellung der bürokratischen Herrschaft und ihrer Merkmale, Kap. III, § 1, S. 124-130.

Einst waren sie zweckmäßig, damals, als Macht sichtbar war, verkörpert durch Fabriken, Schornsteine und Stahl; Mahagoni, später Sichtbeton. Monumentale Verwaltungsgebäude aus Granit, Panoptiken aus Backstein oder Warenhäuser mit imposanten Glasfassaden. Heute jedoch ist Macht fluide, überall und nirgends zugleich, zerstreut in Algorithmen, Codes und der anonymen Logik des Kapitals.

Ein Dashboard ist kein Surfbrett: Die Illusion der Kontrolle

Kontrolle ist der heilige Gral des modernen Managements, dessen Heilsversprechen niemals eingelöst wird. Die Vorstellung, dass Kontrolle die zentrale Aufgabe der Führung ist, entspringt einer tiefen ideologischen Verblendung. Sie wurzelt in einer Zeit, als Arbeit noch klar definierbar war und Prozesse berechenbar schienen. Doch diese Zeit ist vorbei. In unserer von Unsicherheiten, Komplexität und rasanten Veränderungen geprägten Welt ist Kontrolle eine Illusion; und mehr noch: eine Gefahr.

Man denke nur an den Wahn der Datensammlung: Führungskräfte glauben, dass *mehr Daten* automatisch *bessere Entscheidungen* bedeuten, doch in Wahrheit sind sie Protagonisten einer katastrophischen Wassermetaphorik, die den Kontrollverlust inszeniert. Sie ertrinken, sich festklammernd an ihrem Dashboard, in einem Meer aus Zahlen, während unaufhörlich neue Wellen von Datenpunkten, Berichten und Diagrammen über sie hereinbrechen. Orientierungslos treiben sie in einem Strudel aus Details, unfähig, das Wesentliche zu erkennen oder eine Richtung einzuschlagen. *„Something's coming over"*, hört man sie summen: diese Datenflut droht, alles Wichtige zu verschlingen – Menschen, Beziehungen, das Unerwartete. Zurück bleibt die nackte Realität des *Information Overkill:* Wasser, wohin man sieht, doch keine Rettung in Sicht.

Weniger feucht, aber nicht minder fatal, ist der Drang zum Mikromanagement. Der Versuch, jede Nuance zu kontrollieren, erstickt Kreativität im Keim und vergiftet das Betriebsklima mit schleichendem Misstrauen. Wer sich ständig beobachtet fühlt, zieht sich zurück, verstummt, wird zur bloßen Hülle seiner selbst. Doch die Résistance der Erschöpften formiert sich lautlos, *„Quiet Quitting“*, ein stiller Aufstand, in dem bereits jeder Fünfte den Dienst nach Vorschrift als letzte Bastion gegen die totale Vereinnahmung verteidigt.[15] Was bleibt, ist eine Organisation, die nur noch atmet, aber längst aufgehört hat zu leben: ein schöner Zombie.

Hierarchien: Ein sterbender Gott

Hierarchien bildeten ehedem das Rückgrat der Organisation. Heute sind sie ein monumentales Hindernis. Man stelle sich eine Hierarchie als ein Exoskelett vor: einst ein robuster Schutz, der Stabilität verlieh, doch nun eine starre Hülle, die jede Bewegung hemmt. Diese Maschine funktionierte makellos im Industriezeitalter, einer Welt, in der die Zeit stillstand und die Regeln klar waren. Doch in unserer heutigen dynamischen Welt erstarrt dieses Exoskelett zum monumentalen Relikt, zu einem Koloss, der sich selbst im Weg steht.

Ihre Langsamkeit ist das offensichtlichste Problem. Beschlüsse, die durch mehrere Ebenen sickern, verlieren auf ihrem Weg an Substanz und Dringlichkeit, bis sie jede Klarheit und Bedeutung eingebüßt haben. Wie bei Franz Kafka, wo die Hierarchie im Roman *Der Prozess* zum Selbstzweck wird, zieht sich jeder Vorgang durch ein Labyrinth aus Ebenen, in dem alles Menschliche verschwindet. Sie tropfen wie Wasser in einer Höhle: Von oben herab perlen die Anweisungen der Führungskräfte und formen Stalaktiten aus Bürokratie, die schwer

---

15 Vgl. dazu den aktuellen Gallup Engagement Index Deutschland. Online im WWW: https://www.gallup.com/de/472028/bericht-zum-engagement-index-deutschland.aspx [Datum des Zugriffs: 2025-01-26].

auf den unteren Ebenen lasten. Gleichzeitig steigen Vorschläge, Ideen und Bedürfnisse der Mitarbeitenden langsam auf, schichtweise wachsend wie Stalagmiten, die oft erstarren, bevor sie die Führungsebene erreichen. Statt aufeinander zu treffen, wachsen Stalagmiten und Stalaktiten isoliert, bis sie ein Labyrinth aus verhärteten Strukturen und Missverständnissen bilden, in dem das ursprüngliche Ziel unerreichbar bleibt.

Das eigentliche Gift aber ist die Machtasymmetrie. Hierarchien zementieren ein Gefälle, das Innovation erstickt. Ideen steigen niemals auf; sie verharren in den Niederungen der Organisation, während an der Spitze der Illusion nachgegangen wird, alles unter Kontrolle zu haben. Wie in *1984* von George Orwell liegt die größte Gefahr der Hierarchie in der trügerischen Kontrolle, die oben kultiviert wird, während die Mechanismen darunter erstarren und jede Form von Fortschritt im Keim ersticken.

Diese starre Struktur erinnert an William Goldings *Herr der Fliegen*, in dem die entstehende Hierarchie der Kindergruppe letztlich zur Quelle von Konflikt und Zerstörung wird. Die Machtasymmetrie in der Gruppe zementiert sich schnell und wird zum Nährboden für das Scheitern aller.

Die heutige Welt braucht keine unbeweglichen Kolosse, die sich selbst im Weg stehen, sondern flexible Netzwerke, in denen Ideen frei zirkulieren können. Hierarchien – wie auch sterbende Götter – haben eines gemeinsam: Sie gehören nicht auf den Altar, sondern sollten durch Strukturen abgelöst werden, die der Dynamik und Komplexität unserer Zeit gerecht werden.

Hierbei hilft die *Disruptionsskala,* mein Modell zur Einordnung der Radikalität von Veränderungen in Organisationen. Sie reicht von evolutionären Anpassungen bis zu revolutionären Umwälzungen:

- Stufen 1-3: *Evolutionäre Veränderungen* – Transparente Entscheidungsprozesse, flexiblere Arbeitszeitmodelle oder die Reduktion von Hierarchieebenen sind erste Schritte.
- Stufen 4-6: *Transformationen mit Systemeinfluss* – Dezentrale Entscheidungsfindung, projektbasierte Netzwerke statt Abteilungen und transparente Gehaltsstrukturen fördern Dynamik und Innovation.
- Stufen 7-9: *Systemwechsel mit disruptivem Charakter* – Holokratie, kollektive Führung und basisdemokratische Entscheidungen ersetzen klassische Hierarchien.
- Stufen 10-12: *Revolutionäre Umwälzungen* – Die Abschaffung traditioneller Eigentümerstrukturen, selbstorganisierte Unternehmen und offene Netzwerke definieren Organisationen wirklich, wirklich neu.[16]

---

[16] Die hier dargestellte Disruptionsskala ist ein eigenständiges Modell zur Systematisierung der Radikalität von Veränderungen in Organisationen. Inspiriert von der Richterskala ist auch die Disruptionsskala nach oben offen, da die Möglichkeiten radikaler Transformation theoretisch unbegrenzt sind. Während die aktuellen Stufen bereits tiefgreifende und disruptive Ansätze beschreiben, lässt die Skala Raum für zukünftige Entwicklungen, die heutige Vorstellungen von organisationalem Wandel möglicherweise noch übertreffen.

Man denke etwa an Organisationen, die vollständig auf künstlicher Intelligenz basieren, in denen alle Entscheidungen autonom durch lernende Algorithmen getroffen werden, ohne menschliches Eingreifen. Oder an Unternehmen, die durch Quantencomputing und globale Blockchain-Netzwerke in Echtzeit völlig flüssige, dezentralisierte Strukturen entwickeln: Organisationen ohne physische Standorte, in denen jedes Mitglied nur ein temporärer, virtueller Knotenpunkt in einem globalen Netzwerk ist. Solche Szenarien mögen heute noch utopisch oder dystopisch erscheinen, doch sie zeigen, dass der Wandel kein statisches Ende kennt.

Die folgende Skala kategorisiert die unterschiedlichen Ebenen organisatorischer Transformation und ermöglicht eine Einordnung nach ihrer wahrgenommenen Radikalität aus Unternehmenssicht:

1. Fundamentale, aber beherrschbare Veränderungen (geringere Radikalität)
- Transparente Entscheidungsprozesse einführen
  Mitarbeiter:innen erhalten mehr Einblick in strategische und operative Entscheidungen.
  Radikalitätsstufe: 1-2

- Flexiblere Arbeitszeitmodelle etablieren
  Hybrid- und Vertrauensarbeitszeiten ersetzen starre Modelle.
  Radikalitätsstufe: 2
- Hierarchien reduzieren, aber nicht abschaffen
  Einführung flacherer Strukturen, wobei es noch Führungsebenen gibt.
  Radikalitätsstufe: 3

2. Tiefere Einschnitte in klassische Strukturen
- Dezentrale Entscheidungsfindung fördern
  Teams erhalten mehr Autonomie und entscheiden eigenständig in ihren Verantwortungsbereichen.
  Radikalitätsstufe: 4
- Transformation hin zu Netzwerken statt Hierarchien
  Abteilungen werden durch flexible, projektbasierte Teams ersetzt.
  Radikalitätsstufe: 5
- Gehaltsstrukturen transparent machen
  Offenlegung von Gehältern und Einführung von partizipativen Lohnmodellen.
  Radikalitätsstufe: 6

3. Radikale Schritte mit disruptivem Potenzial
- Kompletter Verzicht auf formelle Hierarchien (Holokratie)
  Alle Mitarbeitenden arbeiten auf Augenhöhe, ohne feste Vorgesetzte.
  Radikalitätsstufe: 7
- Etablierung von kollektiven Führungsmodellen
  Führung wird im Team rotierend wahrgenommen oder auf mehrere Schultern verteilt.
  Radikalitätsstufe: 8
- Mitarbeiter:innen entscheiden strategische Fragen demokratisch
  Einführung basisdemokratischer Strukturen bei wichtigen Unternehmensentscheidungen.
  Radikalitätsstufe: 9

4. Revolutionäre Ansätze (höchste Radikalität)
- Komplette Abschaffung traditioneller Eigentümerstrukturen
  Das Unternehmen wird in eine Genossenschaft umgewandelt, die den Mitarbeitenden gehört.
  Radikalitätsstufe: 10
- Offene Unternehmensstrukturen ohne feste Organisationseinheiten
  Teams bilden sich spontan um Projekte und lösen sich danach wieder auf.
  Radikalitätsstufe: 11
- Selbstorganisierte Unternehmen ohne CEO oder zentrale Führung
  Entscheidungen entstehen durch Konsens und Schwarmintelligenz.
  Radikalitätsstufe: 12

Neben Laloux wie in Anm. 3, insbesondere Clayton M. Christensen: The Innovator's Dilemma. When New Technologies Cause Great Firms to Fail. Boston, MA: Harvard Business School Press, 1997; Gary Hamel: The Future of Management. Boston, MA: Harvard Business School Press, 2007; John P. Kotter: Leading Change. Boston, MA: Harvard Business Review Press, 1996; Ursula K. Le Guin: Die Enteigneten. Eine ambivalente Utopie. Bellheim: Edition Phantasia, 2006.

Die Zukunft der Führung liegt nicht in mehr Kontrolle, mehr Daten oder mehr Hierarchie. Sie liegt in der Umarmung des Chaos, im Mut zur Veränderung und in der radikalen Akzeptanz der eigenen Grenzen. Doch sind wir bereit, konkrete Schritte zu wagen – etwa flachere Strukturen, dezentrale Entscheidungsprozesse oder eine Kultur des Vertrauens – um diese neue Geschichte zu schreiben? Oder bleiben wir sitzen, gelähmt von der Tragik des Alten und unfähig, das Potenzial des Neuen zu entfesseln?

Die Akzeptanz der eigenen Grenzen bedeutet konkret:

- Führungskräfte müssen lernen, nicht alles wissen zu können. Statt sich im Mikromanagement zu verlieren, braucht es den Mut, Expert:innen wirklich Verantwortung zu übergeben. Beispiel: Ein CEO eines Tech-Unternehmens, der keine Produktentscheidung mehr absegnet, sondern autonome Entwicklerteams befähigt, Innovation iterativ voranzutreiben.

- Hierarchie abbauen heißt, Kontrolle gegen Vertrauen zu tauschen. Flachere Strukturen sind kein Selbstzweck, sondern ermöglichen schnellere, fundiertere Entscheidungen. Beispiel: Ein Unternehmen, das die Budgethoheit dezentralisiert, sodass Teams eigenständig über Investitionen entscheiden – ohne lange Freigabeschleifen.

- Radikale Transparenz bedeutet, Unsicherheiten nicht als Schwäche zu verstecken. Wer vorgibt, immer die perfekte Lösung zu haben, blockiert Innovation. Beispiel: Ein Verlag, der offen eingesteht, dass die Digitalstrategie gescheitert ist und stattdessen interdisziplinäre Teams ermutigt, neue Ansätze zu entwickeln.

- Fehler als Lernchance statt als Makel begreifen. Die Zukunft gehört Organisationen, die iterativ denken, statt Perfektion zu erzwingen. Beispiel: Ein Pflegedienst, der nicht auf Fehlerfreiheit pocht, sondern auf offene Fehlerkommunikation setzt, um systemische Risiken zu reduzieren.

- Führung als Ermöglichen, nicht als Verwalten verstehen. Die besten Führungskräfte schreiben keine Regeln – sie schaffen Räume für Ideen. Beispiel: Ein Start-up-Gründer, der nicht jeden Innovationsprozess kontrolliert, sondern seinem Team Zeit und Budget für Experimente gibt – auch auf die Gefahr des Scheiterns.
- Zeit als strategische Ressource begreifen. Führung heißt nicht, ständig präsent zu sein, sondern Stille und Tiefe zu ermöglichen. Beispiel: Ein Unternehmen, das Meetings radikal reduziert und stattdessen fokussierte Zeitfenster für kreatives Arbeiten einführt – ohne E-Mail-Dauerrauschen.
- Psychologische Sicherheit kultivieren. Nur wo Angst schwindet, kann Offenheit entstehen. Beispiel: Eine Klinikleitung, die regelmäßig nach Kritik an eigenen Entscheidungen fragt – und daraus bewusst Veränderung ableitet.
- Selbstführung vor Fremdführung. Wer führen will, muss sich selbst kennen – die eigenen Trigger, Muster, Ängste. Beispiel: Eine Bereichsleiterin, die kollegiale Supervision nutzt, um blinde Flecken aufzudecken – nicht als Schwäche, sondern als Zeichen von Reife.

Grenzen zu akzeptieren heißt nicht, sich zurückzulehnen, es heißt, Raum für das wirklich Wesentliche zu schaffen. Die Zukunft der Führung entscheidet sich daran, ob wir loslassen können.

Vertrauen statt Kontrolle

Die Alternative zur Kontrolle ist nicht Chaos, sondern – *Surprise, Surprise* – Vertrauen, eine viel radikalere Idee, als sie zunächst erscheint. Vertrauen bedeutet, die eigene Ohnmacht zu akzeptieren und Raum für das Unvorhersehbare zu schaffen. Doch genau hier liegt das Problem: Vertrauen ist ein Sprung ins Unbekannte. Oder, um es mit Søren Kierkegaard zu sagen, ein „Glaubensakt": die bewusste Entscheidung, Kontrolle loszulassen, ohne zu wissen, was als Nächstes kommt.

Hier könnte man von der sogenannten „Ermöglichungsführung" sprechen. Doch seien wir ehrlich: Solche Ansätze werden oft als bloße Floskeln entlarvt. Wahre Führung in diesem Sinne bedeutet, nicht nur Verantwortung zu verteilen, sondern ein Umfeld zu schaffen, in dem Kreativität gedeihen kann. Es erfordert die Dezentralisierung von Macht, die Flexibilisierung von Prozessen und – was wohl am schwersten sein dürfte – den Mut, die eigene Angst vor Kontrollverlust zu überwinden.

Transformation statt Reform

Und bitte, reden wir nicht über Reformen. Reformen sind das Opium der Managerkaste. Sie beruhigen, ohne zu verändern. Transformation ist das, was wir brauchen – eine radikale Umkehr der Perspektive. Was bedeutet das konkret? Es bedeutet, das System selbst infrage zu stellen: Warum organisieren wir uns so? Wem dient diese Struktur? Wer profitiert vom Status quo – und wer zahlt den Preis dafür? Und was muss zerstört werden, damit Neues entstehen kann? Welche Tabus müssen wir brechen, um echte Veränderung zu ermöglichen?

Eine echte Transformation verlangt Mut; und ja, auch ein bisschen Verzweiflung mag hilfreich sein. Sie fordert einen klaren Bruch mit der Vergangenheit, eine Vision, die weiter reicht als der nächste Quartalsbericht, und eine Bereitschaft, Konflikte auszuhalten. Transformation ist kein sanfter Prozess. Sie ist ein Erdbeben, das alte Gewissheiten zerschmettert.

Fazit: Das Ende als Anfang

Die Krise, in der sich Führung derzeit befindet, zeigt deutlich, dass das System seine eigenen Widersprüche nicht mehr lösen kann: ein untrügliches Zeichen für den Kollaps eines überholten Modells. Doch aus dieser Krise kann Neues entstehen. Der Sprung ins Ungewisse, den Kierkegaard beschrieb, ist kein Absturz, sondern der Beginn einer neuen Form von Organisation. Es ist die Akzeptanz, dass Unsicherheit kein Feind ist, sondern ein Motor für Wandel.

Die Zukunft der Führung verlangt mehr als Reformen: Sie erfordert den Mut, Kontrolle loszulassen, Hierarchien zu überwinden und eine Kultur des Vertrauens zu schaffen.

Die entscheidende Frage lautet: Haben wir die Bereitschaft, konkrete Schritte auf der Disruptionsskala zu wagen, also flachere Strukturen, dezentrale Entscheidungen, offene Netzwerke? Oder klammern wir uns weiterhin an die Tragik des Veralteten, gebannt von der Illusion, dass alles so bleiben kann, wie es war?

Das Chaos ist keine Bedrohung.

Es ist der Ort, an dem die Wahrheit beginnt.

2/

DIE VUCA-WELT ALS PRÜFSTEIN

Wie Volatilität, Unsicherheit, Komplexität und Ambiguität neue Maßstäbe für Leadership setzen

Die VUCA-Welt wird in Managementkreisen wie eine Litanei wiederholt, als würde bereits ihr bloßes Aussprechen Ordnung ins Chaos bringen. Es ist ein Akronym, das den Schleier der Ideologie lüftet, nur um darunter eine noch tiefere Unsicherheit freizulegen. Was bedeutet es wirklich? Volatilität, Unsicherheit, Komplexität und Ambiguität klingen wie eine Diagnose für eine Welt, die permanent auf der Couch des Therapeuten liegt. Aber lassen Sie uns ehrlich sein: Die VUCA-Welt ist kein Problem, das gelöst werden kann. Sie ist der Normalzustand, die Hintergrundstrahlung unserer Existenz. Und genau das macht sie so anziehend.

Volatilität: Der Tanz des Unbeständigen

Volatilität ist der ständige Wandel, der uns keine Zeit zum Atemholen lässt. Doch hier ist der Clou: Wir behandeln sie, als sei sie etwas Neues, etwas Außergewöhnliches. Dabei war Wandel schon immer die einzige Konstante. Von den Bewegungen der Planeten bis zu den Finanzmärkten – nichts bleibt jemals stehen. Die Schwäche moderner Führung liegt im Versuch, diese Dynamik zu zähmen, anstatt mit ihr zu tanzen. Wie ein Dirigent, der versucht, den Wind zu kontrollieren, anstatt die Melodie im Chaos zu finden. Wir sind wie

Menschen, die einem Tsunami mit einem Regenschirm begegnen wollen: der Akt selbst ist eine absurde Parodie.

Unsicherheit: Der Raum des Möglichen

Die Managementindustrie – Coaches, Gurus und selbsternannte Expert:innen – hat uns beigebracht, Unsicherheit zu fürchten, als wäre sie ein Virus, das eliminiert werden muss. Doch Unsicherheit ist jener Raum, aus dem Neues geboren wird. „Man muss noch Chaos in sich haben, um einen tanzenden Stern gebären zu können", schrieb Friedrich Nietzsche – und genau das ist der Punkt. Unsicherheit ist nicht das Ende, sondern der Anfang. Sie ist der Motor der Kreativität, der Antrieb für Innovation. Ohne sie wären wir zu ewigem Stillstand verdammt. Doch das Problem ist nicht die Unsicherheit selbst, sondern unsere panische Flucht davor. In Wahrheit liegt Freiheit nicht in der Abwesenheit von Unsicherheit, sondern in ihrer radikalen Umarmung. Denn nur im Unbekannten können wir neue Wege finden – und dabei auch neue Fehler machen.

Komplexität: Das Spiel der Verbindungen

Komplexität ist nicht einfach eine Vielzahl von Teilen, sondern das Netzwerk der Beziehungen zwischen ihnen. Ein System, in dem jede Aktion unvorhersehbare Reaktionen auslöst. Nehmen wir die globalen Lieferketten: Eine Pandemie in einem Land, ein Krieg – und plötzlich steht die Produktion am anderen Ende der Welt still, Stichwort Kabelbaum-Engpass.[17] Doch hier liegt auch die Chance.

---

[17]   Vgl. dazu Christiane Köllner: Ukraine-Krieg sorgt für Kabelbaum-Engpass in Deutschland. Online im WWW: https://www.springerprofessional.de/automobil-produktion/bordnetze/ukraine-krieg-sorgt-fuer-kabelbaum-engpass-in-deutschland/20227600 [Datum des Zugriffs: 2025-01-26].

Komplexität zwingt uns, systemisch zu denken, Verbindungen zu erkennen und zu nutzen. In einer komplexen Welt ist Führung weniger eine Frage von Kontrolle, sondern eine Kunst des Verstehens und der Anpassung.

Komplexität ist nicht nur eine technische Herausforderung, sondern ein kulturelles Phänomen. Wir leben in einer Welt, in der jeder Versuch, das Ganze zu vereinfachen, zwangsläufig die tiefere Komplexität der Widersprüche offenbart. In einer unterkomplexen Welt wäre Führung hingegen eine mechanische Angelegenheit, ein bloßes Verwalten von Abläufen, statt ein lebendiges Navigieren durch dynamische Systeme.

Ambiguität: Das Paradox der Mehrdeutigkeit

Von allen Herausforderung der VUCA-Welt ist Ambiguität vielleicht die größte. Sie zwingt uns, mit Widersprüchen zu leben, ohne sie aufzulösen. In der Ambiguität liegen sowohl Gefahr als auch Potenzial. Entscheidungen müssen getroffen werden, obwohl wir nie sicher wissen, ob sie richtig sind. Aber genau das öffnet den Raum für Kreativität. Ambiguität ist die Essenz der menschlichen Erfahrung. Sie ist der Spiegel unserer eigenen Widersprüche, unserer Hoffnungen und Ängste. Sie lehrt uns, dass das Streben nach Klarheit oft nur ein Deckmantel für unsere tiefere Angst vor der Wahrheit ist.

VUCA als Prüfstein für Leadership

Was bedeutet all das für Leadership? Zunächst einmal, dass Führung keine Frage der *Kontrolle* mehr ist. Sie ist vielmehr zu einer Frage der *Navigation* geworden. Es geht darum, in der Unsicherheit zu bestehen, ohne vorzugeben, sie zu überwinden. Es geht darum, im

Chaos Orientierung zu schaffen, ohne einfache Antworten zu liefern. Hier einige Prinzipien:

- *Radikale Ehrlichkeit* bedeutet, anzuerkennen, dass Unsicherheit nicht zu leugnen ist. Führung beginnt mit der Einsicht, dass niemand alle Antworten hat.
- *Kollaborative Intelligenz* zeigt, dass in einer komplexen Welt kollektive Lösungen oft besser sind als individuelle Entscheidungen.
- *Mut zum Risiko* ist unerlässlich, denn Entscheidungen in der VUCA-Welt sind immer riskant. Doch nur wer wagt, kann gewinnen.
- *Visionäre Pragmatik* verbindet eine klare Vision, die Orientierung gibt, mit der Flexibilität, sie bei Bedarf anzupassen.
- *Empathie* ist in einer Welt des ständigen Wandels entscheidend, weil das Verständnis für die Sorgen und Hoffnungen der Menschen Vertrauen schafft.

Fazit: Die Umarmung des Unbekannten

Die VUCA-Welt ist nicht der Feind, den es zu bekämpfen gilt. Sie ist einfach da, ein Spiegel unserer Zeit, eine Einladung, unsere Denkmuster zu hinterfragen und Leadership neu zu denken. In der Unsicherheit liegt nicht das Ende, sondern der Anfang. In der Komplexität liegt nicht das Chaos, sondern die Chance.

Die VUCA-Welt ist keine Katastrophe.

Sie ist der Beweis, dass das Leben immer größer ist als unsere Pläne; und dass wahre Freiheit darin besteht, das Unkontrollierbare zu umarmen.

3/

DIE ILLUSION DER KONTROLLE

Warum Führung von Unsicherheit geprägt ist und wie Führungskräfte mit Chaos umgehen können

Stellen wir uns vor: Eine Führungskraft betritt den Raum, perfekt gekleidet, bewaffnet mit KPIs, Strategieriegel und den unvermeidlichen Buzzwords über Agilität, Resilienz und Transformation. Sie redet von „Dynamik meistern" und „Zukunftsfähigkeit sichern", während im Hintergrund die Hütte brennt. Doch je länger sie spricht, desto offensichtlicher wird, dass all diese „Instrumente" nichts weiter sind als Regenschirme gegen einen Orkan, Management-Voodoo für eine Realität, die längst entgleitet. Und die Strategieriegel? Sie schmecken nach gepresster Pappe mit einem Hauch von Beraterfloskeln: trocken, künstlich angereichert mit „Best Practices"; und hinterlassen einen bitteren Nachgeschmack aus unbezahlten Überstunden, Burnout und halbherzigen Change-Prozessen, die niemand mehr ernst nimmt.

Das 21. Jahrhundert ist eine Welt, die nicht mehr kontrolliert werden kann, egal wie hart wir es versuchen. Hier beginnt die eigentliche Paradoxie der Führung.

Denn was hat sie noch dabei? Die Illusion von Kontrolle. Schaut man genauer hin, sieht man die Rüstung: polierte PowerPoints voller Wachstumsprognosen, Change-Management-Frameworks, handliche Leitfäden für Disruption und Resilienz. Begriffe wie „Ambidextrie" und „New Leadership" fallen in den Raum, elegant wie Fechtparaden; und doch sind es nur Manöver gegen eine Realität, die längst ihre eigenen Regeln schreibt.

Während sie über Transformation spricht, zerfasert das Unternehmen in Parallelwelten. Während sie Agilität predigt, stößt sie an die unsichtbaren Mauern einer Organisation, die sich selbst am meisten fürchtet. Denn das eigentliche Problem ist nicht die Unsicherheit: es ist der verzweifelte Versuch, ihr mit Excel-Tabellen, Obstkörben und Motivationspostern beizukommen.

Führung heute ist kein orchestrierter Masterplan mehr, sondern Navigation auf Sicht. Es geht nicht um das Beherrschen des Sturms, sondern um das geschickte Manövrieren darin. Und je eher die Führungskraft das erkennt, desto größer die Chance, nicht einfach nur ein weiterer gut gekleideter Statist in einem System zu sein, das längst seinen eigenen Kopf hat.

Kontrolle als Mythos

Wie so vieles entstammt die Vorstellung, Kontrolle sei der Kern effektiver Führung, dem mechanistischen Weltbild des Industriezeitalters. Damals schien alles berechenbar: Arbeit wurde in Einheiten zerlegt, Abläufe optimiert, und die Maschine – sowohl im wörtlichen als auch übertragenen Sinn – stand als Symbol für Effizienz und Ordnung. Doch diese Epoche hat ihre Spuren hinterlassen, wie ein verdrängtes Trauma: Wir glauben immer noch, dass Planung und Daten uns retten werden. Und dabei übersehen wir, dass die moderne Welt einer überhitzten Lavalampe gleicht, in der nichts stabil bleibt. Die bizarren Schatten, die dabei an die Wände geworfen werden, verstärken unsere Illusion von Kontrolle, während wir uns im Chaos verlieren.

Kontrolle ist nicht nur eine Illusion, sie ist Ideologie. Die besessene Jagd nach Zahlen, nach Algorithmen, nach scheinbarer Rationalität verschleiert, dass Unsicherheit nicht die Ausnahme, sondern die Regel ist. Unsere Welt ist nicht bloß unsicher; sie ist radikal kontingent. Alles, was wir für stabil halten, ist eine ästhetische Konstruktion.

Das Chaos als Naturzustand

Das 21. Jahrhundert ist keine Zeit der Ordnung. Es ist eine Ära des Umbruchs, ein permanentes Spiel der Kräfte, das seine eigene Dynamik entfaltet. Nehmen wir das Konzept der VUCA-Welt – Volatilität, Unsicherheit, Komplexität, Ambiguität. Es klingt wie ein Akronym, das Managementberater beim selbstverliebten Sinnieren über ihre eigene Unersetzlichkeit in klimatisierten Denkfabriken erfunden haben. Und während sie in ihren *Think Tanks* über „Resilienzstrategien" und „Zukunftsnarrative" schwadronieren, kollabieren draußen die Systeme, die sie angeblich retten wollen – unbeeindruckt von den PowerPoint-Schlachten der Selbstoptimierer. Doch es beschreibt etwas Fundamentales: Wir bewegen uns in einem Raum, in dem die Zusammenhänge zwischen Ursache und Wirkung so flüchtig geworden sind, dass jede Strategie zwangsläufig scheitert, noch bevor sie beginnt.

In jüngerer Zeit hat das Konzept BANI – *brittle* (brüchig), *anxious* (ängstlich), *non-linear* (nicht-linear) und *incomprehensible* (unbegreiflich) – VUCA ergänzt oder sogar abgelöst.[18] Während VUCA eher auf strukturelle Unwägbarkeiten abzielt, bringt BANI die emotionale Dimension des Chaos in den Fokus. Es zeigt, wie zerbrechliche Systeme und unvorhersehbare Entwicklungen Ängste auslösen, die uns in die Defensive drängen, und wie die Nicht-Linearität moderner Probleme jedes Konzept von Kontrolle infrage stellt.

---

[18] Vgl. dazu Jamais Cascio: Facing the Age of Chaos. Online im Internet: https://medium.com/@cascio/facing-the-age-of-chaos-b00687b1f51d [Datum des Zu-griffs: 2025-01-26].

Doch Chaos ist nicht der Feind. Es ist der Ort, an dem wir lernen können. Eine Vorhölle des Wandels, in der alte Sicherheiten vergehen und neue Muster erst schemenhaft erkennbar werden. In einer Welt, die immer wieder aus den Fugen gerät, sind es gerade die Führungskräfte, die sich im Ungewissen wohlfühlen, die neue Wege finden. Chaos ist nicht die Abwesenheit von Ordnung, sondern eine Ordnung, die wir noch nicht verstehen; eine Ordnung, die BANI sichtbar macht.

Führung im Spannungsfeld

Was bedeutet das für Führung? Zunächst einmal, dass sie nicht in der Kontrolle liegt, sondern in der Navigation. Und das erfordert, einige unbequeme Wahrheiten zu akzeptieren:

- Das Eingeständnis der eigenen Ohnmacht: Die moderne Führungskraft ist kein Superheld. Sie ist vielmehr ein Kosmonaut, ein Major Tom, der versucht, im unendlichen Raum des Unbekannten nicht die Verbindung zu verlieren. Wie ein Dirigent, der ein Orchester leitet, dessen Musiker improvisieren – chaotisch, frei und dennoch voller Harmonie; wie das Sun Ra Arkestra auf Speed, eine Saxofon-Breitseite nach der anderen ins Publikum schießend, bis zum Nasenbluten, bis die Ohren fiepen, bis der ganze Saal vibriert vor kosmischer Disziplinlosigkeit. Ein Klanggewitter, das keine Überlebenden kennt: nur Eingeweihte. Führung in einer solchen Konstellation bedeutet, Unsicherheiten zuzugeben und dennoch Orientierung zu bieten, ohne die Freiheit des Einzelnen zu ersticken: *Space Is the Place,* Führung schafft den Raum, in dem Möglichkeiten entstehen können; ein Raum, der nicht durch Kontrolle, sondern durch Offenheit definiert wird und der trotz aller Schwerelosigkeit neue Wege erahnen lässt.

- Die Absage an Perfektion: Die Vorstellung, dass Entscheidungen perfekt und unfehlbar sein könnten, ist nicht nur absurd: die Forderung danach ist geradezu obszön. Stattdessen müssen wir uns auf dynamische Entscheidungsprozesse einlassen, die Raum für Fehler und Anpassungen lassen. Führung ist kein starrer Pfad, sondern eine Expedition ins Ungewisse, ein Navigieren durch das Chaos. Dieser Weg ist oft unklar und herausfordernd, doch gerade in dieser Unsicherheit liegt die Möglichkeit, Neues zu entdecken.
- Die Feier des Scheiterns: Scheitern ist nicht das Ende, sondern der Anfang von etwas Neuem. Die Angst vor Fehlern blockiert Kreativität und verhindert Innovation. Dabei eröffnet uns das Scheitern Zugang zu ungeahnten Möglichkeiten. Das gelingt besser, wenn wir bereit sind, den Schritt ins Unbekannte zu wagen.

Die Ironie der Daten

Ein Wort zu Daten: Daten sind nicht die Lösung. Die Datei hat eben nicht immer recht. Sie sind ein Werkzeug, ein Medium, aber niemals ein Ersatz für das Denken. Die moderne Besessenheit von *Big Data* erzeugt eine falsche Sicherheit. Wir sammeln mehr Informationen, als wir je verarbeiten können, und verlieren dabei den Blick für das, was wirklich wichtig ist: den Kontext, die menschliche Dimension.

Es ist beinahe zum Lachen: Daten sind die neue Religion. Wir beten sie an, weil sie uns die Illusion geben, Kontrolle über eine unkontrollierbare Welt zu haben. Doch die Wahrheit ist, dass Daten nichts anderes tun, als unsere eigene Ohnmacht zu verschleiern.

Das Potenzial des Chaos

Chaos ist eine Zumutung. Die Abwesenheit von Ordnung ist eine Respektlosigkeit gegenüber jenen, die Sicherheit suchen – und eine Herausforderung für jene, die Freiheit wollen. Es zwingt uns, alte Denkmuster aufzugeben und uns auf Neues einzulassen. Doch gerade in dieser Zumutung liegt eine Chance. Wer sich von der Illusion der Kontrolle löst, kann im Chaos Potenziale entdecken, die anderen verborgen bleiben.

Nehmen wir das Beispiel agiler Methoden. Diese sind keine Strategie der Kontrolle, sondern des Umgangs mit Unsicherheit. Agile Teams arbeiten iterativ, passen sich an und reflektieren kontinuierlich. Das ist keine Schwäche, sondern eine Stärke, die wir in einer chaotischen Welt dringend brauchen.

Ein weiteres Beispiel bietet die moderne Start-up-Kultur. Erfolgreiche Gründer:innen bauen ihre Unternehmen nicht auf starren Fünfjahresplänen auf, sondern auf der Fähigkeit, schnell auf neue Gegebenheiten zu reagieren. *Pivoting* – das bewusste Umsteuern, wenn eine ursprüngliche Idee nicht funktioniert – ist nicht das Eingeständnis eines Fehlers, sondern die bewusste Nutzung von Unsicherheit als Innovationsmotor. Unternehmen, die Chaos nicht nur aushalten, sondern es als Rohstoff für Kreativität begreifen, setzen sich durch.

Fazit: Führung ohne Maske

Die Illusion der Kontrolle ist nicht nur eine Lüge, sie ist eine Fessel. Sie hindert uns daran, die Welt so zu sehen, wie sie ist: chaotisch, unberechenbar, voller Möglichkeiten. Führung heißt nicht, Ordnung zu erzwingen, sondern in der Unsicherheit zu navigieren.

Es geht nicht darum, ob wir Kontrolle aufgeben müssen – sie war nie wirklich da. Entscheidend ist, ob wir den Mut haben, uns dem Chaos zu stellen und darin eine neue Art von Ordnung zu erkennen. Das Chaos ist keine Bedrohung. Es ist der Raum, in dem alles beginnt.

Ausblick: Was kommt nach BANI?

VUCA hat uns gelehrt, dass die Welt volatil, unsicher, komplex und mehrdeutig ist. Dann kam BANI und zeigte uns, dass sie nicht nur unsicher, sondern auch brüchig, ängstlich, nicht-linear und unbegreiflich ist. Doch all das beschreibt nur den Zustand. Es fehlt das, was als Nächstes kommt – ein Modell, das nicht nur den Zerfall analysiert, sondern uns Werkzeuge gibt, damit umzugehen.

Was also löst BANI ab? Ich meine: die RAGE-Welt.

- *R – Relentless (Unerbittlich):* Wandel ist nicht mehr episodisch, sondern permanent. Was gestern disruptiv war, ist heute Status quo und morgen irrelevant. Es gibt keine Phasen der Stabilität mehr – nur eine endlose Abfolge von Umbrüchen.
- *A – Asymmetrical (Asymmetrisch):* Macht, Ressourcen und Informationen sind ungleich verteilt. Die Welt funktioniert nicht mehr nach klaren Regeln, sondern nach verzerrten Strukturen, in denen einzelne Akteure unverhältnismäßigen Einfluss haben, während andere ins Leere laufen.
- *G – Gamified (Spielartig):* Alles ist zum Wettbewerb geworden – Politik, Wirtschaft, Gesellschaft. Algorithmen treiben das Spiel an, setzen Regeln, die sich ständig ändern, und belohnen nicht mehr den Klügsten, sondern denjenigen, der das System am besten manipuliert.
- *E – Entropic (Entropisch):* Strukturen lösen sich nicht nur auf, sie zerfallen chaotisch. An die Stelle von Ordnung tritt nicht einfach neue Ordnung, sondern ein Wirrwarr von Möglichkeiten, in dem Ursache und Wirkung ununterscheidbar werden.

RAGE ist nicht nur eine Beschreibung der Welt, sondern auch ihre emotionale Konsequenz. Wut ist das vorherrschende Gefühl unserer Zeit – die Frustration darüber, dass alte Regeln nicht mehr gelten, während neue nicht greifbar sind. Doch Wut ist auch Energie. Entscheidend ist nicht, ob wir ihr entkommen können, sondern wie wir sie für uns nutzbar machen.

Führung in einer RAGE-Welt bedeutet, nicht nach Stabilität zu greifen, sondern die Bewegung zu verstehen und in ihr zu navigieren. Es heißt, mit Asymmetrien zu spielen, statt sie zu beklagen, Systeme zu hacken, statt sie zu verewigen, und Chaos als Chance zu begreifen, anstatt sich ihm zu unterwerfen. Wir leben nicht mehr in einer Welt, die sich auf Prinzipien der Ordnung und Kontrolle stützen lässt. Die einzige Konstante ist die permanente Eskalation – technologisch, gesellschaftlich, geopolitisch. Wer führen will, muss verstehen, dass Anpassung keine defensive Strategie ist, sondern der einzige Weg nach vorn.

Die Welt dreht sich weiter.

BANI ist tot. RAGE beginnt.

Wer jetzt noch Führung als Verwaltung von Strukturen begreift, ist bereits Geschichte.

Zwischenruf: Warum hier ein Exorzismus folgt

Essay 3 dekonstruiert das vielleicht mächtigste Narrativ moderner Führung: die Illusion der Kontrolle. Was danach kommt, ist keine Theorie mehr, sondern ein Riss im Text. Ein Störgeräusch. Ein Residuum.

Das folgende Postscriptum ist kein geplanter Teil des Systems. Es ist ein literarischer Kehraus, der dort beginnt, wo die Struktur endet. Es ist grotesk, sakral, übersteuert. Nicht, weil es witzig sein will, sondern weil es den Versuch markiert, sich mit Sprache gegen das Unsichtbare zu wehren.

Jedes System kennt Rituale der Reinigung. Im Mittelalter: Weihrauch. Im Konzern: *Change Management.* Das eine war Glaube, das andere ist *Governance* – beides ist performativer Versuch, das Unverfügbare zu bannen.

„Corporate Exorcism" (so der Titel eines Stücks vom *Hollywood Fringe Festival)* ist das, was bleibt, wenn *KPIs, Dashboards* und *Targets* nicht mehr genügen, wenn selbst Kontrolle entgleitet, aber die Bühne weiterläuft.

Der Text selbst beginnt zu flackern.

Ein Zwischenruf aus dem Endstadium.

Corporate Exorcism

(Aus einer internen Betriebsanweisung, gefunden in einem stillgelegten Besprechungsraum. Ohne Verfasser, ohne Freigabe.)

I. VORBEREITUNG

Stellen Sie alle Uhren auf 00:00.

Verlassen Sie Ihren Outlook-Kalender.

Verlassen Sie Ihr Narrativ.

Schließen Sie Türen, aber nicht mit Absicht.

II. RAUMKLÄRUNG

Der Raum muss neutral sein: keine Markenwerte, keine Flipcharts, keine Führungskräfte in Polohemden. Nur nackte Wände und ein Ausdruck der letzten KPI-Analyse – rückwärts vorgelesen.

III. DAS BEKENNTNIS

Sprecher:in tritt vor. Spricht mit gesenktem Blick:

> *„Wir haben das Maß verloren."*
> *„Wir haben die Kontrolle angebetet wie ein Gott mit Excel-Gesicht."*
> *„Wir haben Menschen durch Zahlen ersetzt und Geschichten durch Protokolle."*
> *„Wir haben Führung verwechselt mit Wiederholung."*
> *„Und glauben immer noch, man könne Kultur steuern."*

PAUSE.

„Möge das System sich selbst begegnen – und erschaudern.“

IV. DIE AUSTREIBUNG

Jetzt beginnt der Tanz.

Langsam. Mechanisch.

Jede Bewegung steht für eine Policy, die niemand versteht.

Jede Drehung für eine Entscheidung, die niemand will.

Jeder Atemzug ein Satz aus dem Mission Statement – gesprochen in einer Sprache, die nie gesprochen wurde.

V. DAS RÄUCHERWERK

Einmal tief durchatmen: Lavendel. Bitumen. Druckerwärme.

Der Geruch der alten Ordnung.

VI. DIE VERTREIBUNG

Alle sagen gleichzeitig:

> *„Agilität ist keine Erlösung.“*
> *„Transparenz ersetzt keine Verantwortung.“*
> *„Effizienz ist kein Ethos.“*

Dann wird geschwiegen.

VII. DER ABSCHLUSS

Ein Protokoll wird angefertigt. Es enthält nur einen Satz:

> *„Wir haben den Kontrollgeist nicht besiegt.*
> *Aber er weiß jetzt, dass wir ihn sehen.“*

Das Dokument wird verbrannt.

Oder digitalisiert.

Oder beides.

Ende des Protokolls.

Beginn der Möglichkeit.

4/

WAHLAMT VERSUS QUALIFIKATION: BEOBACHTUNGEN ÜBER EIN SYSTEMISCHES PARADOX

Zwischen Demokratie und Kompetenz: Die Herausforderung moderner Führung

Organisationen sind komplexe Systeme, deren Funktionieren sich nicht allein auf sichtbare Strukturen reduzieren lässt. Stattdessen sind sie geprägt durch die unsichtbaren Mechanismen von Legitimation und Erwartungserfüllung, die zwei zentrale Modi umfassen: das *Wahlamt* und die *Qualifikation*.

Während das Wahlamt auf Legitimation durch Verfahren setzt – die Wahl als Symbol der Repräsentation –, stützt sich die Qualifikation auf Legitimation durch Expertise: Im Idealfall entsteht Vertrauen hier durch die Annahme von Wissen und Können. Doch diese beiden Modi befinden sich häufig in einem Spannungsfeld, das durch systemische Paradoxien geprägt ist.

Demokratie als Trojanisches Pferd oder als Büttenrede?

Das Wahlamt ist keine Garantie für Kompetenz. Wie Foucaults Analyse von Machtstrukturen nahelegt, gründet sich Macht oft auf Symbolik und nicht auf substanziellen Inhalten. Gewählt wird, wer Sympathie erzeugt oder rhetorisch geschickt verspricht, sich „für die

Leute einzusetzen", ungeachtet der tatsächlichen Fähigkeit, in komplexen Organisationen Verantwortung zu übernehmen.

Dieses Spannungsfeld zeigt sich beispielhaft in betrieblichen Gremien (z. B. Betriebsrat, Gleichstellungsbeauftragte, Beauftragte für Chancengleichheit, Schwerbehindertenvertretung, Jugend- und Auszubildendenvertretung, Personalrat). Diese Gremien haben selbstverständlich eine demokratische Legitimation; doch diese garantiert nicht die Fähigkeit, langfristige und strategische Entscheidungen zu treffen. Ihre Stärke liegt in der *Repräsentation von Interessen*, nicht in der *Lösung komplexer Probleme*.

Luhmanns Systemtheorie hilft hier, die Dynamik zu verstehen: Gremien stabilisieren die Umwelt des Systems, indem sie das Bedürfnis nach Repräsentation erfüllen. Doch diese Stabilisierung kann in eine systemische Dysfunktionalität umschlagen, wenn demokratische Legitimation zur Blockade von Innovationen führt. Eine Organisation, die sich vor allem auf Repräsentation konzentriert, kann Gefahr laufen, sich selbst zu lähmen: wenn Abstimmungsprozesse wichtiger werden als echte Handlungsfähigkeit.

An dieser Stelle kommt zudem Bachtins Konzept der *Karnevalisierung* ins Spiel.[19] Der Karneval ist nicht einfach ein Fest des Chaos, sondern eine bewusste Umkehrung der Machtverhältnisse. Hierarchien werden aufgelöst, Obrigkeiten verspottet, die gewohnte Ordnung für einen Moment außer Kraft gesetzt. Doch anders als revolutionäre Umstürze bleibt diese Verkehrung spielerisch: sie ist ein Ventil für gesellschaftlichen Druck und ermöglicht kreative Regelbrüche, ohne die gesamte Struktur zu zerstören.

Doch was passiert, wenn dieses Ventil zum Selbstzweck wird? Ohne inhaltliche Substanz verkommen Gremiensitzungen und offizielle Anhörungen zu Kappensitzungen: ritualisierte Veranstaltungen, in

---

[19]   Vgl. dazu Michail Bachtin: Literatur und Karneval. Zur Romantheorie und Lachkultur. München: Hanser, 1969.

denen symbolische Opposition gefeiert wird, ohne dass sich an den realen Machtverhältnissen oder Entscheidungsstrukturen etwas ändert.

Übertragen auf Führung und Gremien bedeutet das: Systeme, die sich nur an festgelegten Verfahren orientieren und keinen Raum für gezielte Provokation und Irritation lassen, erstarren in ihrer eigenen Stabilität. Ohne bewusst geschaffene Räume für subversive Gegenstimmen droht Innovationslähmung. Gremien könnten also paradoxerweise produktiver sein, wenn sie sich nicht ausschließlich auf ihre formale Legitimation berufen, sondern gelegentlich selbst das starre Gefüge hinterfragen, das sie stabilisieren. Denn das größte Paradox der Demokratie in Organisationen ist: Wer nur auf Legitimität setzt, verliert am Ende die Fähigkeit zur Veränderung.

Die Paradoxie der Macht: Blockade versus Fortschritt

Die Konfrontation zwischen Wahlamt und Qualifikation ist keine rein moralische, sondern eine strukturelle. Das Wahlamt besitzt die Legitimation zur *Blockade*, während die Qualifikation den Anspruch auf *Fortschritt* erhebt. In der Praxis gleicht dies einem Balanceakt auf einem Schwebebalken, auf dem Wahlamt und Qualifikation miteinander agieren müssen: jeder Schritt erfordert Koordination und ein feines Gespür für Gleichgewicht. Ein zu starkes Ausschlagen in Richtung Stabilität lähmt die Dynamik, während zu viel Veränderung das Fundament ins Wanken bringt. Unternehmen geraten in die Innovationsfalle, wenn strategische Entscheidungen durch Gremien verzögert oder verwässert werden. Ein Beispiel ist die Einführung neuer Technologien, die von Expert:innen als unverzichtbar angesehen wird, während Betriebsräte aus Sorge um Arbeitsplätze Widerstand leisten: *Totalopposition* als Akt der Pflicht, nicht aus Überzeugung.

Sie blockieren Innovation nicht, weil sie sie grundsätzlich ablehnen, sondern weil sie es aufgrund ihrer Rolle und der Erwartungen ihrer Stakeholder nicht anders können. Sie sind gefangen in einem System, das sie zwingt, gegen Veränderungen zu argumentieren, selbst wenn sie wissen, dass diese langfristig unvermeidlich sind. Ihre Funktion ist nicht, Innovation zu gestalten, sondern Besitzstände zu sichern, womit sie das System oft auf Kosten seiner Zukunftsfähigkeit stabilisieren; aber dadurch destabilisieren.

Oder nehmen wir Gleichstellungsbeauftragte: Sie *vergendern* Stellenausschreibungen bis zur Unlesbarkeit, bis kein Mensch (m/w/d) mehr weiß, ob ein Job für eine Führungskraft oder eine Bio-Paprika ausgeschrieben wird: nicht, weil sie daran *glauben,* sondern weil sie es *für ihre Aufgabe halten.* Ihre eigene Vorstellung davon, was ihr Mandat von ihnen verlangt, macht sie zu Getriebenen eines Rituals: Sie drehen an sprachlichen Stellschrauben, die niemandem wehtun, während sich an den realen Machtstrukturen nichts ändert. Bürokratische Selbstbefriedigung in ihrer reinsten Form.

Die Funktion von Führung im Spannungsfeld

Führung in solchen Kontexten bedeutet allerdings nicht, das Paradox zu lösen, sondern es zu orchestrieren. Hierbei geht es darum, beide Logiken – Legitimation und Kompetenz – produktiv miteinander zu verbinden, ohne dass eine die andere dominiert.

- Feedback-Systeme: Führungskräfte können Strukturen schaffen, die systematisches Feedback ermöglichen, sodass sowohl die symbolische Macht des Wahlamts als auch die rationale Stärke der Qualifikation berücksichtigt werden.
- Hybride Entscheidungsmodelle: Diese Modelle kombinieren demokratische Prozesse mit Expertenwissen. Zum Beispiel durch beratende Ausschüsse, in denen gewählte Vertreter:innen und Fachleute gemeinsam an Lösungen arbeiten.

- Qualifizierung der Gremien: Ein wichtiger Schritt wäre die Professionalisierung der Gremienmitglieder. Verpflichtende Schulungen oder Zertifikate könnten sicherstellen, dass die demokratische Legitimation durch ein Grundverständnis organisatorischer Dynamiken ergänzt wird.
- Facilitator-Rollen stärken: Führungskräfte können als Vermittler zwischen Wahlamt und Qualifikation agieren, indem sie Konflikte moderieren und gemeinsame Ziele definieren. Diese Rollen erfordern exzellente Kommunikationsfähigkeiten und die Bereitschaft, Macht aktiv zu teilen.
- Partizipative Technologie nutzen: Digitale Plattformen können genutzt werden, um Transparenz und Mitbestimmung zu fördern. Tools für kollaborative Entscheidungsfindung ermöglichen es, sowohl die Stimmen gewählter Vertreter:innen als auch die Expertise von Fachleuten einzubeziehen.
- Kultur der gemeinsamen Verantwortung etablieren: Führung sollte eine Kultur fördern, in der Wahlamt und Qualifikation nicht als Gegensätze, sondern als ergänzende Perspektiven betrachtet werden. Gemeinsame Werte und ein geteiltes Verantwortungsbewusstsein können helfen, Spannungen abzubauen und produktive Synergien zu schaffen.

Die Auflösung von Hierarchien? Ein Blick in die Zukunft

Die Zukunft der Führung liegt nicht in der Abschaffung von Wahlamt oder Qualifikation, sondern in deren Integration. Wie Deleuze und Guattari in ihrer Theorie der Rhizome aufzeigen, besteht die Herausforderung darin, hierarchische Machtstrukturen durch flexible Netzwerke zu ersetzen, die sowohl Stabilität als auch Wandel ermöglichen.[20] Digitalisierung kann dabei als Katalysator wirken, indem sie datengetriebene Systeme bereitstellt, die Entscheidungsprozesse transparenter und inklusiver machen. Gleichzeitig erfordert die Integration von Netzwerken ein radikales Umdenken in Bezug auf Macht und Verantwortung: weg von zentraler Kontrolle, hin zu einer geteilten Führungslogik. Nur wenn Organisationen diese Offenheit kultivieren, können sie den wachsenden Anforderungen einer komplexen und dynamischen Welt gerecht werden.

Die Digitalisierung bietet dabei neue Ansätze:

- Algorithmen und datenbasierte Systeme könnten als neutrale Instanzen fungieren, die demokratische Prozesse und Expertise verbinden. Doch auch hier stellt sich die Frage nach der Kontrolle: Wer programmiert die Algorithmen, und wessen Interessen vertreten sie?
- Virtuelle Plattformen können den Dialog zwischen Wahlamt und Qualifikation fördern, indem sie Transparenz und Partizipation erhöhen.
- Blockchain-Technologie kann genutzt werden, um Transparenz und Nachvollziehbarkeit in Entscheidungsprozessen zu gewährleisten. Sie ermöglicht es, Abstimmungen oder Entscheidungsfindungen sicher und manipulationsfrei durchzuführen und so Vertrauen zwischen Wahlamt und Qualifikation zu fördern.
- Mithilfe von Big-Data-Analysen können datengetriebene Modelle entwickelt werden, die Führungskräften helfen, fundierte Entscheidungen zu treffen, ohne dabei die menschliche Dimension oder die demokratische Legitimation außer Acht zu lassen.
- Virtual-Reality-Plattformen könnten genutzt werden, um Entscheidungsprozesse in immersiven Umgebungen zu simulieren. So können komplexe Szenarien durchgespielt

---

[20]   Vgl. dazu Anm. 9, S. 17f.

werden, bevor Entscheidungen getroffen werden, wodurch sowohl Expertise als auch demokratische Perspektiven integriert werden.

Der Ausblick: Führung als Balanceakt

Am Ende bleibt Führung ein Tanz auf schmalem Grat, ein Balanceakt zwischen Legitimation und Kompetenz, Stabilität und Wandel, Chaos und Ordnung. Die Aufgabe von Führungskräften ist es, diesen Tanz nicht zu vermeiden, sondern ihn zu gestalten.

Vielleicht ist die größte Herausforderung nicht die Überwindung von Blockaden, sondern die Bereitschaft, im Paradox eine Chance zu sehen. Die Stärke moderner Systeme liegt nicht darin, das Chaos zu eliminieren, sondern darin, es als Treiber für Innovation zu nutzen.

Es geht nicht darum, ob Wahlamt oder Qualifikation überlegen sind, sondern darum, wie Organisationen beide Logiken so integrieren können, dass sie nicht in Dysfunktionalität abgleiten, sondern produktive Resonanzen erzeugen. Denn nur so kann Führung im 21. Jahrhundert ihrer systemischen Funktion gerecht werden: Komplexität nicht zu reduzieren, sondern produktiv zu machen.

Hörfunkkommentar

Titel: Zwischen Amt und Ahnungslosigkeit – ein Kommentar

Ton: trocken, scharf, mit leichter Ironie, wie aus dem Off:

Man kennt sie, diese Sitzungssäle: Die Tagesordnung ist lang, der Kaffee lau, und irgendwo zwischen Top 12 und Top 17 fällt eine Entscheidung – oder eben nicht.

Denn wer hier sitzt, wurde gewählt. Nicht wegen Expertise. Sondern weil man jemanden brauchte. Oder weil es sonst keiner machen wollte.

Das Wahlamt ist die Demokratie in ihrer reinsten Form. Und genau das ist das Problem.

Was legitim ist, ist noch lange nicht kompetent. Was gut gemeint ist, endet oft im Stillstand.

Zwischen symbolischer Repräsentation und strategischer Steuerung liegt ein Graben – und niemand will die Brücke bauen, aus Angst, sie könnte halten.

Dabei wäre es einfach. Man müsste nur eines tun: Mut zeigen. Und aufhören, Legitimation und Qualifikation gegeneinander auszuspielen.

Aber das – wie so vieles – steht leider nicht auf der Tagesordnung.

5/

DIE AUFLÖSUNG VON HIERARCHIEN

Warum flache Strukturen und Selbstorganisation mehr als nur Managementtrends sind

Es ist eine beunruhigende Ironie unserer Zeit, dass inmitten einer Welt, die sich zunehmend durch Unsicherheit und Komplexität definiert, sich viele Organisationen an ihre starren Hierarchien klammern: wie ein Schiffswrack an seinen rostigen Anker, unfähig, sich den Strömungen der Veränderung hinzugeben. Diese Strukturen, einst Symbole von Ordnung und Effizienz, sind heute Fossilien in einem dynamischen Organismus. Sie erinnern an antike Kolosse, die zwar beeindruckend in ihrem Erscheinungsbild, doch in ihrer Beweglichkeit längst erstarrt sind.

Die Hierarchie: Ein Fossil im digitalen Zeitalter

Hierarchische Modelle sind tief in den Mechaniken des Industriezeitalters verwurzelt. Fabriken, Fließbänder, das monotone Takten von Maschinen – dies waren die Koordinaten, entlang derer sich Organisationen einst ausrichteten. Entscheidungen wurden von oben nach unten delegiert, wie schmierölige Zahnräder, die die Maschinerie des Fortschritts in Bewegung hielten. Es ist ein Bild, das unweigerlich an Fritz Langs *Metropolis* von 1927 oder Charlie Chaplins *Modern Times* von 1936 erinnert: eine dystopische Welt, in der Menschen zu Funktionselementen einer gigantischen Maschinerie degradiert werden. Doch was damals funktionierte, war linear, berechenbar, vorhersehbar. Heute, in einer Welt der Netzwerke und der permanenten digitalen Disruption, wirkt diese Ordnung wie ein archäologisches Artefakt: aus einiger Distanz faszinierend, aber längst überholt.

Hierarchien sind dabei nicht nur administrative Werkzeuge, sondern ideologische Konstrukte. Sie gründen auf der Annahme, dass Macht zwangsläufig von oben kommen muss, zentralisiert und kontrolliert. Doch diese Vorstellung zerfällt wie ein antiker Mythos angesichts einer Gegenwart, in der Wissen, Technologie und Entscheidungsprozesse dezentralisiert sind. Die Hierarchie, so scheint es, ist nicht mehr die Brücke, die Organisationen verbindet, sondern die Barriere, die sie voneinander trennt.

Flache Strukturen: Mehr als ein modischer Trend

Auch wenn New Work es zum Thema gemacht hat: Flache Strukturen werden nach wie vor als hipper Managementtrend belächelt, als ein Gimmick, das sich Heidelberger, Münchner und Berliner Startups leisten können, während traditionelle Unternehmen bei ihren bewährten Modellen bleiben.[21] Doch das ist ein Missverständnis. Sie stehen für einen fundamentalen Paradigmenwechsel, einen, der nicht nur die Art und Weise, wie Organisationen arbeiten, sondern auch, wie sie Macht und Verantwortung verstehen, revolutioniert.

Entscheidungen sollen dort getroffen werden, wo das Wissen ist; nicht dort, wo die formelle Macht sitzt. In agilen Teams zeigt sich diese Philosophie exemplarisch: Rollen und Verantwortlichkeiten sind fluide, sie wechseln je nach Bedarf. Diese Flexibilität ist jedoch

---

[21]   Wer hätte das gedacht, *'s Länd* schlägt die Hauptstadt: Das beschauliche Heidelberg rangiert vor Berlin mit 13,5 Start-up-Gründungen pro 100.000 Einwohner. Online im WWW: https://www.hessenschau.de/wirtschaft/startups-in-deutschland-darmstadt-zaehlt-zu-spitzenreitern-frankfurt-rutscht-ab-v1%252Cstart-up-hessen-darmstadt-top-100.html [Datum des Zugriffs: 2025-02-08].

kein Garant für Freiheit. Die zentrale Frage bleibt: Ist Selbstorganisation wirklich ein Ausbruch aus den Fesseln der Hierarchie, oder ist sie eine neue Form der Kontrolle, subtiler, fordernder, allgegenwärtiger?

Selbstorganisation: Freiheit als Zumutung

Selbstorganisation ist das Herzstück flacher Strukturen. Sie verspricht Autonomie, Kreativität und Eigenverantwortung. Doch Freiheit ist kein bequemer Raum. Sie ist eine Zumutung, eine Forderung nach Disziplin und Selbstreflexion, nach Mut, Unsicherheiten auszuhalten. In einer selbstorganisierten Struktur muss jedes Teammitglied nicht nur handeln, sondern mitdenken, nicht nur Verantwortung übernehmen, sondern sie teilen.

Selbstorganisation erfordert dabei klare Rahmenbedingungen und eine gemeinsame Vision. Ohne diese verkommt sie zur Illusion. Freiheit, so könnte man sagen, ist kein Chaos, sie ist ein konstruktives Paradox, das sich erst entfaltet, wenn Strukturen und Flexibilität im Gleichgewicht stehen. Sie ist ein Tanz auf dem Vulkan: faszinierend, gefährlich und voller Energie.

Die Sandwich-Position: Manager im Kreuzfeuer

In diesem Kontext tritt eine Gruppe besonders ins Rampenlicht: die mittlere Führungsebene, jene Manager:innen, die sich in der Sandwich-Position befinden.[22] Sie sind es, die die flacher werdenden Hierarchien navigieren müssen, während von oben strategische Vorgaben kommen und von unten Teams ihre Selbstorganisation einfordern.

---

[22] Manchmal jedoch ist dieses Rampenlicht eher ein Fadenkreuz, ein roter Zielpunkt auf der Brust, der weniger Sichtbarkeit als vielmehr Angriffsfläche bedeutet.

Diese Position ist kein neutraler Beobachtungsposten, sondern ein hochexplosiver Spagat. Wenn Selbstorganisation scheitert oder Entscheidungen stagnieren, sind es oft die Manager:innen in der Mitte, die zur Verantwortung gezogen werden. Die Frage, ob flache Strukturen auch die Verantwortung dezentralisieren, bleibt allzu oft unbeantwortet. Das Resultat: Die mittlere Führungsebene trägt die Last, ohne die Mittel, sie gerecht zu verteilen.

Auf Dauer ist diese Sandwich-Position ungünstig: Denn wie beim menschlichen Rückgrat lastet auf der Mitte der größte Druck. Wird dieser Druck zu hoch, gibt es nur zwei Möglichkeiten: Entweder sie wird starr, unbeweglich und am Ende brüchig; oder sie verformt sich unter der Last so weit, dass sie ihre Funktion nicht mehr erfüllt. Was passiert, wenn man Manager:innen in diese chronische Überlastung zwingt? Sie verharren in defensiven Reflexen, blockieren Veränderungen oder verlassen das System. Und dann? Dann wundert sich das Top-Management, warum es an Führung fehlt, obwohl es doch angeblich weniger davon braucht.

Die Vorteile flacher Strukturen

Trotz aller Herausforderungen liegen die Vorteile flacher Strukturen auf der Hand:

- Schnelligkeit: Entscheidungen werden beschleunigt, da weniger Bürokratie den Prozess verlangsamt.
- Innovation: Kreativität und Experimente haben mehr Raum, neue Ideen können schneller umgesetzt werden.
- Motivation: Mitarbeitende, die Verantwortung übernehmen, fühlen sich gehört und wertgeschätzt.
- Flexibilität: Flache Strukturen ermöglichen eine schnelle Anpassung an dynamische Veränderungen.

Die Herausforderungen der Selbstorganisation

Flache Strukturen sind indes kein Allheilmittel. Sie bringen erhebliche Herausforderungen mit sich:

- Unklare Rollen – Freiheit oder Führungsvakuum? Ohne klare Verantwortlichkeiten droht Chaos. Wenn niemand offiziell entscheidet, entscheiden am Ende die Lautesten. Oder niemand. In der Theorie sollen Teams eigenverantwortlich arbeiten, in der Praxis führt das oft zu endlosen Abstimmungsrunden, in denen sich niemand den schwarzen Peter zuschieben lassen will. Wer wirklich die Macht hat, bleibt im Ungefähren. Oft sind es nicht die Kompetentesten, sondern die Geschicktesten im internen Spiel der Einflussnahme.

- Informelle Machtstrukturen, die neuen Schattenhierarchien: Selbst in vermeintlich hierarchiefreien Organisationen entstehen unsichtbare Machtgefüge. Der Unterschied? Sie sind schwerer greifbar, noch schwerer zu regulieren und völlig intransparent. Einfluss verlagert sich von offiziellen Positionen auf informelle Netzwerke, in denen Charisma und Seilschaften oft mehr zählen als Kompetenz. Die alte Macht der Titel wird ersetzt durch die neue Macht der Gruppendynamik, Nachteil: niemand kann mehr zur Rechenschaft gezogen werden.

- Sandwich-Druck a.k.a. *Panini-Effekt*. Von oben drücken die heißen Erwartungen der Unternehmensleitung, eine perfekte, verantwortungsvolle Führung abzuliefern: strategisch klug, belastbar, effizient. Von unten brodeln die Anforderungen der Mitarbeitenden, die nach mehr Autonomie, Mitbestimmung und Flexibilität verlangen. Und in der Mitte? Da quillt der Käse der Realität – mal geschmeidig anpassungsfähig, mal zäh und widerständig. Die mittlere Führungsebene wird zum schmelzenden Kern, der die Hitze von oben und den Druck von unten aushalten muss. Während die Unternehmensleitung Struktur und Stabilität fordert, bleiben die

„Paradeiser der guten Absicht" oft kalt, schöne Worte über Wertschätzung und Selbstorganisation, die in der Praxis selten warm serviert werden. Das Ergebnis? Ein System, das sich zwar nach außen knusprig und attraktiv präsentiert, innen aber unter der Last seiner eigenen Konstruktion zerläuft. Und genau wie bei einem *Panino* bleibt am Ende die Frage: Wie viel Druck hält die Füllung aus, bevor das Ganze auseinanderbricht?

- Hohe persönliche Anforderungen, die übersehene Zumutung: Selbstorganisation wird gerne als Freiheit verkauft, ist aber oft eine Zumutung. Wer klare Anweisungen gewohnt ist, steht plötzlich in einer Welt, in der jede Entscheidung selbst getroffen – und jede Konsequenz selbst getragen werden muss. Konfliktfähigkeit, Disziplin, Eigenverantwortung? Nicht jede:r bringt das mit. Unternehmen vergessen oft, dass diese Kompetenzen nicht automatisch vorhanden sind. Die Folge: Überforderung, Rückzug und der stille Rückfall in alte Muster.

Blinde Flecken der Selbstorganisation

Selbstorganisation wird häufig als Lösung für die Probleme hierarchischer Systeme präsentiert. Doch auch sie bringt eigene Schatten mit sich, blinde Flecken, die selten offen thematisiert, aber umso häufiger erlebt werden. Wer Selbstorganisation ernst meint, muss diese Herausforderungen mitdenken:

- Verantwortungslücke durch Pseudo-Partizipation: In vielen Organisationen wird Partizipation inszeniert, ohne Entscheidungsverantwortung wirklich zu übertragen. Die Folge: Mitarbeitende dürfen zwar mitreden, aber nicht entscheiden. Sie tragen die Last, ohne die Hebel. Beispiel: In einem Unternehmen mit *offenen Entscheidungsprozessen* entscheidet am Ende doch der Gründer – still und ohne Transparenz. Das Vertrauen verpufft, die Enttäuschung bleibt.

- Kulturelle Unvereinbarkeit: Selbstorganisation ist kein universelles Modell. In kulturell heterogenen Teams kann sie statt befreiend desorientierend wirken, vor allem dort, wo Hierarchie Orientierung bietet. Beispiel: Ein internationales Projektteam erlebt Selbststeuerung als Überforderung. Der Wunsch nach Führung wird missverstanden – als Schwäche statt als kulturelles Bedürfnis.

- Verdeckter Leistungsdruck durch Internalisierung: Wenn alles möglich scheint, wird Scheitern zur individuellen Schuld. Selbstorganisation dreht das Machtverhältnis um: Nicht der Vorgesetzte verlangt Leistung, man selbst tut es. Beispiel: Eine Mitarbeiterin mit perfektionistischem Anspruch scheitert nicht am System, sondern daran, dass niemand sie bremst.

- Der Mythos der Reife: Selbstorganisation setzt voraus, was oft fehlt: Konfliktfähigkeit, Selbststeuerung, Feedbackkompetenz. Diese Fähigkeiten entstehen nicht von selbst, sie müssen entwickelt werden. Beispiel: Ein agiles Team scheitert, weil Kritik als Angriff erlebt wird und Feedbackgespräche wie Zahnarztbesuche vermieden werden.

- Führungslosigkeit in der Krise: In akuten Situationen braucht es Klarheit, nicht Konsens. Selbstorganisation funktioniert nicht als Dogma, sondern nur, wenn Führung bei Bedarf übernimmt. Beispiel: Während eines IT-Ausfalls wartet das Team auf Einigung, bis es zu spät ist. Niemand will sich exponieren.

- Unklare Identität: Selbstorganisation verwischt Rollen, Titel, Zuständigkeiten. Für manche wird das zur existenziellen Frage: Wer bin ich, wenn niemand mehr definiert, was ich bin? Beispiel: Ein ehemaliger Abteilungsleiter verliert mit der Hierarchie auch sein Selbstbild – und findet keinen neuen Platz.

- Fehlende Kohäsion: Ohne gemeinsame Werte wird Selbstorganisation zur Vereinzelung. Was als Team gedacht war, zerfällt in lose Netzwerke ohne Richtung. Beispiel: Fünf Subteams arbeiten autonom, aber in fünf verschiedene Richtungen. Am Ende fehlt die Synchronisation. Und der Sinn.

Selbstorganisation ist kein Freifahrtschein, sondern ein anspruchsvoller Entwicklungsprozess. Sie braucht Struktur, Kultur, Ausbildung – und das Wissen um ihre Paradoxien. Wer diese blinden Flecken nicht reflektiert, wird vom Ideal der Freiheit schnell in die Falle des neuen Drucks geführt.

Fazit: Die Zukunft der Hierarchie

Die Auflösung von Hierarchien ist kein Endpunkt, sondern ein Prozess. Sie ist keine Revolution, sondern eine Evolution, die sich den Anforderungen der Gegenwart anpassen muss. Flache Strukturen und Selbstorganisation sind keine Modeerscheinung, sondern ein Versuch, Komplexität produktiv zu machen.

Doch dieser Wandel darf nicht zur Überforderung der mittleren Führungsebene führen. Wenn Hierarchien flacher werden, muss auch Verantwortung dezentralisiert werden. Nur dann können Organisationen die Vorteile flexibler Strukturen nutzen, ohne die Menschen, die sie tragen, zu zerreißen.

Die Zukunft der Hierarchie liegt nicht in ihrer Abschaffung, sondern in ihrer Neugestaltung: als Sprungbrett statt als Fessel, als dynamisches System statt als starrer Apparat. In dieser Transformation liegt die Herausforderung moderner Führung. Und vielleicht auch ihre größte Chance.

Zweiter Satz: Adagio – Die Reflexion

Lyrik des Zerfalls: Macht und Menschlichkeit im Widerstreit

6/

LEADERSHIP UND DIE KRISE DES VERTRAUENS

Wie der Verlust von Vertrauen in Institutionen und Führungspersönlichkeiten die Gesellschaft destabilisiert

Vertrauen ist auf dem Rückzug: Vertrauen in Institutionen, in Führungspersönlichkeiten, in die Idee, dass irgendjemand wirklich Kontrolle hat. Dieses Misstrauen ist nicht nur ein Nebeneffekt moderner Gesellschaften, es ist ihre Grundlage geworden. Man mag hier argumentieren, dass die Krise des Vertrauens nichts anderes ist als das sichtbare Zeichen eines tieferen ideologischen Bruchs: Wir haben aufgehört, an die große Erklärung, an den „großen Anderen" zu glauben. Und das nennen wir postheroisches Management.

Postheroisches Management: Vom Helden zur Vernetzung

Der Begriff des postheroischen Managements wurde in den 1980er-Jahren vom britischen Managementberater Charles Handy geprägt, der seinerseits Ideen aufgriff, die bereits in den 1960er-Jahren entwickelt worden waren.[23] Es markiert den Übergang von einem

---

[23] Vgl. dazu Charles Handy: The Age of Unreason. Boston: Harvard Business School Press, 1989; Dirk Baecker: Postheroisches Management. Ein Vademecum. Berlin: Suhrkamp, 1994; ders.: Postheroisches Management in Bibliotheken. In: BIBLIOTHEK. Forschung und Praxis (2018). Online im WWW: https://d-nb.info/1189071614/34 [Datum des Zugriffs: 2025-01-25].

mechanischen zu einem *organischen* Managementsystem. Während das mechanische System von strikten Hierarchien, klar definierten Aufgaben und Kompetenzen sowie zentralisierter Kontrolle geprägt ist, basiert das organische System auf Selbstorganisation, dezentraler Kommunikation und Netzwerken.

Dieser Wandel darf jedoch nicht als plötzlicher Epochenwechsel verstanden werden, sondern vielmehr als schmerzhafter Prozess, in dem bislang selbstverständliche Mechanismen hinterfragt werden. Die große Illusion des mechanischen Systems war die „Heldenerzählung": Die Annahme, dass eine starke Führungspersönlichkeit an der Spitze die Ungewissheiten des Systems absorbieren und in Kontrolle übersetzen kann. Das postheroische Management verabschiedet sich von dieser Vorstellung. An die Stelle des Helden tritt die unternehmerische Initiative aller Mitarbeitenden, die sich in einer vernetzten Struktur selbst organisieren und Entscheidungen treffen müssen.

Diese Verschiebung bedeutet jedoch nicht weniger Komplexität. Im Gegenteil: Die Last der Ungewissheit verteilt sich auf alle Beteiligten. Ziele müssen immer wieder neu definiert, Mittel flexibel organisiert und Strategien laufend evaluiert werden. Die alte Bürokratie, so hinderlich sie auch sein mag, erscheint im Vergleich dazu fast wie ein Stress reduzierendes System. Die neue Ordnung ist eine Unordnung mit Methode. Nur dass die Methode keiner mehr ganz versteht.

Die Treiber dieser Entwicklung – das Ende der Massenproduktion, turbulente Märkte, individualisierte Kundenwünsche und eine zunehmende technologische Vernetzung – zeigen, dass postheroisches Management kein Luxus ist, sondern eine Notwendigkeit. Es ist eine Reaktion auf eine Welt, die sich mit hierarchischen Strukturen und zentralen Kontrollmechanismen nicht mehr steuern lässt.

Die Erosion des Vertrauens: Ein Symptom des Systems

Warum haben wir das Vertrauen verloren? Nicht, weil wir plötzlich misstrauisch wurden, sondern weil das System selbst seine eigenen Illusionen zerstört hat. Die Finanzkrisen, die Skandale in Politik und Wirtschaft, der offenkundige Machtmissbrauch – all das hat uns gezeigt, dass die „Führenden" oft weniger wissen und können, als sie vorgeben: einst verspottet als „Nieten in Nadelstreifen",[24] heute in Slim Fit-Anzügen – *fifty shades of baby blue –,* Sneakern und stets *ohne* Krawatte, weil man irgendwo gehört haben könnte, dass das angeblich modern wirkt. Vielleicht war es ja eine flüchtige Randnotiz in einem Magazin wie *Business Punk* oder *Tichys Einblick;* oder auch nur ein urbaner Mythos der Businesswelt. Doch die Demaskierung dieser Inszenierung wirkt nicht etwa befreiend, sondern desorientierend. Ohne Vertrauen ist die Gesellschaft wie ein Mechanismus ohne Schmiermittel: sie quietscht, knirscht und droht, an ihren eigenen Reibungspunkten zu zerbrechen. Der Anzug hat sich verändert; das System dahinter blieb gleich verlogen.

Vertrauen als ideologisches Werkzeug

Vertrauen ist niemals neutral. Es ist ein Werkzeug; eine Ideologie, die Machtverhältnisse aufrechterhält. In der klassischen Hierarchie wird Vertrauen oft von oben nach unten diktiert: Die Führungspersönlichkeit sagt: „Vertraut mir, ich weiß, was zu tun ist." Doch diese Einbahnstraße hat sich als Sackgasse erwiesen. Der moderne Mensch wird zum *Homo Dubitans* und argwöhnt: „Warum sollte ich dir vertrauen?" Und mehr noch: „Kann ich überhaupt jemandem vertrauen?" Wo einst Vertrauen regierte, herrscht heute der Verdacht als letzte gemeinsame Wahrheit.

---

[24]   Vgl. dazu Günter Ogger: Nieten in Nadelstreifen. Deutschlands Manager im Zwielicht. München: Droemer Knaur, 1995.

Die Illusion der Authentizität

Eine beliebte Antwort auf die Vertrauenskrise ist der Appell an Authentizität. Danach kann man seine *Neomatik 38* stellen. Politiker, Manager, selbst Influencer inszenieren sich als „echte" Menschen: nahbar, ungeschminkt, vermeintlich ungekünstelt. Doch diese Authentizität ist oft nur eine neue Maske, raffinierter vielleicht und auch subtiler, aber nicht weniger inszeniert. Sie ist keine Lösung, sondern ein Symptom. In einer Gesellschaft, die nach Authentizität verlangt, wird jede Form von Echtheit zwangsläufig zur Performance: choreografiert, kalkuliert und letztlich genau das, was sie vorgibt, nicht zu sein. Wer Echtheit zeigen will, muss sie heute so überzeugend spielen wie einst den starken Mann.

Die Rolle von Leadership in der Vertrauenskrise

Wo Vertrauen erodiert ist, wird Leadership zum Paradox. Es bedeutet, Führung zu übernehmen, obwohl niemand mehr an Führung glaubt. Doch genau hier liegt die Chance. Führung gewinnt an Bedeutung nicht durch den Versuch, Vertrauen zu erzwingen, sondern durch den Mut, die Krise des Vertrauens offen anzusprechen. Es geht darum, Transparenz zu schaffen, Fehler einzugestehen und die eigene Verletzlichkeit zu zeigen.

- Transparenz ist wichtiger als Kontrolle, denn Vertrauen entsteht nicht durch Überwachung, sondern durch Offenheit. Menschen vertrauen nicht der Perfektion, sondern der Ehrlichkeit.
- Gemeinschaft ist bedeutender als Hierarchie, denn in einer fragmentierten Welt können Führungspersönlichkeiten nur erfolgreich sein, wenn sie Verbindungen schaffen und Menschen zusammenbringen.

- Die Akzeptanz von Unsicherheit ist essenziell, denn die Krise des Vertrauens ist auch eine Krise der Sicherheit. Führung bedeutet, diese Unsicherheit nicht zu leugnen, sondern sie als Teil der menschlichen Erfahrung anzuerkennen.

Führung ohne Vertrauen heißt, sich in den Abgrund stellen: nicht, um zu springen, sondern um gesehen zu werden.

Die Gesellschaft ohne Vertrauen – Krise oder Chance?

Was passiert, wenn Vertrauen verschwindet? Wir hatten es bereits vor der COVID-19-Pandemie gesehen: Populismus, Verschwörungstheorien, eine Radikalisierung der politischen Lager. Der Glaube an Institutionen, an Wissenschaft, an den gesellschaftlichen Grundkonsens erodierte. In einer Welt ohne Vertrauen ist jeder auf sich selbst gestellt, eine dystopische Aussicht, die nach Isolation und Zerfall klingt. Der Rückzug ins Private ist keine Lösung, sondern Teil des Problems: das Misstrauen wächst im Wohnzimmer.

Doch das ist nicht nur ein Problem, sondern auch eine Chance. Denn was, wenn das Ende des blinden Vertrauens nicht das Ende der Gemeinschaft bedeutet, sondern ihre Neudefinition?

Von der Illusion zur Realität

Lange wurde Vertrauen als Basis jeder funktionierenden Gesellschaft betrachtet, als stilles Einverständnis, dass Institutionen, Medien und Systeme schon „richtig" handeln würden. Doch genau dieses naive Vertrauen hat auch zu Bequemlichkeit geführt: Wir haben Verantwortung delegiert, Entscheidungen ausgelagert, Zweifel unterdrückt.

Jetzt, wo diese Vertrauensillusion zerbricht, wird die passive Haltung nicht mehr funktionieren. Das bedeutet: Wir müssen uns neue

Wege des Zusammenhalts erarbeiten. Nicht durch blindes Vertrauen, sondern durch aktive Auseinandersetzung.

Vertrauen ist tot. Es lebe das kritische Gespräch.

Die neue Gemeinschaft – auf kritischem Fundament gebaut

Ohne Vertrauen müssen wir mehr miteinander sprechen, nicht weniger. Die Alternative zur naiven Akzeptanz ist nicht Zynismus, sondern Dialog. Eine Gesellschaft, die Misstrauen nicht als Spaltpilz, sondern als Treiber für konstruktive Auseinandersetzung nutzt, könnte widerstandsfähiger sein als jede blindlings funktionierende Ordnung.

- *Glauben* reicht nicht aus, es geht darum zu *verstehen*. Vertrauen war oft ein Ersatz für Wissen. Wer nicht versteht, muss glauben. Die Herausforderung besteht darin, Mündigkeit zu stärken und Bildung nicht als Indoktrination, sondern als Werkzeug der eigenen Urteilskraft zu etablieren.
- *Gehorsam* ist nicht mehr das Fundament des Zusammenhalts, stattdessen braucht es *Verhandlung*. Statt vorgegebenen Strukturen zu folgen, erfordert eine moderne Gesellschaft ein neues Modell der Kooperation – eine Gemeinschaft, die ihre Regeln im offenen Disput immer wieder neu justiert.
- *Sicherheit* ist eine Illusion, entscheidend ist *Verantwortung*. Vertrauen in Systeme bedeutete oft auch das Festhalten an der trügerischen Vorstellung von Stabilität. Doch Stabilität gibt es nicht. In einer post-vertrauensbasierten Gesellschaft bedeutet Verantwortung nicht nur, Regeln zu befolgen, sondern sich aktiv an ihrer Gestaltung zu beteiligen.

Fazit: Vertrauen war bequem, kritische Gemeinschaft ist stark

Ja, eine Welt ohne Vertrauen ist unbequem. Sie verlangt mehr Einsatz, mehr Konflikt, mehr Auseinandersetzung. Aber sie könnte auch eine reifere Gesellschaft hervorbringen, eine, die nicht auf blinder Hoffnung, sondern auf echtem, ständig überprüftem Zusammenhalt basiert.

Die Herausforderung liegt nicht darin, verlorenes Vertrauen zurückzugewinnen. Vielmehr geht es darum, ein System zu schaffen, das auch ohne naive Gewissheiten stabil bleibt – und trotzdem funktioniert.

Vielleicht ist die Zukunft nicht postheroisch, sondern *postnaiv:* Wer glaubt, dass Vertrauen wiederkehrt, hat das Spiel nicht verstanden.

Statt auf den Messias zu warten, der das Vertrauen zurückbringt, sollten wir lernen, mit dem permanenten Zweifel zu leben – und ihn produktiv zu machen.

Das 21. Jahrhundert ist keine Geschichte von Stabilität, sondern ein Crashkurs in Ambivalenz. Wer führen will, muss lernen, in Grauzonen zu navigieren, anstatt verzweifelt nach alten Sicherheiten zu greifen.

Vertrauen war der Leim, der Systeme zusammenhielt. Doch vielleicht war es nur ein billiger Klebstoff, der jetzt brüchig wird. Es geht längst nicht mehr darum, Vertrauen zurückzugewinnen, sondern darum, zu überleben, wenn die Illusion geplatzt ist. Denn wenn nichts mehr feststeht, bleibt nur eines: die Kunst, nicht nur mit Unsicherheit zu leben, sondern in ihr zu führen.

7/

DIE MACHT DER AUFMERKSAMKEIT

Warum unser Fokus zur wertvollsten Ressource geworden ist

Es beginnt harmlos. Ein kurzer Blick aufs Handy während des Wartens an der Ampel. Eine Nachricht, eine Benachrichtigung, ein kurzer Scroll durch den Feed: und schwuppdiwupp sind fünfzehn Minuten vergangen. Eine Viertelstunde, in der wir nicht entschieden haben, sondern entschieden wurden. In denen Algorithmen, optimiert bis auf das letzte Pixel, genau das taten, wofür sie gebaut wurden: unsere Aufmerksamkeit steuern.

Im digitalen Zeitalter hat sich eine neue Form der Macht etabliert, die nicht durch Geld, Waffen oder Territorien ausgeübt wird, sondern durch unsere Aufmerksamkeit. Sie ist die ultimative Währung des 21. Jahrhunderts, eine Ressource, die knapp, begehrt und bis ins letzte Detail analysiert wird. Social-Media-Plattformen, Streaming-Dienste, Nachrichtenportale und sogar Fitness-Apps kämpfen nicht mehr um unser Geld, sondern um unsere Gedanken. Doch was bedeutet es, in einer Gegenwart zu leben, in der jede Sekunde unseres Fokus zum Marktplatz geworden ist?

Die Ökonomie der Aufmerksamkeit

Die sogenannte „Attention Economy" ist keine Metapher, sondern die logische Weiterentwicklung des Kapitalismus. Sie basiert auf der simplen Tatsache, dass unsere Aufmerksamkeit begrenzt ist. Unendliche Informationen machen unseren Fokus zur Flaschenhals-Ressource, die es zu kontrollieren gilt. Plattformen wie *TikTok, YouTube, Instagram,* aber auch *cutting-edge* Akteure wie *Twitch, Discord* und *BeReal* haben dieses Prinzip perfektioniert. Neuere Entwicklungen wie immersive Virtual-Reality-Plattformen oder KI-gesteuerte Social-Media-Umgebungen treiben dieses Spiel auf die Spitze. Ihre Algorithmen sind nicht darauf ausgelegt, uns zu informieren oder zu verbinden, sondern unsere Verweildauer zu maximieren – um jeden Preis.

Das Ziel ist nicht nur, unsere Aufmerksamkeit zu gewinnen, sondern sie festzuhalten, sie zu verlängern und sie in monetären Gewinn zu übersetzen. Jeder Klick, jeder Swipe, jeder Kommentar ist ein Datenpunkt in einem gigantischen Experiment, dessen Zweck es ist, uns immer weiter in die Spirale der Ablenkung zu ziehen. „Digital Detox" wird zur Sehnsuchtsfantasie. Doch wer entzieht sich wirklich, wenn die Geräte unser Leben durchdringen und Offline-Zeit zum Luxus wird? Die wahre Tragödie ist doch, dass wir glauben, wir hätten die Kontrolle, während wir in Wahrheit gesteuert werden.

Die Politik der Aufmerksamkeit

Doch die Macht der Aufmerksamkeit endet nicht bei Influencern und Marketingkampagnen. Sie ist zu einem zentralen Werkzeug der politischen Manipulation geworden. Populisten, Extremisten und sogar scheinbar seriöse Politiker haben erkannt, dass die Schlacht um unsere Gedanken nicht in Parlamenten oder auf der Straße ausgetragen wird, sondern in unseren Feeds.

Der Mechanismus ist einfach: Aufmerksamkeit wird durch Emotionen gesteuert. Angst, Wut und Empörung sind die effektivsten Trigger, um uns auf eine Nachricht, einen Post oder eine Kampagne zu fixieren. Die Konsequenz? Unsere öffentliche Debatte wird nicht mehr durch Argumente bestimmt, sondern durch die Fähigkeit, unsere Aufmerksamkeit zu kapern. Der lauteste Schrei gewinnt, nicht der beste Gedanke.

Ist das eine neue Erkenntnis? Keineswegs. Die Manipulation der Aufmerksamkeit ist ein uraltes Instrument der Macht. Schon die Redner der Antike wussten, dass Emotionen – nicht Argumente – die Herzen der Menschen erobern. Doch was wir heute erleben, ist kein bloßer rhetorischer Kniff, sondern die industrielle Perfektionierung dieses Prinzips. Social-Media-Plattformen haben die alte Kunst der Manipulation in ein globales Geschäftsmodell verwandelt, das keine Pause kennt. Algorithmen analysieren in Millisekunden, was uns wütend macht, was uns Angst einjagt, was uns fesselt. Und sie servieren es uns unermüdlich, maßgeschneidert und eskaliert.

Die Tragödie dabei: Diese Mechanismen haben die Grenzen der menschlichen Wahrnehmung als Schwachstelle erkannt und greifen sie an. Wir sind keine mündigen Bürger:innen mehr, die Informationen kritisch prüfen, sondern User:innen, die nach dem nächsten Kick aus Wut oder Empörung suchen, ohne es überhaupt zu bemerken. Die öffentliche Debatte, einst ein Raum der Auseinandersetzung, ist zu einer Agora der Empörung verkommen. Der Algorithmus ist kein neutraler Diener, sondern der unsichtbare Dirigent dieses emotionalen Chaos.

Neu ist nicht die Manipulation selbst, sondern ihre Geschwindigkeit, ihre Reichweite, ihre Präzision. Was früher ein gut platzierter Zeitungsartikel oder ein flammender Vortrag war, ist heute eine orchestrierte Symphonie aus viralen Posts, polarisierten Feeds und hyper-individuellen Triggern. Es geht längst nicht mehr darum, ob wir manipuliert werden, sondern darum, wie tief wir bereits im System verstrickt sind. Ob wir überhaupt noch Handlungsspielräume besitzen oder längst zu Statist:innen in einem Spiel geworden sind, dessen Regeln nicht wir, sondern die Algorithmen bestimmen.

Die psychologische Kolonialisierung

Die ständige Vermarktung unserer Aufmerksamkeit hat weitreichendere Konsequenzen, als uns lieb sein kann. Sie greift nicht nur in unsere Denkmuster ein, sondern formt subtil unsere Wahrnehmung von Zeit, Realität und Identität. Unsere Aufmerksamkeit wird fragmentiert, zerlegt in kurze Impulse, die von Benachrichtigungen, Push-Meldungen und algorithmischen Empfehlungen dirigiert werden. Wir konsumieren in endlosen Streams – scrollend, klickend, swipend –, während echte Reflexion zu einem Luxus wird, für den wir weder Zeit noch Raum finden.

Was wir erleben, ist keine bloße Ablenkung, sondern eine Form der psychologischen Kolonialisierung. Unsere Gedanken, die einst private Rückzugsorte waren, sind längst zu umkämpften Territorien geworden. Konzerne, Regierungen, Medienhäuser und sogar Privatpersonen konkurrieren darum, in den wertvollsten Raum einzudringen, den wir besitzen: unser Bewusstsein. Der Preis dieser Eroberung ist hoch. Wir verlieren nicht nur die Fähigkeit, uns zu konzentrieren, sondern auch die Fähigkeit, kritisch zu hinterfragen, zu entschleunigen und in einer immer lauter werdenden Welt Stille zu finden.

Die Auswirkungen dieser Kolonialisierung sind nicht nur individuell spürbar, sondern auch kollektiv. Die Verbindung zu uns selbst, die in Momenten des Nachdenkens und der Stille entsteht, wird ersetzt durch eine algorithmische Spiegelung dessen, was wir bereits konsumiert haben. Beziehungen werden oberflächlich, Gespräche flüchtig: wir reden, aber wir hören einander nicht mehr wirklich zu. Wir scrollen durch die Leben anderer, ohne jemals wirklich in Kontakt zu treten, und verlieren uns in einer digitalen Maske, die wir für Authentizität halten.

Vielleicht ist die größte Tragödie, dass wir diese Kontrolle als Freiheit empfinden. Wir glauben, durch jeden Klick und jedes Like unsere Autonomie zu bestätigen, während wir unmerklich in einer Realität gefangen sind, die uns nicht gehört. Unsere innere Welt, die einst von uns gestaltet wurde, ist zu einem marktförmigen Konstrukt geworden, kolonialisiert von Algorithmen und gesteuert von Interessen, die uns fremd bleiben.

Doch was bleibt, wenn diese Kolonialisierung vollständig ist? Eine Gesellschaft, die unfähig ist, innezuhalten, zuzuhören und sich auf das Wesentliche zu besinnen, verliert nicht nur ihre Tiefe, sondern auch ihre Menschlichkeit. Vielleicht ist die einzige Antwort ein bewusster Rückzug: eine geistige Entkolonialisierung, die uns erlaubt, wieder zu uns selbst zu finden, bevor der letzte Funken Eigenständigkeit erlischt.

Kann man sich entziehen?

Die Antwort auf die Frage, ob wir dieser allgegenwärtigen Dynamik entkommen können, ist ebenso einfach wie beunruhigend: Nein. Zumindest nicht vollständig. Selbst die radikalsten Formen des „Digital Detox" entpuppen sich als Teil eines größeren Systems, das selbst den Widerstand subsumiert und monetarisiert. Die Entscheidung, weniger Zeit online zu verbringen, wird zur Lifestyle-Wahl, beworben in Büchern, Apps und Retreats, die genau jene Sehnsucht nach Entschleunigung bedienen, die sie selbst zu einem Produkt gemacht haben.

Ironischerweise wird die Aufmerksamkeit, die wir zu schützen versuchen, erneut ins System eingespeist. Ein Wochenende offline wird zur *Instagram*-Story, ein „Detox"-Retreat zum Statussymbol, und die Apps, die uns helfen sollen, unsere Bildschirmzeit zu reduzieren, produzieren gleichzeitig die Daten, die das System weiter optimieren. Wir glauben, uns zu entziehen, während wir uns in einem anderen Winkel des gleichen Käfigs wiederfinden.

Doch was bleibt, wenn sogar der Widerstand zur Ware wird? Vielleicht nicht die völlige Flucht, aber ein bewusster Umgang. Die Herausforderung besteht nicht darin, sich vollständig abzuwenden, sondern darin, mit klarem Blick und gezielter Aufmerksamkeit eigene Inseln der Reflexion und Unabhängigkeit zu schaffen – nicht, um dem System zu entkommen, sondern um seine Dynamik zu durchbrechen und es für unsere eigenen Zwecke zu nutzen. Ein echter „Digital Detox" wäre dann weniger eine Lifestyle-Wahl und mehr eine politische Haltung: ein lautloser Akt des Widerstands gegen die Kolonialisierung unseres Geistes.

Die wahre Rebellion

Doch es gibt eine Möglichkeit, die Dynamik der Aufmerksamkeit zurückzugewinnen: nicht durch *Verweigerung,* sondern durch bewusste *Umgestaltung.* Es geht darum, unsere Aufmerksamkeit zu einem Akt des Widerstands zu machen. Indem wir entscheiden, was wir konsumieren, wem wir zuhören und welche Themen wir priorisieren, setzen wir dem System etwas entgegen. Die echte Revolte besteht nicht im Rückzug, sondern in der radikalen Entscheidung, genau hinzusehen – auch dort, wo es unbequem wird.

Beispiele für diese bewusste Umgestaltung gibt es bereits:

- *Slow Media:* Projekte wie das *Delayed Gratification-Magazin* liefern Inhalte, die bewusst auf Geschwindigkeit verzichten und stattdessen langfristige Perspektiven und tiefgehende Analysen bieten.[25] Hier steht die Reflexion im Vordergrund, nicht die Instant-Befriedigung.
- *Digital Minimalism:* Bewegungen wie die von Cal Newport propagierte Philosophie des digitalen Minimalismus fordern

---

[25] Vgl. dazu Delayed Gratification: The Slow Journalism Magazine. London: The Slow Journalism Company, welches seit 2011 erscheint.

dazu auf, Technologie nur gezielt und nach klaren Regeln zu nutzen.[26] Social-Media-Plattformen werden beispielsweise bewusst nur für professionelle oder soziale Zwecke verwendet, während der Rest ignoriert wird.

- Kuratiertes Lesen: Plattformen wie *Longform* oder *Pocket* ermöglichen es Nutzern, hochwertige Artikel und Essays zu speichern und später bewusst zu lesen, anstatt ständig durch flüchtige Inhalte zu scrollen.
- Gemeinschaft statt Algorithmus: Alternative soziale Netzwerke wie *Mastodon* oder Plattformen wie *Are.na* setzen auf dezentrale, nicht-kommerzielle Ansätze, bei denen Inhalte nicht durch Algorithmen, sondern durch die Nutzer selbst priorisiert werden.

Diese Beispiele zeigen, dass Widerstand heute dort beginnt, wo wir uns dem Reflex entziehen. Es geht darum, nicht blind zu konsumieren, sondern gezielt auszuwählen, bewusst zu verweilen und sich der Verantwortung über die eigene Aufmerksamkeit bewusst zu werden. Indem wir entschleunigen, selektieren und gestalten, können wir die Kontrolle über unsere Aufmerksamkeit zurückgewinnen; und damit auch ein Stück Selbstbestimmung.

Fazit: Der Kampf um unsere Gedanken

Der Kampf um unsere Gedanken mag subtil erscheinen, doch er ist fundamental. Wem oder was wir unsere Aufmerksamkeit schenken, entscheidet letztlich darüber, welche Welt wir erschaffen – eine, die uns entfremdet, oder eine, die uns verbindet. Für Führungskräfte ist diese Dynamik nicht nur eine Herausforderung, sondern eine existenzielle Verantwortung. Denn sie stehen an der Schnittstelle

---

[26] Vgl. dazu Cal Newport: Digital Minimalism: Choosing a Focused Life in a Noisy World. New York: Portfolio, 2019.

zwischen den Anforderungen einer digitalen Welt und den Bedürfnissen von Menschen, die darin Orientierung suchen.

Die Ökonomie der Aufmerksamkeit ist nicht nur ein wirtschaftliches, sondern ein existenzielles Problem – und ein Führungsproblem. Sie formt, wer wir sind, wie wir denken und welche Werte wir in die Welt tragen. Für Führungskräfte bedeutet das, nicht nur die eigene Konzentration zu schützen, sondern sie gezielt einzusetzen, um Klarheit und Prioritätensetzung in einer Welt der Ablenkung zu ermöglichen. Denn in einer Welt, die uns ständig ablenkt, ist Konzentration die radikalste Form des Widerstands.

Führung heißt, Räume für Reflexion, Tiefe und Verbindung zu schaffen – für Teams, Organisationen und letztlich für die Gesellschaft. Es braucht Mut, nicht nur gegen externe Ablenkungen anzukämpfen, sondern auch gegen die Verlockung kurzfristiger Effekte und oberflächlicher Entscheidungen. Aufmerksamkeit darf nicht verbraucht, sondern muss bewusst gelenkt werden, um Sinn zu stiften.

Diese Verantwortung verlangt von Führung mehr als Strategie. Sie verlangt Haltung – eine Haltung, die Bewusstsein und Integrität verbindet. Eine Haltung, die den digitalen Lärm nicht ignoriert, sondern filtert, um das Wesentliche sichtbar zu machen. Wer inmitten des Chaos fokussiert bleibt, lenkt nicht nur sich selbst, sondern auch andere – und schafft damit eine neue Form von Führung, die auf Klarheit und Sinn basiert.

Am Ende ist der Kampf um Aufmerksamkeit auch ein Kampf um Werte. Führungskräfte haben die Möglichkeit, Organisationen zu Orten der Reflexion statt der Reaktion zu machen. Indem sie entscheiden, was Aufmerksamkeit verdient, gestalten sie nicht nur Strukturen, sondern auch eine Welt, die verbindet. In dieser bewussten Entscheidung liegt ihre größte Macht. Und ihre größte Verantwortung. Denn im Zeitalter permanenter Reize besteht Souveränität darin, nicht zu reagieren.

8/

EMPATHIE ALS MACHTINSTRUMENT

Wie emotionale Intelligenz und Mitgefühl zu zentralen Führungsqualitäten werden

Macht wurde lange Zeit mit Kontrolle, Dominanz und Distanz gleichgesetzt. Seit vielleicht 20 Jahren bahnt sich ein Paradigmenwechsel an. Heute sprechen wir von emotionaler Intelligenz, Mitgefühl und Empathie. Das sind Eigenschaften, die einst müde belächelt wurden, weil sie als weich oder gar irrelevant galten, nun aber als zentrale Instrumente moderner Führung verstanden werden. Doch was bedeutet es wirklich, Empathie als Machtinstrument zu betrachten? Ist sie ein Weg zur besseren Führung oder ist sie eine neue Form subtiler Kontrolle?[27]

Die Evolution der Macht

Traditionelle Machtstrukturen basierten auf Autorität und Hierarchie. Die Führungspersönlichkeit stand über dem Team, gab Anweisungen und überwachte die Ergebnisse. Doch in einer zunehmend vernetzten und komplexen Welt reicht dieses Modell nicht mehr aus. Macht hat sich vom Befehlen zum Befähigen verschoben.

---

[27] Vgl. dazu Foucault wie Anm. 2, ferner Daniel Goleman: Emotional Intelligence. Why It Can Matter More Than IQ. New York: Bantam Books, 1995; Byung-Chul Han: Psychopolitik. Neoliberalismus und die neuen Machttechniken. Frankfurt am Main: Fischer, 2014; Eva Illouz: Cold Intimacies. The Making of Emotional Capitalism. Cambridge: Polity Press, 2007.

Heute wird Führung nicht mehr durch den Grad der Kontrolle gemessen, sondern durch die Fähigkeit, Vertrauen und Zusammenarbeit zu schaffen.

Empathie spielt dabei eine entscheidende Rolle. Sie ermöglicht es Führungskräften, die Bedürfnisse und Perspektiven ihrer Mitarbeitenden zu verstehen und darauf einzugehen. Diese Fähigkeit schafft nicht nur ein positives Arbeitsumfeld, sondern steigert auch die Produktivität und Kreativität von Teams.

Empathie als Werkzeug der Kontrolle?

Doch Empathie ist nicht immer nur ein humanistisches Ideal. Sie kann auch ein Instrument der Macht sein, eine Strategie, um Einfluss zu gewinnen und Abhängigkeiten zu schaffen. Eine empathische Führungspersönlichkeit kann ihr Verständnis für die Gefühle anderer nutzen, um loyale Gefolgschaft aufzubauen oder Widerstände subtil zu neutralisieren.

Empathie wird in diesem Kontext zu einem Mittel, um Machtbeziehungen zu stabilisieren. Indem Führungspersönlichkeiten ihre empathischen Fähigkeiten betonen, suggerieren sie, dass sie die Bedürfnisse ihrer Teams besser verstehen als diese selbst. Doch hier entsteht ein Spannungsfeld: Ist diese Empathie authentisch, oder dient sie lediglich dazu, die eigene Position zu stärken?

Die Kraft der emotionalen Intelligenz

Emotionale Intelligenz geht über die Fähigkeit zur Empathie hinaus. Sie umfasst Selbstwahrnehmung, Selbstregulation, Motivation, soziale Kompetenz und die Fähigkeit, Beziehungen zu gestalten. Diese Eigenschaften machen emotionale Intelligenz zu einer der gefragtesten Fähigkeiten moderner Führung.

- Selbstwahrnehmung: Führungskräfte, die ihre eigenen Gefühle und Reaktionen verstehen, können bewusster und reflektierter handeln.
- Selbstregulation: Die Fähigkeit, Emotionen zu steuern, ist entscheidend, um in Stresssituationen ruhig und konzentriert zu bleiben.
- Empathie: Das Verständnis für die Perspektiven und Bedürfnisse anderer fördert Vertrauen und Zusammenarbeit.
- Soziale Kompetenz: Die Fähigkeit, Netzwerke aufzubauen und zu pflegen, ist in einer vernetzten Welt unverzichtbar.

Empathie als transformative Kraft

Trotz ihrer potenziellen Ambivalenz bleibt Empathie eine transformative Kraft in der Führung. Sie bietet die Möglichkeit, Brücken zu bauen, Konflikte zu lösen und eine Kultur des gegenseitigen Respekts zu schaffen. In Zeiten von Unsicherheit und Veränderung wird diese Fähigkeit immer wichtiger. Mitarbeitende suchen nicht nur nach Anweisungen, sondern nach Orientierung, Verständnis und Sinn.

Empathische Führung bedeutet, Menschen nicht nur als Ressourcen, sondern als Individuen zu sehen. Sie bedeutet, zuzuhören, zu verstehen und darauf zu reagieren. Doch sie erfordert auch Mut: den Mut, Verwundbarkeit zu zeigen und eigene Fehler einzugestehen. Denn echte Empathie ist, wie auch Loyalität, keine Einbahnstraße: sie basiert auf Gegenseitigkeit.

Fazit: Empathie zwischen Macht und Menschlichkeit

Empathie ist mehr als eine Führungsqualität: Sie ist ein Machtinstrument. Doch wie dieses eingesetzt wird, entscheidet über ihren

Wert. Dient Empathie echter Verbindung oder nur subtiler Kontrolle? Wird sie genutzt, um Menschen zu befähigen? Oder um Widerstände lautlos zu neutralisieren?

In ihrer stärksten Form kann Empathie Organisationen prägen, Brücken bauen und Sinn stiften. Doch sie kann ebenso zum Werkzeug strategischer Machtausübung werden: weich in der Geste, hart in der Absicht. Wer Emotionen versteht, kann sie lenken, ohne dass es spürbar wird. So wird Empathie zur sanften Hand, die beeinflusst, ohne zu befehlen.

Gerade in dieser Ambivalenz liegt ihre Kraft. Führungskräfte, die Empathie nicht als Taktik, sondern als Haltung begreifen, schaffen Vertrauen, weil sie verwundbar sein können. Sie stellen nicht nur Fragen, sondern hören auch unbequeme Antworten. Und sie nutzen Empathie nicht zur Festigung ihrer Position, sondern um Räume zu öffnen, in denen Veränderung möglich wird.

Empathie ist nie unschuldig. Sie ist immer Teil eines Machtspiels. Wer sie bewusst und ehrlich einsetzt, kann nicht nur Teams, sondern auch sich selbst verändern. Vielleicht liegt darin die größte Führungskraft: Menschlichkeit nicht als Schwäche zu sehen, sondern als Fundament echter Autorität.

P.S.:

Empathie ist die sanfteste Form der Manipulation – und genau deshalb so gefährlich. Wer sie beherrscht, braucht keine Befehle mehr. Bitte nicht weitersagen. Oder doch?

9/

DIE HYPERINDIVIDUALISIERUNG

Wie Selbstverwirklichung Führung revolutioniert

Seit Selbstverwirklichung als oberstes Gebot gilt, gerät kollektives Denken in Unternehmen und Organisationen mehr und mehr ins Hintertreffen. Die Hyperindividualisierung, dieses radikale Streben nach der Perfektion des eigenen Ichs, ist nicht einfach eine gesellschaftliche Laune, sondern ein fundamentales Moment unserer Zeit.[28] Der Einzelne steht nicht mehr im Spannungsfeld zwischen persönlichem Wachstum und kollektiver Zugehörigkeit, er ist sich selbst zum Projekt geworden. Identität wird nicht mehr verhandelt, sondern inszeniert, kuratiert und permanent optimiert. Doch wer sich selbst als unfertige Version eines idealen Ichs betrachtet, wird zum ewigen Suchenden; und zum perfekten Objekt der Steuerung.

---

[28] Die Hyperindividualisierung ist keine Randerscheinung, sondern das Symptom eines tiefgreifenden gesellschaftlichen Umbruchs in einer Welt, in der traditionelle Bindungen erodieren und Sicherheiten verschwinden. Sie rückt den Einzelnen ins Zentrum, schafft jedoch paradoxerweise neue Abhängigkeiten und verstärkt das Gefühl der Isolation. Ulrich Beck zeigt, wie das Individuum zum alleinigen Träger von Risiken wird, während kollektive Schutzmechanismen zerfallen. Zygmunt Bauman beschreibt die paradoxe Sehnsucht nach Gemeinschaft in einer Welt, die den Einzelnen auf Selbstverwirklichung programmiert. Andreas Reckwitz analysiert schließlich, wie sich Individualität zur Ideologie wandelt: wer nicht einzigartig ist, verliert. Gemeinsam entwerfen sie das Bild einer Gesellschaft, die den Einzelnen zum Projekt macht, ihn aber in einen Wettlauf zwingt, den er nicht gewinnen kann.
Vgl. dazu Ulrich Beck: Risikogesellschaft. Auf dem Weg in eine andere Moderne. Frankfurt am Main: Suhrkamp, 1986; Zygmunt Bauman: Gemeinschaften. Auf der Suche nach Sicherheit in einer bedrohlichen Welt. Frankfurt am Main: Suhrkamp, 2009; Andreas Reckwitz: Die Gesellschaft der Singularitäten. Zum Strukturwandel der Moderne. Berlin: Suhrkamp, 2017.

Diese Hyperindividualisierung ist nicht nur ein Problem für das Gemeinschaftsgefühl, sondern markiert eine tiefgehende ideologische Verschiebung: Sie destabilisiert die Strukturen, auf denen traditionelle Führung beruht, und zwingt uns, Leadership neu zu denken.

Der Triumph des Ichs

Die moderne Gesellschaft ermutigt uns dazu, unser eigenes Leben als Projekt zu betrachten. Social Media, Selbstoptimierung und inflationäre Coaching-Kulturen haben uns eine Vision von Erfolg verkauft, die allein auf der maximalen Verwirklichung individueller Potenziale basiert. Diese Ideologie infiltriert natürlich auch die Arbeitswelt. Mitarbeitende wollen nicht mehr nur „gute Arbeit leisten", sondern Arbeit muss Teil ihres persönlichen Narrativs werden. Sie muss Sinn stiften, Selbstverwirklichung ermöglichen und am besten noch den eigenen Status im öffentlichen und digitalen Raum unterstreichen.

Für traditionelle Führungsmodelle ist das eine Katastrophe. Die alte Ordnung beruhte auf dem Prinzip der Hierarchie: Der Einzelne musste sich in den Dienst des größeren Ganzen stellen. Doch Hyperindividualisierung kehrt dieses Prinzip um: Das Kollektiv existiert nur, um die Bedürfnisse des Einzelnen zu unterstützen.

Der ideologische Schleier der Selbstverwirklichung

Es sei der Hinweis gestattet, dass der Diskurs über Selbstverwirklichung nicht neutral ist. Er ist ein ideologischer Schleier, der die grundlegenden Widersprüche unserer Gesellschaft verdeckt. Das Streben nach Individualität wird oft als Akt der Befreiung dargestellt, doch in Wirklichkeit verstärkt es die Logik des Kapitalismus. Selbstverwirklichung ist eine Ware geworden, die uns verkauft wird: durch Produkte, Dienstleistungen und Programme, die versprechen, uns zu besseren Versionen unserer selbst zu machen. Und in diesem Prozess wird der Einzelne zum perfekten Konsumenten: Immer unzufrieden, immer auf der Suche nach mehr.

Die Herausforderung für Leadership

In diesem Kontext stellt sich die Frage: Wie führt man eine hyperindividualisierte Belegschaft? Die Antwort ist so einfach wie unbequem: Indem man das Paradox der Individualität akzeptiert. Führung muss nicht länger versuchen, das Ich dem Wir unterzuordnen. Stattdessen muss sie eine Umgebung schaffen, in der individuelle Bedürfnisse und kollektive Ziele in einem produktiven Spannungsfeld koexistieren können.

- Personalisierung: Leadership muss verstärkt auf die individuellen Motivationen und Stärken eingehen. Mitarbeitende wollen nicht nur gehört werden, sie wollen das Gefühl haben, dass ihre Perspektive einzigartig ist und geschätzt wird.
- Flexible Strukturen: Starre Hierarchien werden von vielen als Hindernis empfunden. Stattdessen sind agile und flache Strukturen gefragt, die Raum für Eigenverantwortung und Kreativität lassen.
- Narrative Kompetenz: Führungskräfte müssen in der Lage sein, individuelle und kollektive Geschichten miteinander zu verweben. Es geht darum, einen gemeinsamen Sinn zu stiften, ohne die individuellen Geschichten zu überlagern.

Das Paradox der Hyperindividualisierung

Die Hyperindividualisierung konfrontiert uns mit einem fundamentalen Widerspruch: Je stärker wir nach Selbstverwirklichung streben, desto abhängiger werden wir von den Strukturen, die sie ermöglichen. Der Influencer, der seine Unabhängigkeit feiert, ist vollständig von den Algorithmen sozialer Plattformen abhängig. Dasselbe gilt für Unternehmen: Mitarbeitende fordern Freiheit und Selbstverwirklichung, erwarten aber gleichzeitig perfekte Rahmenbedingungen von ihren Organisationen. Bleiben diese aus, folgen Frustration und Widerstand.

Dieses Paradox lässt sich nicht auflösen, denn es ist ein Symptom unserer Zeit. Doch genau in diesen Widersprüchen liegt die Chance zur Transformation. Statt sie zu eliminieren, sollten wir sie als Ausgangspunkt für neues Denken nutzen.

Fazit: Neue Wege der Führung

Die Hyperindividualisierung ist keine Modeerscheinung, sondern eine tiefgreifende gesellschaftliche Veränderung. Sie zwingt uns, Leadership neu zu definieren. Führung bedeutet heute nicht mehr, Einheit zu erzwingen, sondern Vielfalt zu orchestrieren. Es bedeutet, einen Raum zu schaffen, in dem individuelle und kollektive Ziele sich nicht ausschließen, sondern gegenseitig befruchten.

Die Hyperindividualisierung ist kein Problem, das gelöst werden muss. Sie ist eine Herausforderung, die uns zwingt, das Wesen von Gemeinschaft, Zusammenarbeit und Führung radikal neu zu denken. Und vielleicht ist genau das die Chance: Nicht weniger Individualität, sondern mehr, dafür in einer Form, die nicht isoliert, sondern verbindet.

10/

GLOBALE PERSPEKTIVEN – FÜHRUNG IM ZEITALTER KULTURELLER DIVERSITÄT

Die unsichtbare Architektur der Macht

In einer Welt, die zunehmend vernetzt und globalisiert ist, ist Führung auf dem Weg, ein universales Konzept zu werden, eine Art globale Sprache der Organisation und Macht. Doch mit Michel Foucault ist Macht niemals neutral und universell.[29] Sie ist in kulturellen Kontexten verankert, in historischen Diskursen verwebt und in unsichtbaren Architekturen eingeschrieben, die jede Interaktion formen. Führung im Zeitalter kultureller Diversität ist nicht nur eine Herausforderung der Kommunikation, sondern ein Kampf um Deutungshoheit: Wer definiert, was „gute Führung" bedeutet? Und wer wird ausgeschlossen? Und warum eigentlich?

Die Fetischisierung der Diversität

Jean Baudrillard hätte die heutige Obsession mit Diversität als das perfekte Simulakrum bezeichnet: Ein Bild von Vielfalt, das keine

---

[29]   Wie Anm. 5. Besonders relevant ist hier Foucaults Konzept der Macht als relationales, kulturell eingebettetes Phänomen.

echte Substanz hat.[30] Unternehmen präsentieren stolz ihre multikulturellen Teams und globalen Initiativen, doch oft bleibt dies reine Ästhetik: ein Marketinginstrument, das die eigentlichen Machtstrukturen unangetastet lässt. Diversität wird zur Ware, zur „Performance der Inklusion", die mehr über die Ängste der Organisation aussagt als über ihre Fähigkeit zur Veränderung.

Führung als kulturelle Übersetzung

In diesem Kontext ist Führung nicht die Kunst des Entscheidens, sondern die des Übersetzens. Gilles Deleuze würde dies als einen Prozess des „Werdens" beschrieben haben: Führungskräfte werden zu kulturellen Nomaden, die ständig zwischen den Bedeutungen und Symbolen verschiedener Kulturen navigieren müssen.[31] Doch diese Übersetzung ist nie neutral. Sie ist immer auch ein Akt der Macht, eine Selektion dessen, was übersetzt wird und was nicht.

Kulturelle Ignoranz: Wie Führung im globalen Kontext scheitert

Führungskräfte, die versuchen, westliche Modelle von Effizienz, Hierarchie und Zielorientierung in Kulturen zu exportieren, die kollektive Entscheidungsfindung oder informelle Netzwerke priorisieren, begehen einen fundamentalen Fehler. Sie scheitern nicht an fehlenden Fähigkeiten, sondern an einer tiefgreifenden Unfähigkeit, die kulturellen Codes vor Ort zu entschlüsseln.

---

[30] Vgl. dazu Jean Baudrillard: Simulacra and Simulation. Ann Arbor: University of Michigan Press, 1994, insbesondere seine Analysen zur Hyperrealität und Simulakren.

[31] Vgl. dazu Anm. 20, Insbesondere die Konzepte des „Werdens" und der „Rhizome".

In der Praxis zeigt sich dieses Scheitern auf verschiedene Weisen:

- Fehlende Sensibilität für lokale Werte: Ein strikt hierarchischer Ansatz mag in westlichen Unternehmen als effizient gelten, doch in Kulturen, die Konsens und Harmonie betonen, kann er als autoritär oder unflexibel empfunden werden. Führungskräfte, die solche Dynamiken nicht verstehen, riskieren, als unzugänglich oder gar respektlos wahrgenommen zu werden.
- Kulturelle Missverständnisse: Was in einer Kultur als Stärke gilt, kann in einer anderen als Schwäche interpretiert werden. Direkte Kritik beispielsweise wird in manchen Kulturen als Offenheit geschätzt, während sie anderswo als Beleidigung gilt. Wer solche Unterschiede ignoriert, entfremdet sein Team.
- Verlust von Vertrauen: Führung basiert nicht nur auf Kompetenz, sondern auch auf Akzeptanz. Führungskräfte, die die kulturellen Eigenheiten eines Landes oder einer Organisation nicht berücksichtigen, verlieren oft beides – und damit die Grundlage für ihre Wirksamkeit.

Diese Herausforderungen zeigen, dass interkulturelle Kompetenz allein nicht ausreicht. Gefordert ist ein radikales Umdenken: Führungskräfte müssen ihre eigenen kulturellen Prägungen – sei es der Glaube an Effizienz, strikte Hierarchien oder datenbasierte Entscheidungen – kritisch hinterfragen.

Führung im globalen Kontext verlangt Demut und Flexibilität. Sie erfordert die Bereitschaft, Führung nicht als starres Modell, sondern als dynamischen, kontextabhängigen Prozess zu begreifen. Nur so kann es gelingen, kulturelle Brücken zu bauen und Teams weltweit zu verbinden, statt sie unbewusst zu spalten.

Die Provokation: Gibt es globale Führung oder ist sie ein Mythos?

Ist „globale Führung" überhaupt möglich, oder ist sie eine Illusion? Jede Kultur trägt ihre eigenen Vorstellungen von Autorität, Vertrauen und Macht in sich. Führung, die diese Unterschiede ignoriert, läuft Gefahr, nicht nur ineffektiv, sondern destruktiv zu sein. Vielleicht ist der Versuch, eine universelle Sprache der Führung zu schaffen, selbst ein Akt kolonialer Arroganz: eine neue Form des Imperialismus, verborgen hinter der Maske der Diversität.

Fazit: Ein Weg nach vorn

Inmitten dieser Paradoxien liegt auch eine Chance. Führung im Zeitalter kultureller Diversität könnte bedeuten, die eigene Machtposition zu hinterfragen und Raum für andere Stimmen zu schaffen. Es ist ein Prozess des Lernens und Verlernens, ein Tanz zwischen Kontrolle und Loslassen. Es geht darum, „Rhizome" zu schaffen, nicht hierarchische Netzwerke, die vielfältige Verbindungen ermöglichen.

Dieser Essay fordert uns auf, Diversität nicht als Ziel, sondern als Praxis zu begreifen. Er lädt Führungskräfte dazu ein, die eigene Position kritisch zu reflektieren und die Machtstrukturen, die sie aufrechterhalten, zu dekonstruieren. Denn nur in diesem Prozess kann Führung wirklich global werden: nicht als Einheit, sondern als ein vielstimmiger Dialog, der die Unterschiede feiert, anstatt sie mit managerialem Wohlfühlsprech abzuwürgen.

Und jetzt stellen Sie sich einfach einmal vor, dass die eigentliche Führungsaufgabe der Zukunft nicht darin besteht, eine gemeinsame Sprache zu finden, sondern darin, das Zuhören zu perfektionieren. Nicht das Sprechen eint, sondern das Schweigen, das Raum schafft. Nicht der Konsens, sondern die Bereitschaft, Ambivalenz auszuhalten.

P.S.: Führung ist kein Monopol… oder: Wer entdeckt hier eigentlich wen?

„Der Amerikaner, der den Kolumbus zuerst entdeckte, machte eine böse Entdeckung."

Georg Christoph Lichtenberg

Westliche Führungsmodelle werden oft als universell betrachtet, als eine Art Standard, an dem sich alle anderen orientieren müssten. Doch wer entscheidet, was „gute Führung" ist? Vielleicht ist es an der Zeit, den Blick zu wenden – nicht nur auf „andere" Führungsmodelle, sondern auch darauf, wie westliche Vorstellungen von Führung andere Traditionen überlagern, verzerren oder missverstehen.

Denn während westliche Führung oft auf Effizienz, Individualismus und direkte Kommunikation setzt, gibt es ebenso etablierte Modelle, die Harmonie, moralische Integrität oder kollektive Verantwortung in den Mittelpunkt stellen. Zwei davon verdienen besondere Aufmerksamkeit:

Östliche Führungsmodelle – Harmonie statt Konfrontation

Während westliche Führung oft auf Effizienz, Individualismus und direkte Kommunikation setzt, betonen viele östliche Modelle Harmonie, Beziehungspflege und langfristige Verpflichtungen.

In Konfuzianisch geprägten Kulturen wie China, Korea oder Japan basiert Führung oft auf Hierarchie und Respekt vor Autorität: jedoch nicht als rigide Kontrolle, sondern als moralische Verantwortung der Führungskraft gegenüber den Geführten *(Ren und Li)*. Entscheidungen werden nicht individuell getroffen, sondern durch informelle Konsensbildung (*Guanxi* in China, *Ringi* in Japan).

Der westliche Drang nach Transparenz kollidiert hier oft mit dem Prinzip des Gesichtsverlustes *(Mianzi)*, das es erforderlich macht, Kritik indirekt und diplomatisch zu äußern. Wer dies missachtet, zerstört Vertrauen.

Östliche Führung folgt oft einer Langzeitstrategie: kurzfristige Siege sind weniger wichtig als die Wahrung der Beziehungen und das stufenweise Erarbeiten von Akzeptanz. Wer diesen Rhythmus nicht versteht, wird als zu forsch oder oberflächlich wahrgenommen.

Führung in muslimischen Kontexten – Ethik, Gemeinschaft und spirituelle Legitimität

In muslimisch geprägten Gesellschaften ist Führung tief in spirituellen und ethischen Prinzipien verwurzelt. Sie ist nicht nur ein Akt der Organisation, sondern auch der Verantwortung gegenüber der Gemeinschaft *(Ummah)*.

Islamische Führung beruht auf Konzepten wie *Shura* (kollektive Beratung), *Adl* (Gerechtigkeit) und *Amanah* (Treuhandverantwortung). Der ideale Führer ist kein autoritärer Herrscher, sondern ein Diener seiner Gemeinschaft *(Khilafah)*.

Während westliche Führung oft persönliche Autonomie und schnelle Entscheidungsfindung betont, ist in vielen muslimischen Kulturen das kollektive Einvernehmen entscheidend. Führungspersönlichkeiten werden nicht nur an ihrer Effizienz gemessen, sondern an ihrer moralischen Integrität.

Die Idee, dass wirtschaftlicher Erfolg und spirituelle Werte untrennbar sind, prägt viele islamische Unternehmen. Profit ist nicht das alleinige Ziel, sondern muss mit sozialer Gerechtigkeit und Fairness im Einklang stehen *(Halal Leadership)*.

11/

ARBEIT ALS SINNSTIFTER

Wie Führung in einer Welt, die zunehmend von „Purpose" getrieben wird, Sinn erzeugen kann

Nachdem in den 1990er-Jahren – einem Jahrzehnt des Konsums, der Individualisierung, des Hedonismus und der beginnenden Werteverschiebung – traditionelle Konzepte wie Gehorsam, Effizienz und Karriereleiterdenken an Bedeutung verloren haben, erhebt sich seit den 2010er-Jahren ein neues Leitmotiv im Diskurs: Sinn. Arbeit ist längst nicht mehr nur Broterwerb oder Pflicht, sie soll uns erfüllen, inspirieren und Teil eines größeren Ganzen sein. Doch dieser Ruf nach „Purpose" ist mehr als nur ein kulturelles Phänomen: er ist eine fundamentale Herausforderung für moderne Führung. Wie kann Leadership in einer Welt bestehen, in der Sinnstiftung nicht mehr optional, sondern essenziell ist?

Der Aufstieg des „Purpose"

Der Begriff „Purpose" hat sich in den letzten Jahren zu einer Gebetsformel entwickelt. Firmen schreiben sich auf die Fahnen, die Welt zu verbessern, Nachhaltigkeit zu fördern oder Innovation zu treiben. Mitarbeitende, besonders die Generationen Y und Z, suchen nach mehr als nur einem Gehaltsscheck: sie suchen auch nach Sinn. Doch ist dieser Sinn nicht oft ein „ideologischer Fetisch"? Ich bin versucht, von einem *Cargo-Kult* zu sprechen:[32] Unternehmen inszenieren Rituale, bauen Symbole und versprechen transformative Veränderungen, während der wahre Nutzen oft nebulös bleibt. Wie in den Cargo-Kulten des Pazifik, in denen äußere Formen nachgeahmt wurden, ohne den tieferen Mechanismus zu verstehen, wird „Purpose" häufig zu einer Hülle: einer Inszenierung, die Sinn und Substanz nur simuliert. Die entscheidende Frage ist nicht, ob Purpose existiert, sondern wer ihn definiert – und wem er letztlich dient.

Schöner scheitern – Die Falle des oberflächlichen Sinns

An einer *BP*-Tankstelle befüllt Kendall Jenner ihren *Volkswagen* mit Diesel, fährt zu einem *WeWork-Date* auf eine *Pepsi-Tequila* mit Adam Neumann, nicht ohne sich vorher mit nachhaltigem Fast Food von *McDonald's* zu stärken. Als Adam sie unvermittelt fragt, wie er die nächste Krise vertuschen soll, kritzelt sie *„Beyond Petroleum"* mit mittelscharfem Senf auf die Tischplatte – während im Hintergrund die *Deepwater Horizon* langsam im Meer versinkt. Absurd, vollkommen überzeichnet, okay, insbesondere in der Ballung; aber es ist die perfekte Allegorie für die Sinnkrise der Sinnstiftung: schön inszeniert, moralisch aufgeladen, aber in sich hohl wie eine taube Nuss. Ein Trugbild, das weder heilt noch langfristig wirkt.

Die genannten Unternehmen – BP, Volkswagen, WeWork, McDonald's und Pepsi – scheiterten daran, echten Purpose zu liefern.[33]

---

[32]   Vgl. dazu Peter Worsley: Und die Posaune wird erschallen. „Cargo"-Kulte in Melanesien. Frankfurt am Main: Suhrkamp, 1973.

[33]   Vgl. dazu Kai Borgeest: Manipulation von Abgaswerten. 2. Aufl. Wiesbaden: Springer Vieweg, 2021; Stefan Winter: Deepwater im Top Kill. 20 Web-Dinge über die Ölkatastrophe. Online im WWW: https://www.jetzt.de/20dingedeepwater-im-top-kill-20-web-dinge-ueber-die-oelkatastrophe-504690; Julie Bort und Meghan Morris: Sex, Tequila und lebendige Tiger. Wework-Mitarbeiter berichten von zügellosen Partys und Exzessen. Online im WWW: https://www.businessinsider.de/tech/adam-neumann-wework-2019-9/;   Tim

Stattdessen inszenieren sie eine oberflächliche Sinnhaftigkeit, die sich in Marketingkampagnen und Imagepflege erschöpft. Diese Art von Sinnstiftung funktioniert wie ein Placebo: kurzfristig wirksam, langfristig enttäuschend. Mitarbeitende merken schnell, wenn die Werte eines Unternehmens nur Schall und Rauch sind. Hier entsteht eine neue Art von Krise: die Sinnkrise der Sinnstiftung, ein Paradox, das im Kern auf Un-Sinn hinausläuft.

Die Diskrepanz zwischen propagiertem und erlebtem Sinn ist nicht zufällig. Sie ist Teil der Struktur. Unternehmen müssen funktionieren, Rendite erwirtschaften, Wettbewerbsfähigkeit sichern; das „Sinnversprechen" ist oft nichts weiter als eine notwendige Tarnung, um die inneren Widersprüche zu kaschieren. Der vermeintliche Sinn verkehrt sich in einen Un-Sinn, der nicht verbindet, sondern entfremdet.

Führung als Sinnarchitekt

Doch was wäre, wenn Sinn mehr sein könnte als ein Marketinginstrument? Wenn Führung nicht nur darauf abzielte, äußere Effizienz zu steigern, sondern innere Resonanz zu schaffen? Echte Sinnstiftung beginnt dort, wo Führung authentisch wird. Sie erfordert nicht nur Visionen, sondern den Mut, diese Visionen im Alltag zu verkörpern.

Stübane: Die trügerische Leichtigkeit der Nachhaltigkeitswerbung. Online im WWW: https://thegoodwins.de/truegerische-leichtigkeit-80239/; Deutsche Umwelthilfe: Analyse der Deutschen Umwelthilfe enthüllt Einweg-Kampagne von McDonald's als besonders dreistes Greenwashing. Online im WWW: https://www.duh.de/presse/pressemitteilungen/pressemitteilung/analyse-der-deutschen-umwelthilfe-enthuellt-einweg-kampagne-von-mcdonalds-als-besonders-dreistes-gre/; Verena Gründel: Kampagne „I am Beautiful". McDonald's: Das ist Greenwashing auf hohem Niveau. Online im WWW: https://www.wuv.de/Themen/Marke/McDonald-s-Das-ist-Greenwashing-auf-hohem-Niveau; Daniel Victor: Pepsi Pulls Ad Accused of Trivializing Black Lives Matter. Online im WWW: https://www.nytimes.com/2017/04/05/business/kendall-jenner-pepsi-ad.html [Datum aller Zugriffe: 2025-01-28].

- Sinn entsteht im Dialog, nicht im Monolog. Führungskräfte müssen zuhören, die Bedürfnisse und Hoffnungen ihrer Mitarbeitenden verstehen und ernst nehmen.
- Es reicht nicht, Werte zu proklamieren. Sie müssen gelebt und in den Handlungen und Entscheidungen der Führung sichtbar werden.
- Sinn kann nicht nur auf der Ebene der Unternehmensvision existieren. Er muss sich in den alltäglichen Aufgaben und Prozessen widerspiegeln, demnach auf allen Ebenen.

Die Herausforderung der Individualität

Sinn ist niemals universal. Was für den einen erfüllend ist, kann für den anderen komplett bedeutungslos sein. Diese Subjektivität stellt Führung vor eine enorme Herausforderung. In einer zunehmend individualisierten Welt müssen Führungskräfte den Spagat schaffen, individuelle Bedürfnisse mit kollektiven Zielen zu vereinen. Dieser Widerspruch kann nicht gelöst werden. Er ist das Wesen moderner Arbeit. Doch gerade in diesem Spannungsfeld entsteht Raum für Kreativität und Innovation.

Sinn als Machtinstrument

Und hier liegt die vielleicht größte Gefahr: Sinnstiftung kann zur subtilen Form der Kontrolle werden. Ein Unternehmen, das Sinn verspricht, kann Loyalität erzwingen, ohne diese offen zu verlangen. Mitarbeitende, die sich mit der Mission ihres Arbeitgebers identifizieren, sind bereit, mehr zu geben, oft ohne dies zu hinterfragen. Das hat sich unter dem Begriff der „Extra Meile" eingebürgert. Aber ist dieser Sinn nicht oft eine neue Form der Ausbeutung? Eine, die nicht auf Zwang, sondern auf Zustimmung basiert – und damit umso schwerer zu erkennen ist.

Fazit: Echte Sinnstiftung als Führungsaufgabe

Arbeit als Sinnstifter ist kein leichter Weg. Es erfordert von Führung den Mut, den Widersprüchen moderner Arbeit ins Auge zu sehen und echte Dialoge zu führen. Es bedeutet, die Gefahr zu akzeptieren, dass Sinn niemals absolut oder universell ist. Und es bedeutet, Machtstrukturen zu hinterfragen, anstatt sie mit der Rhetorik des „Purpose" zu verschleiern.

Doch hier liegt auch eine große Chance: Echte Sinnstiftung kann Führung auf ein neues Fundament stellen, eines, das auf Authentizität, Resonanz und gegenseitigem Verständnis beruht. Sie kann helfen, Mitarbeitende nicht nur zu motivieren, sondern sie zu inspirieren, ihren Beitrag als Teil einer größeren Vision zu verstehen, die über rein wirtschaftliche Ziele hinausgeht.

Sinn ist keine fertige Formel. Führung besteht darin, den Raum zu schaffen, in dem Menschen ihre eigenen Antworten finden. Am Ende ist Sinnstiftung nicht das Versprechen einer idealisierten Arbeitswelt, sondern die Einladung, sich gemeinsam auf den Weg zu machen: mit allen Ungewissheiten und Herausforderungen, die dazugehören.

Der wahre Sinn liegt nicht in der Perfektion, sondern im ständigen Ringen darum, Arbeit und Gemeinschaft immer wieder neu zu denken.

Vielleicht die wichtigste Führungsaufgabe unserer Zeit.

12/

DIE ÄSTHETIK DER FÜHRUNG

Warum Inszenierung und Branding im 21. Jahrhundert Teil der Führungsaufgabe sind

Führung war einst eine Frage von Autorität und Expertise, von Strategie und Vision. Doch im 21. Jahrhundert hat sich ein neuer Aspekt ins Zentrum der Leadership-Debatte gedrängt: die Ästhetik. In einer Welt, die von Bildern, Symbolen und Erlebnissen geprägt ist, ist Führung längst nicht mehr nur eine Frage des Inhalts, sondern auch der Inszenierung. Ästhetik in der Führung ist keine oberflächliche Fassade, sondern das Medium, durch das Macht vermittelt und legitimiert wird.

Die Inszenierung von Führung

Im digitalen Zeitalter ist Sichtbarkeit gleichbedeutend mit Einfluss. Eine Führungspersönlichkeit, die nicht sichtbar ist, existiert praktisch nicht. Doch diese Sichtbarkeit ist kein Selbstzweck. Sie muss strategisch gestaltet, kuratiert und bewusst inszeniert werden. Inszenierung bedeutet nicht, die Realität zu verschleiern, sondern sie so zu rahmen, dass sie Resonanz erzeugt – oder zumindest den Anschein erweckt, dies zu tun.

Ein prominentes Beispiel dafür ist die Corporate Branding-Strategie von Unternehmen wie *Tesla*. Elon Musk hat die Marke nicht nur als Hersteller von Elektroautos positioniert, sondern als Symbol für

Fortschritt, Technologie und radikalen Wandel. Musk selbst inszeniert sich dabei als genialer Visionär, dessen Tweets ebenso spektakulär wie seine Raketenstarts sind. Hier wird deutlich, dass die Ästhetik der Führung nicht nur die Botschaft transportiert, sondern zur Botschaft selbst wird.

Doch wo endet die Botschaft, und wo beginnt der Mythos? Wäre Musk kein Sohn Südafrikas, sondern ein *„natural born citizen"* der USA, könnte er sich womöglich als 48. Präsident inszenieren – eine Führungspersönlichkeit, bei der die Grenzen zwischen Medium, Botschaft und Inszenierung endgültig verschwimmen würden. Dass dieser verfassungsrechtliche Makel eine Kandidatur verhindert, ist vielleicht die letzte Grenze seiner sonst so unbegrenzten Selbstinszenierung. Aber wer weiß?

Weitere Beispiele, wie Führung durch Ästhetik bewusst gestaltet wird – je nach Kontext und Persönlichkeit unterschiedlich interpretiert:

- Der feuchte Traum für Führungskräfte, die glauben, dass sich Visionen durch Dresscodes ersetzen lassen, war Steve Jobs, Meister der minimalistischen Inszenierung. Schwarzer Rollkragen, Jeans, Sneakers. Mit dieser Uniform wurde er zur Ikone des technologischen Minimalismus. Seine Keynotes? Keine bloßen Produktpräsentationen, sondern perfekt choreografierte Offenbarungen. Während andere Manager Zahlen präsentierten, ließ Jobs Innovation wirken, als hätte er sie gerade persönlich vom Berg Sinai mitgebracht.
- Greta Thunbergs bewusstes Understatement zeigt sich in Funktionsjacke, Zopf, wetterfest und trotzig simpel. Eine visuelle Kampfansage an eine Welt, die sich über Äußerlichkeiten definiert. Ihr Look erinnert irgendwie an Paddington Bear – praktisch, unprätentiös, konsequent. Doch gerade in dieser demonstrativen Schlichtheit liegt die Kraft.

- Mal bodenständig im Trachtenjanker, mal entschlossen im Krisenmodus: Markus Söder beherrscht die Kunst der Selbstinszenierung wie kaum ein anderer. Mit untrüglichem Gespür für den medialen Zeitgeist wechselt er mühelos zwischen Volksnähe und Macher-Attitüde, stets im perfekten Licht der Kameras positioniert. Das *Chamaeleo francomedianus* ist ein Meister der Anpassung: nicht an die Umwelt, sondern an die öffentliche Wahrnehmung.

Die Rolle des Brandings

Branding ist längst nicht mehr nur die Aufgabe der Marketingabteilung. Es ist ein unverzichtbares Werkzeug moderner Führung. Ein starkes Führungs-Branding schafft Identifikation, Vertrauen und Orientierung. Mitarbeitende und Stakeholder müssen nicht nur von der Kompetenz der Führung überzeugt sein, sondern auch von ihrer Symbolkraft.[34] Führungskräfte werden zu lebendigen Repräsentationen von Werten und Haltungen, die weit über das Unternehmen hinausstrahlen.

Doch Branding ist niemals neutral. Es ist immer ein Machtinstrument. Es kann inspirieren, aber auch manipulieren. Es kann Werte stärken, aber auch Ideologien aufrechterhalten, die hinterfragt werden sollten. Branding lässt sich nicht vermeiden. Die eigentliche Herausforderung besteht darin, es bewusst zu gestalten – und die dahinterliegenden Absichten offenzulegen.

---

[34] In *Führung und Fiktion* habe ich am Beispiel der Band Laibach dargelegt, wie Inszenierung und Symbolik Führungsrollen nicht nur begleiten, sondern formen können. Die bewusste Verwendung von Ästhetik und Ambivalenz zeigt, dass Leadership nicht allein durch Inhalte überzeugt, sondern durch die geschickte Orchestrierung von Wahrnehmungen und Bedeutungen. Führung ist, wie bei Laibach, ein Ritual: inszeniert, vielschichtig und subversiv. Vgl. dazu Ulrich Wirth: Führung und Fiktion. Was Leadership von Literatur, Subkultur und Pop lernen kann. Norderstedt: BoD, 2025, S. 216-222.

Ästhetik als Machtinstrument

Die Ästhetik der Führung zeigt sich nicht nur in großen Gesten oder Kampagnen, sondern in den kleinen Details. Von der Gestaltung der Arbeitsumgebung bis zur Wahl der Worte in einer Rede – jedes Element trägt zur Wahrnehmung der Führung bei. Diese Wahrnehmung beeinflusst wiederum, wie Führung akzeptiert und unterstützt wird.

Doch diese Ästhetik ist nicht statisch. Sie muss ständig neu interpretiert und angepasst werden. In einer Welt, die von ständigem Wandel geprägt ist, kann es sich Führung nicht leisten, auf alten Bildern oder Symbolen zu verharren. Die Ästhetik der Führung muss flexibel und dynamisch sein: ein Spiegel der Zeit und ein Werkzeug des Wandels.

Die Grenzen der Ästhetik

So wichtig die Ästhetik der Führung auch ist, sie hat ihre Grenzen. Eine Inszenierung, die keinen echten Kern hat, bleibt hohl. Ein Branding, das nicht von Handlungen getragen wird, verliert schnell an Glaubwürdigkeit. Die Gefahr liegt darin, dass die Ästhetik zur Ideologie wird, zu einem Schleier, der die Realität verbirgt, anstatt sie zu gestalten.

Doch die eigentliche Falle der Ästhetik liegt nicht nur in ihrer Hohlheit, sondern in ihrer Autonomie. Je erfolgreicher eine Inszenierung ist, desto mehr beginnt sie, sich von ihrem ursprünglichen Zweck zu lösen. Führungspersönlichkeiten, die sich einmal als Marke etabliert haben, können von ihrer eigenen Ästhetik verschlungen werden – nicht mehr in der Lage, sich aus ihrem konstruierten Narrativ zu befreien. Was als bewusste Gestaltung beginnt, kann schnell zur Erwartungshaltung werden: Die Führungskraft muss stets liefern, stets das inszenierte Bild bestätigen, stets ihrem eigenen Mythos gerecht werden.

Darin liegt das Paradox: Eine Ästhetik, die einst als Ausdruck von Führungskraft galt, kann diese am Ende entmachten. Der Moment, in dem Inszenierung wichtiger wird als Inhalt, ist der Moment, in dem Führung zu einer leeren Hülle wird. Die Mechanik der Macht dreht sich weiter, aber sie verliert ihre Substanz. Führung wird dann nicht mehr an Entscheidungen gemessen, sondern an Likes, Schlagzeilen und öffentlicher Resonanz. Die Führungskraft ist nicht mehr Gestalter, sondern Gefangener ihrer eigenen Ästhetik.

Dieses Problem betrifft nicht nur Individuen, sondern auch Organisationen. Marken, die sich über Jahre hinweg auf eine bestimmte Ästhetik oder ein bestimmtes Image verlassen haben, stehen irgendwann vor der Frage: Wie lange kann eine Inszenierung glaubhaft bleiben? Unternehmen, die Innovation versprechen, aber stagnieren. Politiker, die Wandel predigen, aber in Routinen gefangen sind. CEOs, die sich als Visionäre inszenieren, aber in der Bürokratie ihrer eigenen Konzerne versinken. Die Ästhetik der Führung kann Macht verschaffen, aber sie kann auch lähmen.

Die Kunst besteht darin, die Inszenierung nicht zum Selbstzweck werden zu lassen. Ästhetik darf kein Korsett sein, das Wandel verhindert. Sie muss flexibel bleiben, um glaubwürdig zu bleiben. Führung, die sich nur über Bilder und Symbole definiert, verkommt zur Pose. Und Posen mögen zwar beeindrucken, aber sie führen nicht.

Die dunkle Seite der Ästhetik

Die Ästhetik der Führung ist kein neues Phänomen. Tatsächlich gibt es historische Beispiele, die zeigen, wie mächtig (und brandgefährlich) die gezielte Inszenierung von Macht sein kann. Die Nationalsozialisten etwa waren Meister der Ästhetik. Wie Andreas Koop in seinem Buch *NSCI. Das visuelle Erscheinungsbild der Nationalsozialisten 1920-1945* analysiert, wurde jedes Detail ihres

Erscheinungsbildes – von Uniformen über Symbole bis hin zur Architektur – genutzt, um Stärke, Ordnung und Einheit zu suggerieren.[35] Die Großveranstaltungen, die Choreografie der Aufmärsche und die imposanten Kulissen ihrer Reichsparteitage zeigten, wie Ästhetik gezielt zur Überwältigung, Manipulation und Einschüchterung instrumentalisiert wurde. Dass könnte man, in Anlehnung an Dolf Sternberger und die Sprachkritik seiner Zeit, treffend als *„Corporate Identity" des Unmenschen* bezeichnen.[36]

Diese historische Lektion ist entscheidend für unser Verständnis von Führung im 21. Jahrhundert. Sie zeigt, wie Ästhetik nicht nur inspirieren, sondern auch blenden kann. In den Händen der Nationalsozialisten wurde sie zu einem ideologischen Werkzeug, das Wahrheiten verschleierte und Kritik erstickte.

Lehren für die Gegenwart

Heute, in einer Welt der Bilder und Narrativen, steht die Ästhetik der Führung erneut im Zentrum. Doch die Geschichte mahnt zur Vorsicht: Wenn Ästhetik zur Ideologie wird, droht sie, die Realität zu verdecken, anstatt sie zu gestalten. Die Herausforderung für moderne Führungskräfte besteht darin, Ästhetik bewusst einzusetzen, nicht, um Macht zu demonstrieren, sondern um Werte sichtbar zu machen.

---

35   Vgl. dazu Andreas Koop: NSCI. Das visuelle Erscheinungsbild der Nationalsozialisten 1920-1945. 3. überarbeitete und ergänzte Auflage. Mainz: Verlag Hermann Schmidt, 2017.

36   Vgl. dazu Dolf Sternberger, Gerhard Storz und Wilhelm E. Süskind: Aus dem Wörterbuch des Unmenschen. München: Deutscher Taschenbuch Verlag, 1962.

Verantwortung durch Reflexion

Die Verantwortung der Führung im digitalen Zeitalter ist daher gewaltig: Inszenierung darf nicht manipulieren, sondern muss authentisch sein. Sie muss auf Dialog und Transparenz setzen, nicht auf Überwältigung. Gerade in einer Zeit, in der Plattformen wie Social Media eine nie dagewesene Bühne bieten, ist es essenziell, aus der Geschichte zu lernen und die Ästhetik der Führung mit ethischem Bewusstsein zu gestalten.

Fazit: Führung zwischen Inszenierung und Authentizität

Die Ästhetik der Führung ist kein Luxus, sondern eine Notwendigkeit. In einer Welt, die von Bildern und Narrativen geprägt ist, müssen Führungspersönlichkeiten die Macht der Inszenierung nutzen. Doch diese Inszenierung muss auf Authentizität basieren. Sie muss Werte sichtbar machen, ohne sie zu verzerren. Sie muss inspirieren, ohne zu manipulieren. Und sie muss Führung nicht ersetzen, sondern sie verstärken.

Die Ästhetik der Führung ist kein bloßer Spiegel, sondern eine Linse. Sie verändert nicht nur, wie wir Führung sehen, sondern auch, wie wir sie erleben. Die Aufgabe der Führung im 21. Jahrhundert ist es, diese Linse so zu gestalten, dass sie Klarheit schafft, und nicht Verblendung.

P.S.: Die stille Kraft der Unsichtbaren

Sichtbarkeit ist Macht, aber nicht alle Führungspersönlichkeiten streben danach, im Rampenlicht zu stehen. Für introvertierte Führungskräfte ist die Ästhetik der Führung eine Herausforderung, die oft mit ihrer Natur kollidiert. Doch auch abseits des Rampenlichts können sie wirksam und inspirierend sein.

Sichtbarkeit bedeutet für sie nicht, sich selbst zu überinszenieren, sondern gezielt und authentisch Momente der Präsenz zu schaffen. Ein Beitrag, eine Rede, ein stilles, aber klares Signal. Das genügt oft, um Resonanz zu erzeugen. Denn Führung ist nicht zwangsläufig laut. Sie kann leise, bedacht und strategisch sein. Und manchmal, in einer Welt voller Stimmen, liegt die größte Macht in der Kunst des Schweigens, das nachhallt.

Die Ästhetik der Führung bleibt auch für die Unsichtbaren relevant: nicht als Show, sondern als Ausdruck von Authentizität, Substanz und gezielter Wirkung.

Dritter Satz: Scherzo – Die Bewegung

Tänze der Kontrolle: Algorithmen und ihre Illusionen

13/

POSTHEROISCHE FÜHRUNG

Warum kollektive Intelligenz und Kooperation die Antwort auf die Herausforderungen unserer Zeit sein könnten

Unsere Welt ist schon seit längerem von Krisen, Komplexität und Unsicherheiten geprägt. In dieser Landschaft hat das Bild des heldenhaften Einzelkämpfers, der allein die Welt rettet, ausgedient. Die Zeit der heroischen Führungspersönlichkeiten, die mit schierer Willenskraft alles überwinden, wich einem neuen Paradigma: der postheroischen Führung.[37] In dieser Form des Leadership stehen nicht mehr einzelne Personen im Mittelpunkt, sondern das Kollektiv; und die Erkenntnis, dass niemand allein die Herausforderungen unserer Zeit bewältigen kann.

Das Ende des Heldenmythos

Die Idee des Helden ist tief in unserer Kultur verwurzelt. Von antiken Epen und Sagas, vom *Hildebrandslied* und Albin Proppes *Ein Leben für die Dermatologie* bis zu modernen Manager-Biografien feiern wir Individuen, die scheinbar Übermenschliches leisten. Dieser Mythos des Helden ist eine ideologische Falle. Er lenkt davon ab, dass Erfolg immer das Ergebnis kollektiver Anstrengung ist. Der

---

[37]   Vgl. Essay 6 und Anm. 23.

Held steht nicht für sich allein, sondern auf den Schultern eines oft unsichtbaren Netzwerks von Mitstreitern.

Die moderne Arbeitswelt zeigt zunehmend, wie begrenzt heroische Ansätze sind. In einer vernetzten, globalisierten Welt erfordert jede Entscheidung die Berücksichtigung unzähliger Variablen und Perspektiven. Kein Einzelner kann diese Komplexität überblicken. Der Versuch, dies dennoch zu tun, endet oft in Kontrolle, Mikromanagement und letztlich im Scheitern.[38]

Die Kraft der kollektiven Intelligenz

Postheroische Führung erkennt die Grenzen individueller Macht an und wendet sich der kollektiven Intelligenz zu. Kollektive Intelligenz entsteht, wenn Gruppen von Menschen zusammenarbeiten, um Probleme zu lösen und Innovationen zu entwickeln. Sie basiert auf Diversität, Dialog und der Fähigkeit, voneinander zu lernen.

Die Prinzipien der kollektiven Intelligenz umfassen:[39]

---

[38]   Eigentlich merkwürdig vor diesem Hintergrund, dass sich Politiker im Superman-kostüm inszenieren, auf *LinkedIn* ständig von Superpower die Rede ist und in Seminaren ebenfalls die Metapher der Superkraft bemüht wird. Oder vielleicht ist es gar nicht so merkwürdig. Vielleicht ist es der letzte, verzweifelte Reflex eines Denkens, das sich weigert, die Realität anzuerkennen. Je offenkundiger der Hel-denmythos zerbricht, desto lauter wird er beschworen. Die Rhetorik der „Super-kräfte" ist nicht Ausdruck von Stärke, sondern von Hilflosigkeit, eine Beschwö-rungsformel für eine Welt, die längst zu komplex für Ein-Mann-Armeen gewor-den ist.
Superhelden sind die perfekte Metapher für das, was nicht mehr funktioniert: Ein-zelne Figuren, die die Welt retten, während hinter ihnen alles in Flammen steht. Führung ist heute kein Soloflug mehr, kein heroischer Sprung in den Abgrund. Wer das nicht versteht, wird nicht zum Helden, sondern zum tragischen Charakter in einer Geschichte, die sich längst weiterentwickelt hat.

[39]   Die Prinzipien der kollektiven Intelligenz betonen die transformative Kraft von Vielfalt, Transparenz und Vertrauen in kollaborativen Prozessen. Sie bilden die Grundlage für die postheroische Führung und ihre Fähigkeit, die Potenziale des Kollektivs zu mobilisieren und zu entfalten.

- Teilhabe: Jeder in der Gruppe bringt einzigartige Perspektiven und Kompetenzen ein. Postheroische Führung schafft den Raum, in dem diese Vielfalt zur Geltung kommen kann.
- Transparenz: Informationen werden offen geteilt, sodass alle Beteiligten fundierte Entscheidungen treffen können.
- Vertrauen: Ohne Vertrauen gibt es keine echte Kooperation. Postheroische Führung setzt auf gegenseitigen Respekt und die Stärkung zwischenmenschlicher Beziehungen.

Kooperation statt Konkurrenz

Ein weiteres Kennzeichen postheroischer Führung ist der Fokus auf Kooperation statt Konkurrenz. Die heroische Logik basiert oft auf dem Gedanken des Wettstreits: Wer ist der Beste? Wer hat die beste Idee? Wer macht den besten Deal? Doch in einer Welt, die von Herausforderungen wie Klimawandel, sozialer Ungleichheit und technologischer Disruption geprägt ist, ist Konkurrenz eine Sackgasse. Die Lösungen unserer Zeit erfordern Zusammenarbeit über Abteilungs-, Unternehmens- und sogar nationale Grenzen hinweg.

Man mag jetzt einwerfen, dass Kooperation keine romantische Vorstellung ist. Sie ist oft anstrengend, konfliktreich und voller Widersprüche. Doch genau in diesen Spannungen liegt ihre transformative Kraft. Wenn unterschiedliche Perspektiven aufeinandertreffen, entstehen neue Ideen und Lösungsansätze, die keine Einzelperson hätte entwickeln können.

Vgl. dazu Pierre Lévy: Die kollektive Intelligenz. Eine Anthropologie des Cyberspace. Mannheim: Bollmann, 1997; Howard Rheingold: Smart Mobs. The Next Social Revolution. Cambridge, MA: Perseus, 2003.

Die Rolle der Führung im Kollektiv

Postheroische Führung bedeutet nicht, dass Führung überflüssig wird. Im Gegenteil: Sie wird wichtiger denn je. Doch ihre Aufgabe verändert sich. Führungskräfte in einer postheroischen Welt sind keine Helden, sondern Ermöglicher. Sie schaffen die Strukturen und Bedingungen, in denen kollektive Intelligenz und Kooperation gedeihen können.

- Moderation erfordert die Kunst des Zuhörens und der Vermittlung. Unterschiedliche Perspektiven müssen miteinander in Dialog gebracht werden, um tragfähige Lösungen zu entwickeln.
- Orientierung entsteht durch klare Visionen, die in einer Welt voller Unsicherheiten als gemeinsamer Bezugspunkt dienen und Richtung geben.
- Empowerment bedeutet, Mitarbeitende zu befähigen, Verantwortung zu übernehmen und ihre Potenziale voll auszuschöpfen, anstatt sie in starren Hierarchien zu begrenzen.
- Rahmen schaffen heißt, Strukturen so zu gestalten, dass sie Eigenverantwortung ermöglichen, ohne Orientierung zu verlieren. Teams brauchen klare Leitplanken, aber auch den Freiraum, eigene Lösungen zu entwickeln und Entscheidungen zu treffen.
- Konflikte nutzen bedeutet, Spannungen nicht als Störung, sondern als Motor für Weiterentwicklung zu begreifen. Wo verschiedene Perspektiven aufeinandertreffen, entstehen Reibungen, die produktiv gemacht werden müssen, anstatt sie zu unterdrücken.
- Lernen vorleben heißt, Führung als fortlaufenden Prozess zu verstehen. Wer sich selbst als Lernender begreift, schafft eine Kultur, in der Wissen nicht verwaltet, sondern hinterfragt, geteilt und gemeinsam weiterentwickelt wird.

Fazit: Die Zukunft ist postheroisch

Postheroische Führung ist kein Zeichen von Schwäche, sondern ein Ausdruck von Reife und strategischer Weitsicht. Sie stellt einen radikalen Bruch mit dem überholten Narrativ des allmächtigen Helden dar und öffnet den Raum für ein kollektives Verständnis von Verantwortung und Gestaltungskraft. In einer Welt, die von Unsicherheiten, globalen Krisen und rasantem Wandel geprägt ist, ist sie die einzige Form von Führung, die der Komplexität unserer Zeit überhaupt noch gerecht wird.

Pech gehabt, Bonnie Tyler: Dein „*hero*" heißt Godot, er wird nicht kommen. Und das ist gut so. Statt auf den Einzelnen zu setzen, der alle Antworten kennt, kultiviert postheroische Führung die Fähigkeit von Teams, gemeinsam Lösungen zu finden. Sie erkennt an, dass Diversität nicht nur ein moralischer Imperativ ist, sondern eine strategische Ressource, die Innovationen vorantreibt.

Doch diese Form der Führung verlangt mehr als nur neue Strukturen oder Werkzeuge. Sie erfordert einen kulturellen Wandel, weg von Hierarchien und Wettstreit, hin zu Transparenz, Vertrauen und echter Teilhabe. Sie fordert Führungskräfte heraus, ihre eigene Rolle neu zu definieren: nicht mehr als Befehlshaber, sondern als Ermöglicher, Moderator und Wegweiser in einer dynamischen Welt.

Die Herausforderungen der Zukunft – *Klimakrise, soziale Ungleichheit, technologische Disruption, Demografie und Fachkräftemangel, geopolitische Instabilität, digitale Überwachung und Datenschutz, Ressourcenknappheit, psychische Gesundheit in der Arbeitswelt, Vertrauensverlust in Institutionen, Desinformation und Medienmanipulation, zunehmende Automatisierung und Arbeitsplatzverdrängung, globale Migrationsbewegungen, Biodiversitätsverlust, Energiekrise, Bildungskrise und Kompetenzdefizite, Urbanisierung und Wohnraumknappheit, ethische Fragen der KI, gesellschaftliche Polarisierung und Identitätskonflikte, Pandemien und globale Gesundheitskrisen, Cyberkriminalität und digitale Kriegsführung, Wasserknappheit und Konflikte um Trinkwasser, Überalterung und Rentensysteme, neue Formen politischer Extremismen, Erosion demokratischer Systeme, postfaktische Politik und die Krise der Wahrheit, die Rolle und Regulierung von Big Tech, Langzeitfolgen der COVID-19-Pandemie* – lassen sich nicht mit heroischen Gesten bewältigen. Postheroische Führung bietet eine echte Alternative, indem sie nicht nur die Zusammenarbeit stärkt, sondern auch die Verantwortung für den Wandel demokratisiert. Sie ist keine romantische Ideologie, sondern eine praktische Notwendigkeit. Denn wenn die Herausforderungen unserer Zeit eines zeigen, dann, dass niemand allein sie bewältigen kann. Die Zukunft ist postheroisch: nicht als Option, sondern als unvermeidliche Antwort auf die radikale Unsicherheit und Dynamik einer vernetzten Welt.

P.S.: Was kommt nach dem Postheroischen?

Das postheroische Zeitalter stellt die Führungswelt bereits vor fundamentale Herausforderungen, doch eine Frage bleibt offen: Was kommt danach? Ist der Postheroismus das Endstadium, oder bewegen wir uns auf eine noch radikalere Form von Führung zu, eine, die man vielleicht als *Postpostheroismus* bezeichnen könnte?

Der Postpostheroismus könnte eine Führung beschreiben, die nicht nur den Helden verabschiedet, sondern auch das Kollektiv neu denkt. Hier wären nicht nur Hierarchien und heldenhafte Einzelpersonen überwunden, sondern auch die Idee von zentralisierten Kollektiven. Stattdessen tritt eine hyperdistributive Führung in den Vordergrund: Verantwortung, Entscheidungsfindung und kreative Prozesse werden vollständig in Netzwerke eingebettet, in denen Macht weder sichtbar noch linear organisiert ist.

Was könnte das bedeuten?

- Künstliche Intelligenz (KI) als Co-Leader könnte Entscheidungsprozesse optimieren und das traditionelle Führungsverständnis revolutionieren. Sie erkennt Muster, berechnet Wahrscheinlichkeiten und schlägt Strategien vor, noch bevor Menschen sie erwägen. Doch wer trägt die Verantwortung für Fehlentscheidungen? Und was passiert, wenn Maschinen die besseren Vorgesetzten werden?
- Selbstorganisierte Systeme könnten klassische Strukturen auflösen. Teams formieren sich situativ nach Kompetenz, Führung wird zur temporären Rolle statt zum festen Titel. Doch wie bleibt in einem solchen System Verlässlichkeit gewährleistet? Und was passiert mit langfristigen Strategien?
- Radikale Dezentralisierung könnte den letzten Rest formeller Führung eliminieren. Blockchain-Technologien ermöglichen bereits heute autonome Organisationen *(DAOs, das steht für Decentralized Autonomous Organizations),* die ohne zentrale Kontrolle funktionieren. Verträge und Entscheidungen sind in Code eingebettet, nicht in Führungspersönlichkeiten. Doch wenn Führung unsichtbar wird, wer trägt dann noch Verantwortung?

Die Konsequenzen

Während der Postheroismus noch auf das Prinzip der kollektiven Intelligenz setzt, könnte der Postpostheroismus die Idee des „Menschen im Mittelpunkt" infrage stellen. Führung würde nicht mehr durch Charisma, Expertise oder demokratische Legitimation definiert, sondern durch Algorithmen, emergente Prozesse und automatisierte Entscheidungen.

Das wirft grundsätzliche Fragen auf. Verliert Führung damit ihren humanistischen Kern? Wenn Maschinen, Netzwerke oder anonyme

Entscheidungsprozesse die Kontrolle übernehmen, wo bleibt dann noch Platz für Intuition, Ethik oder emotionale Intelligenz? Und was passiert, wenn Führung so dezentralisiert ist, dass niemand mehr für sie verantwortlich gemacht werden kann?

Möglicherweise ist der Postpostheroismus eine Vision, die mehr verspricht, als sie halten kann. Vielleicht führt er nicht zur Befreiung von Führung, sondern zu einer neuen Form der Unkontrollierbarkeit. Und damit zu einer Welt, in der Entscheidungen überall und nirgends getroffen werden, und niemand mehr greifbar ist.

Doch vielleicht liegt genau darin die nächste Stufe: eine Führung, die sich dem Konzept von Kontrolle völlig entzieht und stattdessen zu einem fluiden, verteilten Prozess wird, der sich permanent neu formt. Die Frage ist nur, ob Menschen bereit sind, sich in einer Welt zu bewegen, in der nicht nur die Helden, sondern auch die Führung selbst verschwindet.

14/

RESILIENZ ODER ERSCHÖPFUNG?

Die toxische Kultur des permanenten Anpassens

Resilienz ist das Zauberwort der modernen Arbeitswelt. Von Führungskräften wird erwartet, dass sie nicht nur selbst resilient sind, sondern diese Fähigkeit auch bei ihren Teams kultivieren. Doch was bedeutet Resilienz wirklich in einer Welt, in der die Pause nicht nur ein Luxus, sondern fast schon ein Verdachtsmoment geworden ist? Ist sie ein Ausdruck von Stärke oder vielmehr eine perfide Ideologie, die uns zwingt, wie Sisyphos einen endlosen Kampf gegen die Absurdität einer dysfunktionalen Realität zu führen?

Die Verherrlichung der Anpassung

Resilienz wird oft als Tugend dargestellt, eine Fähigkeit, die uns unverwundbar macht. Sie bedeutet, nach jedem Rückschlag wieder aufzustehen, weiterzumachen, die Widrigkeiten zu „umarmen". Doch dieses Narrativ ist gefährlich. Es lenkt den Blick vom System, das diese Widrigkeiten überhaupt erst erzeugt, auf den Einzelnen. Resilienz wird zur individuellen Verantwortung, während die strukturellen Probleme unsichtbar bleiben.

Ist Resilienz somit die neoliberale Antwort auf das Scheitern? Anstatt das System zu hinterfragen, wird der Einzelne gezwungen, sich anzupassen, immer und immer wieder.

- Die Arbeit wird stressiger? Lerne, damit umzugehen.
- Dein Job ist unsicher? Stärke deine Widerstandskraft.

- Du wirst schlecht bezahlt? Lerne, minimalistischer zu leben.
- Dein Unternehmen fordert ständige Verfügbarkeit? Meditiere, um deine Belastbarkeit zu erhöhen: Om.
- Ein Dreier mit deiner Chefin UND Machiavelli? Klingt nach einer Beförderung mit Nebenwirkungen. *Ciao, ragazzo,* Du hättest besser mal Deine emotionale Intelligenz trainiert, anstatt *Il Principe* als Anleitung fürs Arbeitsleben zu interpretieren. Machtspiele funktionierten vielleicht im 16. Jahrhundert, aber heute? Willkommen im Zeitalter der kollektiven Resignation, Loser.

Sie können es also drehen und wenden, wie Sie wollen: Resilienz wird zur Pflicht, eine Ideologie der Selbstoptimierung, die Erschöpfung nicht als Warnsignal eines Systems, sondern als persönlichen Makel erscheinen lässt. Wer scheitert, scheitert nicht etwa an den Umständen, sondern angeblich an sich selbst.

Die Ideologie der Selbstverantwortung

Die Vorstellung, dass Resilienz ein persönliches Attribut ist, passt perfekt in die Logik des Kapitalismus. Sie macht uns zu unseren eigenen Arbeitgebern, zu CEOs unserer eigenen Widerstandskraft (CEO mal als *Chief Endurance Officer* verstanden). Doch hier liegt die Falle: Resilienz wird zu einer neuen Form der Ausbeutung. Der Mensch wird nicht mehr als Teil eines Systems gesehen, sondern als autarkes Individuum, das für seine eigene Leistungsfähigkeit verantwortlich ist.

Resilienz ist der ultimative ideologische Trick. Sie zwingt uns, die Dysfunktionalität des Systems nicht nur zu akzeptieren, sondern aktiv zu reproduzieren. Der „resiliente" Mensch wird zum idealen Arbeiter: belastbar, unermüdlich, unfähig oder unwillig, das System infrage zu stellen. Vom „Organization Man" der 1950er-Jahre bis zum „Always-On"-Mitarbeiter in der digitalen Welt erstreckt sich eine Kontinuität, die den Menschen zunehmend als Funktionsträger definiert, nicht als Individuum.[40]

Man mag Parallelen erkennen zu Ernst Jüngers Gestalt des „Arbeiters", der als Symbol der totalen Mobilmachung fungiert. Wie Jünger den Arbeiter als heroischen Akteur einer technisierten Gesellschaft beschreibt, so wird der resiliente Mensch heute zum Prototyp einer neoliberalen Ideologie, die jede Herausforderung individualisiert und jede Krise personalisiert. Die Strukturen, die diese Krisen hervorbringen, bleiben unberührt, denn der resiliente Mensch soll sie nicht *hinterfragen,* sondern *aushalten.*[41]

Während sich der Arbeiter selbst der Technik unterordnet, so ordnet sich der resiliente Mensch den Anforderungen eines Systems unter, das ihn ständig zu mehr Anpassungsfähigkeit, mehr Effizienz und mehr Flexibilität treibt.[42] Dabei wird Resilienz zu einer Form der Selbstdisziplinierung, die den Druck von den Institutionen auf das Individuum verlagert. Der resilienteste Arbeiter ist nicht nur der, der funktioniert – sondern der, der sich selbst optimiert, der freiwillig neue Belastungen aufnimmt und sie als persönliche Herausforderung ansieht.[43]

---

[40] Vgl. dazu William H. Whyte: The Organization Man. New York: Simon & Schuster, 1956. Whyte beschreibt den idealisierten Angestellten der Nachkriegszeit als vollständig loyal gegenüber seiner Organisation, anpassungsfähig und bereit, individuelle Bedürfnisse dem Unternehmenswohl unterzuordnen. Diese Figur findet ihre moderne Entsprechung im „Always-On"-Mitarbeiter der digitalen Welt. Vgl. hierzu Zuboff, Anm. 12, wo sie die Dynamiken von Überwachung, Kontrolle und permanenter Verfügbarkeit in digitalen Arbeitsumgebungen analysiert.

[41] Vgl. dazu Ernst Jünger: Der Arbeiter. Herrschaft und Gestalt, Stuttgart: Klett-Cotta, 1932, S. 32 ff.

[42] Vgl. ebd., S. 46.

[43] Vgl. hierzu auch die kritische Analyse in Robert Frey: Ernst Jüngers *Der Arbeiter.* Interpretation und kritische Kontextualisierung. Online im WWW: https://www.mythos-magazin.de/ideologieforschung/rf_arbeiter.pdf [Datum des Zugriffs: 2024-12-29].

Doch diese Ideologie hat ihren Preis. Sie entzieht dem Einzelnen die Möglichkeit zur Rebellion, zur Ablehnung des Systems. Resilienz wird zur perfiden Waffe, die nicht nur die Schwächen des Systems verschleiert, sondern sie in eine Tugend verwandelt. So wird der resiliente Mensch zur Verkörperung des Systems selbst: ein Zahnrad aus einer Legierung aus Disziplin und Selbstausbeutung, rostfrei, aber nicht unzerbrechlich, ein Bauteil, das erst ersetzt wird, wenn es endgültig verschlissen ist.[44]

Die Tyrannei der Erschöpfung

Doch was passiert, wenn die Grenzen erreicht sind? Die Ideologie der Resilienz lässt keinen Raum für Schwäche. Müdigkeit, Überforderung, Burnout – all das wird pathologisiert, als individuelles Versagen interpretiert. Die toxische Kultur des „Anpassens" kennt kein Ende. Sie fordert immer mehr, bis nichts mehr übrigbleibt.

Ein Blick in die ICD-10 offenbart die Tragödie im Detail: Burnout wird nicht einmal als eigenständige Krankheit anerkannt, sondern lediglich als „Zustand der totalen Erschöpfung" (Z73.0).[45] Müdigkeit und Erschöpfung finden sich in Kategorien wie „Asthenie o.n.A." (R53) oder „Neurasthenie" (F48.0), Begriffe, die die individuelle Reaktion auf Stress betonen, während die systemischen Ursachen weitgehend ignoriert werden. Diese *internationale* [sic!] Klassifizierung zeigt, wie sehr das weltweite System darauf ausgerichtet ist, die Verantwortung auf den Einzelnen abzuwälzen, anstatt die Struktur, die Überforderung und Erschöpfung produziert, infrage zu stellen.

---

[44]   Wie Anm. 41, S. 72-74.

[45]   Vgl. dazu Internationale statistische Klassifikation der Krankheiten und verwandter Gesundheitsprobleme. 10. Revision. German Modification. Version 2025. Online im WWW: https://klassifikationen.bfarm.de/icd-10-gm/kode-suche/htmlgm2025/block-z70-z76.htm [Datum des Zugriffs: 2025-03-15].

Hier zeigt sich die wahre Tragödie der Resilienz: Sie ist kein Schutz-schild, sondern eine Falle. Anstatt uns zu stärken, erschöpft sie uns. Anstatt uns zu befreien, bindet sie uns enger an die Logik des Immer-Weiter: *Sprung auf, marsch, marsch!* Die Ideologie der Resilienz duldet keine Pausen und kein Hinterfragen. Sie macht uns zu perfek-ten Soldaten in einem Krieg, der nie enden darf.

Die Aufgabe der Führung

Was bedeutet das für Leadership? Resilienz darf nicht länger als All-heilmittel propagiert werden. Führungskräfte müssen den Mut haben, das System zu hinterfragen, das diese permanente Anpassung fordert. Sie müssen Räume schaffen, in denen Schwäche erlaubt ist, in denen Erschöpfung kein Tabu ist.

- Systemische Verantwortung: Führung bedeutet, die Ursa-chen von Belastung zu analysieren und zu beseitigen, anstatt die Last auf den Einzelnen abzuwälzen.
- Kultur des Dialogs: Mitarbeitende müssen gehört werden, nicht nur, wenn es um Leistung geht, sondern auch, wenn sie an ihre Grenzen stoßen.
- Radikale Veränderung: Resilienz sollte nicht zur Anpassung an ein toxisches System führen, sondern zur Kraft, dieses System zu transformieren.

Resilienz erfordert die „Robustheit der Führungssituation".[46] Diese innere Haltung, die inmitten von Chaos Orientierung und Stabilität schafft, ist für moderne Führungskräfte essenziell: nicht, um autori-täre Stärke zu demonstrieren, sondern um ein Umfeld zu gestalten, in dem Belastbarkeit geteilt und gemeinschaftlich entwickelt wird.[47]

---

[46]   Vgl. dazu Fredmund Malik: Führen Leisten Leben. Wirksames Management für eine neue Zeit. Frankfurt am Main/New York: Campus Verlag, 2013, S. 142.
[47]   Wie Anm. 34, S. 62.

Fazit: Resilienz als Widerstand

Es ist an der Zeit, Resilienz neu zu denken; nicht als Anpassung, sondern als Widerstand. Sie kann bedeuten, die Bedingungen zu verändern, unter denen wir arbeiten und leben, Dysfunktionalität zu erkennen und ihr entgegenzutreten. Und sie bedeutet, die eigene Menschlichkeit gegen die Tyrannei der Erschöpfung zu verteidigen. Die Resilienz, die wir brauchen, ist nicht das Sich-Beugen, sondern das Sich-Aufrichten. Nicht die Anpassung an das Chaos, sondern der Mut, es zu gestalten. In einer Welt endloser Anpassung wird Widerstand zur radikalsten Form der Resilienz.

Doch Resilienz hat eine Kehrseite: die Kultur der Selbstoptimierung, ein harmlos erscheinendes Streben nach Exzellenz, entpuppt sich als Perfektionierung der Erschöpfung. Resilienz fordert Anpassung, Selbstoptimierung verlangt Perfektion. Gemeinsam formen sie eine Arbeitswelt, die keine Pausen kennt und den Menschen auf Produktivität reduziert. Doch was passiert, wenn ein System, das zur Anpassung zwingt, selbst in die Spirale der Selbstzerstörung gerät?

Vielleicht ist nicht der Mensch zu schwach, sondern das System zu krank, um hinterfragt zu werden. Essay 15 übernimmt die Diagnose.

15/

DER TOTALE BURNOUT

Wie die Kultur der Selbstoptimierung unsere Gesellschaft an den Rand des Kollapses treibt

In einer Welt, die scheinbar keine Pause kennt, hat Produktivität den Status einer Religion erreicht. Wir sind nicht länger Individuen, sondern funktionale Einheiten, die sich der Logik des Marktes unterwerfen. Zur zentralen Doktrin des Spätkapitalismus wurde die Vorstellung, dass wir uns stetig optimieren müssen: physisch, mental, emotional. Doch was uns als Streben nach Verbesserung verkauft wird, ist in Wirklichkeit nichts anderes als eine Ideologie der Erschöpfung, die uns zwingt, uns selbst zu überarbeiten, bis nichts mehr übrigbleibt.

Die Illusion der Kontrolle

Selbstoptimierung verspricht uns, die Kontrolle über unser Leben zu erlangen.[48] Mit den richtigen Apps, den besten Coaches und der perfekten Morgenroutine, so wird uns erzählt, könnten wir all unsere

---

[48] Die Ideologie der Selbstoptimierung und ihre Verbindung zu Burnout und Erschöpfung ist ein zentraler Diskurs der modernen Literatur. Zahlreiche Autor:innen beleuchten die gesellschaftlichen, psychologischen und ökonomischen Mechanismen, die diese Entwicklung prägen. Zuboff wie Anm. 12, ferner Jonathan Crary: 24/7. Late Capitalism and the Ends of Sleep. London und New York: Verso, 2013; Mark Fisher: Kapitalistischer Realismus. Ist keine Alternative möglich? Hamburg: VSA, 2013; Thomas Curran: Nie gut genug. Die fatalen Folgen des Perfektionismus – und wie wir uns vom Selbstoptimierungsdruck befreien können. Hamburg: Rowohlt, 2023.

Probleme lösen: Mehr Erfolg, bessere Gesundheit, unendliches Glück. Doch diese Kontrolle ist eine Farce. Sie verwandelt uns in Gefangene unserer eigenen Perfektion. Alles wird quantifiziert, gemessen, bewertet – von der Anzahl unserer Schritte bis zur Qualität unseres Schlafs. Byung-Chul Han beschreibt in seiner „Müdigkeitsgesellschaft", dass das 21. Jahrhundert nicht mehr von bakteriellen oder viralen Krankheiten bestimmt wird, sondern von neuronalen Störungen wie Depression, ADHS oder Burnout.[49] Diese sind keine *Infektionen* von außen, sondern *Infarkte,* ausgelöst durch ein Übermaß an Positivität. Die moderne Selbstoptimierung folgt genau dieser Logik: Sie ist keine Abwehr gegen ein äußeres Risiko, sondern ein unaufhörlicher interner Leistungsdruck, der sich gegen uns selbst richtet. Die Ironie? Je mehr Kontrolle wir zu haben glauben, desto mehr geben wir sie auf. Wir werden zu Dienern der Algorithmen, die uns diktieren, wann wir essen, schlafen oder meditieren sollen: *Métro, Boulot, Dodo.*[50]

---

[49]   Vgl. dazu Byung-Chul Han: Müdigkeitsgesellschaft. Berlin: Matthes & Seitz, 2010, S. 5.

[50]   *Métro, Boulot, Dodo* passt vielleicht nicht mehr ganz nach *Digit@lien,* meint meine Holde neulich mit einem Blick, der irgendwo zwischen Ironie und Erkenntnis lag. Also haben wir uns kurzerhand in ein kleines Gedankenexperiment gestürzt und alternative Formeln entworfen, die den monotonen Takt des 21. Jahrhunderts treffender einfangen. Spoiler: Romantisch ist das neue Mantra nicht, dafür aber ehrlich:
  - *Stream, Work, Repeat:* Eine digitale Adaption von *Métro, Boulot, Dodo,* die das ständige Wechselspiel zwischen passivem Medienkonsum (Streaming), Arbeit und der Wiederholungsschleife beschreibt.
  - *Swipe, Grind, Crash:* Angelehnt an die digitale Lebensweise: *Swipen* (auf Social Media), *Grind* (hartes Arbeiten oder „ *Hustle Culture")* und *Crash* (Erschöpfung und Schlaf).
  - *Log In, Clock In, Burn Out:* Eine spitze Anspielung auf die ständige Online-Präsenz und das Ineinandergreifen von Arbeit und Leben, das oft in Erschöpfung endet.
  - *Plug In, Check Out, Shut Down –* das ist die technokratische Perspektive: Sich an die digitale Welt anschließen, abschalten (emotional, intellektuell) und schließlich ganz herunterfahren.
  - *Hustle, Numb, Recharge:* Eine fokussierte Darstellung der Hyperproduktivität, die emotionale Abstumpfung und die Suche nach minimaler Erholung.

Métro, Boulot, Dodo 2.0: Die Schleife der digitalen Gefangenschaft

Im 21. Jahrhundert hat sich der Dreiklang der Monotonie subtil, aber tiefgreifend verändert. Aus der körperlichen Routine von U-Bahn, Arbeit und Schlaf ist eine digitale Schleife geworden, die uns in ihrer Unsichtbarkeit umso stärker bindet. *Scroll, Work, Repeat* oder so. Wir wachen mit dem Smartphone in der Hand auf, tauchen direkt in eine Flut von Benachrichtigungen, optimieren unseren Tag mit To-Do-Listen und tracken jeden Kalorienverbrauch. Der Schlaf, einst der letzte Rückzugsort, wird selbst zur Optimierungsaufgabe: mit Schlaf-Apps, die uns nicht nur überwachen, sondern bewerten.

Die moderne Selbstoptimierung verlagert die Kontrolle vom System auf den Einzelnen; oder besser gesagt, sie erweckt diese Illusion. Doch anstelle von Freiheit erleben wir eine neue Art der Unterwerfung: Wir sind es, die den Algorithmen Daten füttern, die uns dann Vorschriften machen. Der vermeintlich selbstbestimmte Mensch wird zur Marionette, gelenkt von ständigen Updates, Challenges und Rankings. Die Monotonie hat sich nicht aufgelöst, sie hat sich digitalisiert.

Und wie bei *Métro, Boulot, Dodo* bleibt der Effekt der gleiche: ein Leben in ständiger Wiederholung, in dem echte Freiheit nur eine Simulation ist. Die Ironie? Wir halten dieses Hamsterrad für Fortschritt. Doch statt uns zu befreien, lässt uns die Illusion der Kontrolle nur tiefer in die Matrix der Selbstüberwachung gleiten. Es ist das perfekte Perpetuum Mobile des digitalen Zeitalters: ein System,

---

- *Scroll, Stress, Sleep:* Das endlose Scrollen auf Social Media, die damit verbundene mentale Belastung und das letztliche Erschöpfungs-Schlafen.
- *App, Task, Nap:* Für die Generation, die ihr Leben über Apps organisiert: Von der App zum nächsten Task und dann zum kurzen Nickerchen.
- *Login, Labor, Lull:* Eine alliterative Variante, die die digitale Welt, die Arbeit und den Moment der Erschöpfung verbindet.

das uns vorgaukelt, die Kontrolle zu haben, während es uns unbemerkt kontrolliert.

Bereits 1973 zeigte Claude Faraldo in seinem Film *Themroc,* wohin die Weigerung führen kann, sich der Taktung von Arbeit und Konformität zu unterwerfen. Der Protagonist, verkörpert von Michel Piccoli, durchbricht die Normen einer funktionalisierten Gesellschaft mit archaischer Radikalität. Er spricht nicht mehr, arbeitet nicht mehr, gehorcht nicht mehr. Stattdessen bricht er ein Loch in die Wand, lebt nackt, grunzt, isst Fleisch mit den Händen und verwandelt seine Wohnung in eine anarchische Gegenwelt.

Was *Themroc* in animalischer Konsequenz vorführt, erscheint heute beinahe utopisch: den totalen Ausstieg. Während der analoge Arbeiter der Industriegesellschaft noch rebellieren konnte, ist der digitale Mensch der Gegenwart viel subtiler gefangen: nicht durch Zwang, sondern durch Verführung. Es braucht keinen Chef mehr, der schreit: ein Algorithmus flüstert, leise, aber effektiver.

Burnout als Systemlogik

Der totale Burnout ist kein individuelles Problem. Er ist die logische Konsequenz eines Systems, das uns einredet, dass Stillstand der Feind ist. Wir sollen ständig wachsen – schneller, besser, effektiver. Doch Wachstum ist keine unendliche Linie, sondern eine Spirale, die sich irgendwann selbst verschlingt. Burnout ist der Moment, in dem das System seine eigenen Widersprüche offenbart: Eine Wirtschaft, die auf endlose Produktivität setzt, kann nicht überleben, wenn ihre Arbeiter:innen ausgebrannt sind.

Dieses Paradoxon wird besonders deutlich in der Sprache der Selbstoptimierung. Begriffe wie *„Hustle Culture"* oder *„Grind"* glorifizieren Überarbeitung und setzen sie mit Erfolg gleich. Doch was hier wirklich passiert, ist die Externalisierung der Verantwortung: Es ist nicht das System, das uns ausbrennt, sondern wir selbst, die nicht „hart genug arbeiten". Die Schuld wird internalisiert, während das System sich unschuldig gibt.

Die neue Form der Ausbeutung

Selbstoptimierung ist keine Befreiung, sondern eine neue Form der Kontrolle. Es ist die Perfektionierung der kapitalistischen Ausbeutung, die uns glauben lässt, dass wir freiwillig mitmachen. Die Grenzen zwischen Arbeit und Freizeit verschwimmen; selbst unsere Erholung wird zur Arbeit. Yoga-Sessions, Meditations-Apps und Achtsamkeitskurse – all das sind keine Auszeiten, sondern Strategien, um uns für die nächste Runde des „*Grinds*" fit zu machen. Der Körper wird zur letzten Ressource, die es zu maximieren gilt.

Die Ideologie der Erschöpfung

Was hinter diesem Streben steckt, ist nicht der Wunsch nach individueller Freiheit, sondern die Ideologie der Erschöpfung. Wir sollen glauben, dass unser Wert direkt an unsere Produktivität gekoppelt ist. Wer eine Pause macht, gilt als schwach. Wer ausbrennt, hat versagt. Doch diese Ideologie verschleiert die eigentliche Frage: Warum müssen wir uns überhaupt so überarbeiten? Warum akzeptieren wir ein System, das uns mehr nimmt, als es uns gibt?

Die Konsequenz dieser Logik ist nicht nur körperliche Ermüdung, sondern eine tiefgehende Erschöpfungsdepression, die sich als neues Normal tarnt. Müdigkeit wird nicht mehr als Warnsignal wahrgenommen, sondern als Teil der Leistungsidentität. Wer dauerhaft überarbeitet ist, gilt als engagiert. Wer erschöpft ist, hat eben „alles gegeben". Doch die Erschöpfung ist kein Beweis für Stärke, sondern für die Selbstzerstörung, die dieses System als Erfolg umdeutet.

Der Weg aus der Spirale

Um aus der Falle der Selbstoptimierung zu entkommen, müssen wir die Logik des Systems infrage stellen. Das beginnt mit der Ablehnung der Illusion, dass unser Wert von unserer Produktivität abhängt. Es bedeutet, Pausen nicht als Schwäche, sondern als Akt des Widerstands zu verstehen. Und es erfordert eine kollektive Auseinandersetzung mit der Frage, was ein gutes Leben wirklich ausmacht.

Doch das ist leichter gesagt als getan. Die Ideologie der Selbstoptimierung ist tief in unsere Kultur eingraviert. Sie wird uns durch Werbung, Social Media und sogar durch die Rhetorik vieler Führungspersönlichkeiten eingeimpft. Der Widerstand beginnt also nicht nur mit strukturellen Veränderungen, sondern auch mit einer Neujustierung unseres Bewusstseins.

Fazit: Selbstoptimierung als Selbstzerstörung

Der totale Burnout ist nicht das Ende, sondern der Anfang einer neuen Erkenntnis. Er zwingt uns, die Widersprüche unseres Systems zu erkennen und nach Alternativen zu suchen. Selbstoptimierung hat uns versprochen, die beste Version von uns selbst zu werden. Doch sie hat uns zu leeren Hüllen gemacht, die sich an einem unerreichbaren Ideal abarbeiten.

Ob durch die Ideologie der Resilienz oder die Kultur der Selbstoptimierung – das System verlangt von uns, uns anzupassen, bis wir an unseren Grenzen stehen. Doch diese Anpassung ist keine Lösung. Sie ist eine Sackgasse. Der totale Burnout und die Erschöpfung des resilienten Arbeiters sind Symptome desselben Problems: einer Arbeitswelt, die ihre Menschlichkeit verloren hat.

Die Antwort auf diese Krise kann keine weitere Selbstoptimierung sein, sondern ein radikales Umdenken, das Strukturen in den Mittelpunkt rückt, statt den Einzelnen. Ein Umdenken, das nicht Anpassung, sondern Sinn und Gemeinschaft zur Grundlage des Handelns macht.

Können wir uns von dieser Logik befreien? Können wir ein Leben jenseits der Optimierung denken? Ein Leben, das nicht auf Produktivität, sondern auf Sinn basiert? Vielleicht liegt die Antwort nicht darin, mehr zu tun, sondern endlich weniger – und in diesem Weniger das zu finden, was wirklich zählt.

Michel Piccoli grunzt sich in *Themroc* aus dem Korsett der Konformität. Vielleicht ist das unsere letzte Freiheit: nicht *eloquenter* zu werden, sondern *unübersetzbar*.

Interner Firmenchat, 2:47 Uhr nachts

(Hyperrealer Screenshot aus dem Slack-Keller der Selbstüberforderung)

@julia_finanzen | 02:47 Uhr

Ich hab grad meine dritte Yoga-Einheit durch und überlege, ob ich noch die OKRs für Q3 nachjustiere. Oder meditieren. Oder heulen.

@ben_einkauf | 02:49 Uhr

Bro same. Hab noch schnell drei Mails an mich selbst geschrieben, damit ich morgen weiß, was ich vergessen habe.

@julia_finanzen | 02:51 Uhr

LOL. Hab meine Dankbarkeitsliste vergessen. Danke, Ben.

@system_bot | 02:52 Uhr

Erinnerung: Sie haben heute noch keine Breakthrough-Aktion dokumentiert. Möchten Sie jetzt eintragen?

@julia_finanzen | 02:52 Uhr

Ich glaub, ich brech grad wirklich durch.

(Nachricht gelöscht)

16/

ETHIK UND VERANTWORTUNG – DIE MORALISCHE DIMENSION DER FÜHRUNG

Über den mühsamen Versuch, Macht mit Moral zu versöhnen

Als schwer zu definierendes Amalgam aus Macht, Einfluss und Verantwortung ist Führung in ihrer Essenz ein moralisches Dilemma. Sie ist die Kunst, Entscheidungen zu treffen, die nicht nur effizient, sondern auch gerecht sein sollen, ein Anspruch, der in einer Welt aus Grauzonen zur Utopie wird. Doch gerade in dieser Ambivalenz zeigt sich die Herausforderung: Nicht die Frage, ob Führung moralisch handeln kann, ist entscheidend, sondern ob sie es überhaupt will.

Die Tragödie der Verantwortung – Systemische Zwänge statt individueller Moral?

„Wer Macht hat, hat Verantwortung", heißt es so oft, dass der Satz seinen Klang eingebüßt hat. Doch in der Realität moderner Organisationen gleicht die Verantwortung weniger einer heißen Kartoffel als einem Stück Brokkoli: Kaum jemand will es freiwillig auf dem Teller haben, und wenn es doch zerteilt wird, wird es so lange zerpflückt und zerkocht, bis es jeden Biss verloren hat. Das Individuum tritt hinter die Struktur zurück, die scheinbar anonym Entscheidungen trifft. Aber Moment mal, wann genau haben wir uns eigentlich darauf geeinigt, dass Systeme „unsichtbare Hand" spielen dürfen, wenn es um moralische Verantwortung geht?[51]

Verantwortung wird verdünnt, zerbröckelt und schließlich im Dampf von Algorithmen und Prozessketten aufgelöst – ein gesunder Schein, der nichts Nährendes mehr enthält. Doch das wirklich Obszöne ist nicht, dass Verantwortung abgeschoben wird, sondern dass wir es längst als normal akzeptiert haben. Mit Niklas Luhmann „denken" Organisationen nicht moralisch, sie operieren nach Codes: Macht, Profit, Effizienz. Eine Organisation, die sich für moralisch hält, ist wie ein Hai, der sich einredet, Vegetarier zu sein.

Wie anders könnte man sich erklären, dass CEOs nach millionenschweren Fehlentscheidungen mit goldenen Handschlägen verabschiedet werden, während die Belegschaft die Konsequenzen in Form von Arschtritten zu spüren bekommt? Das Problem liegt nicht nur in individuellem Versagen, sondern in einer Struktur, die Verantwortungslosigkeit systematisch produziert: Handschläge für die Verantwortlichen, Arschtritte für jene, die die Folgen tragen müssen. Das eigentliche Drama liegt nicht im individuellen Scheitern, sondern darin, dass wir Strukturen geschaffen haben, die

---

[51]   Die „unsichtbare Hand", ein Konzept aus der 1776 erschienenen Wirtschaftstheorie von Adam Smith, das in seiner ursprünglichen Bedeutung besagt, dass individuelles Gewinnstreben wie durch Zauberhand zum Wohl der Allgemeinheit beiträgt. Klingt wunderbar, funktioniert in der Praxis aber oft genauso zuverlässig wie ein kaputter Fahrkartenautomat: Man hofft auf ein geregeltes System, am Ende kommt Chaos dabei heraus.
In modernen Organisationen hat die unsichtbare Hand eine bemerkenswerte Karriere hingelegt. Sie dient mittlerweile als Universal-Ausrede für Verantwortungslosigkeit. Entscheidungen treffen sich quasi von selbst, niemand trägt die Schuld: es war das System, die Strukturen, der Algorithmus, die Märkte, das Wetter… *you name it!* Verantwortung verdunstet wie eine Pfütze in der Mittagssonne. Praktischerweise gibt es aber immer jemanden, der aus dem Schlamassel noch einen KPI-generierten Nutzen zieht.
Kurzum: Die unsichtbare Hand ist eine geniale Erfindung für alle, die gerne führen, aber ungern haften. Ein Konzept, das sich Adam Smith vermutlich nicht mal in seinem schlimmsten Albtraum hätte ausmalen können. Vgl. dazu Adam Smith: Der Wohlstand der Nationen. München: Beck, 1974.

Verantwortungslosigkeit belohnen und dabei das moralisch Korrupte systematisch zur Normalität erklären.

Moral als Verführer und Tyrann – Die Paradoxie der moralischen Führung

Doch auch Moral hat ihre dunklen Seiten. Sie ist nicht immer der noble Begleiter der Macht, sondern oft deren perfektes Alibi. Moral ist der Zuckerüberzug der Macht, der ihre Härte verschleiert – der Moment, in dem die Faust, die zuschlägt, sich selbst als heilende Hand inszeniert.

Die Geschichte lehrt uns, wie häufig moralische Imperative als Feigenblatt dienten; von den Kreuzzügen, in denen Erlösung mit dem Schwert erzwungen wurde, über die koloniale „Zivilisierungsmission" Europas, bei der Missionierung als moralisches Gebot diente, während Ausbeutung und Gewalt systematisch praktiziert wurden, bis hin zu den „humanitären Interventionen" der Gegenwart, etwa im Irakkrieg 2003, wo das Völkerrecht beschworen wurde, während geopolitisches Kalkül den Takt vorgab.

Auch in der Gegenwart zeigt sich die Ambivalenz der Moral: Wenn Technologiekonzerne ethische KI proklamieren und zugleich durch ihre Algorithmen Überwachung, Manipulation und Suchtstrukturen befördern; wenn multinationale Unternehmen Nachhaltigkeit betonen und gleichzeitig intransparent produzieren, Menschenrechte missachten und Steuern vermeiden, dann zeigt sich, wie sehr Moral zur Inszenierung geworden ist.

Moral ist dann nicht mehr Leitstern, sondern Tarnkappe. Sie macht Gewalt unsichtbar, verleiht Dominanz den Anschein von Fürsorge und verwandelt Macht in moralisches Kapital.

Und genau das ist das Paradoxe an moralischer Führung: Wer sich auf Moral beruft, genießt einen Bonus; aber wehe, er nimmt sie ernst.

Gibt es eine Führungskraft, die durch ethisches Handeln wirklich langfristig erfolgreich war? Oder ist moralische Führung einfach nur eine moderne Version des antiken Sisyphos: eine ewige Mühsal, in der jede moralische Entscheidung letztlich unter dem Druck ökonomischer Notwendigkeiten zerbricht?

Moderne Führungskräfte stehen daher vor einer paradoxen Aufgabe: Sie müssen moralisch handeln, ohne sich von der Verführung der Moral blenden zu lassen. Sie müssen erkennen, wann der Mantel der Tugend zur Tarnung der Macht wird.

Wenn Moral zum Herrschaftsinstrument wird – Die dunkle Seite der Ethik

Doch die größte Gefahr liegt nicht in der Abwesenheit von Moral, sondern in ihrer Perfektion als Werkzeug. Wenn Unternehmen Tugend predigen, lohnt sich immer die Frage: Für wen? Für eine bessere Gesellschaft? Oder für eine geschmeidigere PR-Strategie? Moral ist der neue Markenwert, und wer ihn besitzt, diktiert die Spielregeln.

Ethik-Washing ist ein wirksames Herrschaftsinstrument. Greenwashing, Social-Washing, Diversity-Washing – die Tugend erlebt einen Boom, solange sie ökonomisch vorteilhaft bleibt. Kaum etwas lässt sich leichter vermarkten als das eigene moralische Image. Unternehmen wie *Nestlé* wurden in der Vergangenheit wiederholt dafür kritisiert, dass sie in ihrer Kommunikation ethische Verantwortung betonen, während ihr tatsächliches Handeln hinter diesen Ansprüchen zurückbleiben soll.[52] Nicht immer verändert sich die Praxis – oft nur die Erzählung darüber. Ethik wird damit nicht mehr zum Maßstab, sondern zum PR-Produkt mit Hochglanzfinish.

---

[52]   Online im WWW: https://en.wikipedia.org/wiki/Controversies_of_Nestlé [Datum des Zugriffs: 2025-02-24].

Wer sich blenden lässt, läuft Gefahr, zum bloßen Akteur eines Spiels zu werden, dessen Regeln längst von anderen geschrieben wurden. Denn die größte Lüge der modernen Wirtschaftsethik ist nicht, dass Unternehmen moralisch handeln, sondern dass sie es überhaupt müssten.

Technologie, Ethik und Verantwortung – Die Illusion der Delegation

Die Delegation von Verantwortung an Maschinen ist dabei nicht nur ein technischer, sondern ein zutiefst ethischer Akt. Algorithmen, die angeblich objektiv entscheiden, verbergen nur allzu oft die Vorurteile ihrer Programmierer. Doch in der Praxis ist die Delegation von Verantwortung an KI nicht nur eine bequeme Lösung – sie ist eine moralische Falle.

Führungskräfte verlassen sich zunehmend auf datenbasierte Entscheidungsmodelle. Aber was passiert, wenn wir uns in einer Welt wiederfinden, in der Führungskräfte nicht mehr führen, sondern nur noch „das tun, was die Daten sagen"? Wer trägt die Verantwortung, wenn eine von KI gesteuerte Drohne in einem Kriegsgebiet eine falsche Entscheidung trifft? Spoiler: Niemand. Denn Verantwortung ist in der Welt der Algorithmen nichts weiter als ein diffuses Konzept aus Wahrscheinlichkeitswerten. Die Führungskraft, die sich hinter der KI versteckt, verkennt: Verantwortung kann man delegieren, Moral jedoch nicht.[53]

---

[53] Die Delegation von Verantwortung an Maschinen ist der ultimative ideologische Trick unserer Zeit: Sie erlaubt uns, nicht nur Arbeit, sondern auch unsere moralische Bürde an eine angeblich neutrale Instanz auszulagern. Doch lassen wir uns nicht täuschen: Hinter jedem „objektiven" Algorithmus lauert das Gespenst der Vorurteile und Blindstellen seiner Programmierer. Generative KI wird in diesem Kontext zum perfekten Symptom unserer Ära: eine nicht-menschliche Entität, die wir konsultieren, um uns von der Last des Entscheidens zu befreien, so wie die Bewohner von Gotham Batman rufen, wenn sie selbst zu schwach sind, das Chaos

Das Perfide an der digitalen Delegation ist, dass sie uns vorgaukelt, moralische Entscheidungen seien jetzt „neutral". Aber was ist neutral an einer Maschine, die von voreingenommenen Menschen programmiert wurde?

Die neue Entschuldigung: „Oops, the algorithm did it again"

- Automatisierte Personalentscheidungen: Immer häufiger entscheiden Algorithmen, welche Bewerber eingestellt oder entlassen werden. Doch wie moralisch sind diese Entscheidungen, wenn sie auf verzerrten Datensätzen beruhen, die systemische Diskriminierung reproduzieren?
- *Social Scoring* und Kontrolle: In China wird das *Social Credit System* bereits genutzt, um Bürger zu sanktionieren oder zu belohnen. Ist es moralisch, wenn Unternehmen oder Staaten ein ähnliches System aufbauen – etwa durch KI-gestützte Risikoanalysen für Versicherungen oder Kredite?
- Autonome Waffensysteme: Wer trägt die Verantwortung, wenn eine von KI gesteuerte Drohne in einem Kriegsgebiet eine falsche Entscheidung trifft? Die Programmierer? Die Regierung? Oder ist Verantwortung hier bereits aufgelöst worden?

---

zu bändigen. Aber hier liegt der eigentliche Clou: Während Batman wenigstens zurückschlägt, wenn die Welt untergeht, verharren *ChatGPT & Co.* in stoischer Apathie. Indem wir solche Werkzeuge fetischisieren, hoffen wir insgeheim auf deren Versagen: ein Moment der Läuterung, der uns erlaubt zu sagen: „Es war nicht unsere Schuld." Doch so wie HAL 9000 in Stanley Kubricks *2001: Odyssee im Weltraum* bleibt die Maschine stumm, wenn wir sie am dringendsten brauchen. Sie ersetzt uns nicht, sondern hält uns nur einen Spiegel vor, in dem wir sehen, wie wir selbst zur Funktion unserer eigenen Ideologie geworden sind.

Post-COVID: Die Beschleunigung der digitalen Machtverschiebung

Die COVID-19-Pandemie hat den Einsatz von KI und Automatisierung in der Führung drastisch beschleunigt. Byung-Chul Han argumentiert, dass wir in eine – Achtung! – *Infokratie* eingetreten sind: Entscheidungen werden nicht mehr durch Reflexion getroffen, sondern durch Echtzeit-Datenströme und Algorithmen.[54]

Doch was passiert mit der Ethik in einer Welt, in der moralische Reflexion durch technologische Effizienz ersetzt wird? Führungsentscheidungen werden nicht mehr durch Debatten ausgehandelt, sondern durch Dashboards optimiert. Das führt zu einer neuen Form der Verantwortungslosigkeit: Wenn alles auf Daten basiert, kann sich niemand mehr für moralische Konsequenzen verantwortlich fühlen.

Von Kontrolle zu Widerstand: Neue Ethik für eine digitale Führung

Die Lösung kann nicht sein, Technologie einfach abzulehnen. Sie wird bleiben. Aber Führungskräfte müssen stattdessen ethische Leitlinien entwickeln, um sicherzustellen, dass KI nicht zur Entschuldigung für moralisches Versagen wird.

Ein mögliches Modell liefert Shoshana Zuboff mit ihrer Kritik am Überwachungskapitalismus:[55]

- Moralische Führung muss die Transparenz der KI-Entscheidungen einfordern.

---

[54] Vgl. dazu Byung-Chul Han: Infokratie. Digitalisierung und die Krise der Demokratie. Berlin: Matthes & Seitz, 2021.
[55] Vgl. dazu Anm. 12.

- KI darf nicht zur Verstärkung von Machtasymmetrien führen; ethische Führung heißt, Technologie kritisch einzusetzen.
- Wer sich hinter der Technik versteckt, hat Führung bereits aufgegeben.

Zusammenfassend darf konstatiert werden, dass moralische Führung in der digitalen Ära nicht durch Prinzipien definiert wird, sondern durch die Fähigkeit, Verantwortung trotz technologischer Zwänge zu übernehmen. Führung, die sich auf Algorithmen verlässt, verliert ihre Ethik und letztlich auch ihre Autorität.

Die Ethik der Grauzonen – Zwischen Prinzipien und Pragmatismus

Die Wirklichkeit der Führung ist selten schwarz-weiß, sie ist ein Spektrum aus mindestens 50 Grautönen, in dem jede Entscheidung Kompromisse fordert. Eine Organisation in der Krise mag keine „perfekt" moralische Lösung erlauben, sondern nur die Wahl des geringeren Übels. Soll ein Unternehmen Arbeitsplätze abbauen, um langfristig zu überleben? Oder sollte es an der Belegschaft festhalten und riskieren, ganz zu scheitern?

Doch wer entscheidet, was moralisch richtig ist? Moral ist kein feststehendes Konzept, sondern ein Produkt sozialer, kultureller und historischer Einflüsse. Was in einer Epoche als tugendhaft gilt, wird in der nächsten als überholt belächelt. Wer also moralische Führung beansprucht, muss mehr als nur Prinzipien vertreten: er muss moralisches Urteilsvermögen besitzen.

Doch wie entwickelt sich moralische Urteilskraft? In der Philosophie gibt es dazu höchst unterschiedliche Ansätze:[56]

- Praktische Weisheit ist für Aristoteles der Schlüssel. Ethisches Handeln bedeutet nicht bloße Regelbefolgung, sondern erfordert situative Klugheit. Eine gute Führungskraft muss erkennen, wann Prinzipien gelten müssen und wann Pragmatismus angebracht ist.[57]
- Kant fordert universelle Prinzipien. Moralisches Handeln sollte stets so ausgerichtet sein, dass es als allgemeines Gesetz taugen könnte. Doch dieser rigide Maßstab kollidiert oft mit der Realität von Führung, in der Flexibilität gefordert ist.[58]
- Nach Hans Jonas liegt moralische Verantwortung in der Zukunft. Führung sollte sich nicht nur am Hier und Jetzt

---

[56] Die Entwicklung der moralischen Urteilskraft in der Führung zeigt eine deutliche Verschiebung vom Individuum zu systemischen Zwängen. Während Aristoteles und Kant noch an absolute Prinzipien glaubten, hinterfragen moderne Denker, ob Moral überhaupt unabhängig von Machtstrukturen existieren kann.
Spätestens mit Hans Jonas und Peter Singer beginnt der Übergang von einer individuellen Ethik zu einer verantwortungsethischen Perspektive: Moralische Führung bedeutet nicht mehr nur „richtig handeln", sondern Verantwortung für langfristige gesellschaftliche Konsequenzen zu übernehmen.
Mit Foucault, Butler und Žižek setzt sich die Erkenntnis durch, dass Moral nicht neutral ist, sondern immer Teil von Diskursen und Machtverhältnissen. Sandel zeigt schließlich auf, dass Moral heute zunehmend ökonomisiert wird, wodurch ethische Führung zur Marketingstrategie verkommt.
Die Post-COVID-Philosophen wie Han, Latour, Zuboff und Raworth zeigen, dass sich ethische Führung weiterentwickeln muss: COVID, Digitalisierung und ökologische Krisen zwingen Führungskräfte, neue moralische Maßstäbe zu setzen. Doch die zentrale Frage bleibt: Kann Führung in einer zunehmend digitalisierten, überwachten und marktgesteuerten Welt überhaupt noch moralisch sein?

[57] Vgl. dazu Aristoteles: Nikomachische Ethik. Übers. von Eugen Rolfes. Hamburg: Meiner, 1995.

[58] Vgl. dazu Immanuel Kant: Grundlegung zur Metaphysik der Sitten. Hamburg: Meiner, 1999.

orientieren, sondern an den Folgen für kommende Generationen. Ist es legitim, kurzfristigen Erfolg über langfristige Nachhaltigkeit zu stellen?[59]

- Peter Singer denkt utilitaristisch: Moralische Entscheidungen müssen den größtmöglichen Nutzen für die größtmögliche Anzahl an Menschen bringen. Doch was bedeutet das in der Praxis? Ist es vertretbar, Mitarbeitende zu entlassen, wenn dadurch das Unternehmen überlebt? Oder schärfer gefragt: Sollte nicht manchmal die Führung gehen, bevor die ganze Mannschaft von Bord geht? Wenn der Schaden durch das Festhalten an einzelnen Personen größer ist als ihr Nutzen, wäre konsequentes Führungsverhalten im Sinne des Utilitarismus genau das: den Rückzug anzutreten, um das Ganze zu retten. Nicht als Niederlage, sondern als ethische Entscheidung.[60]

- Foucault sieht Moral als Produkt von Machtverhältnissen. Wer definiert, was „ethisch korrekt" ist, übt auch Kontrolle aus. Ist Moral in Unternehmen nicht oft das, was die oberste Etage dafür hält?[61]

- Moralische Normen sind veränderlich, argumentiert Judith Butler. Was heute als richtig gilt, kann morgen schon überholt sein. Führungskräfte, die sich auf feste Prinzipien berufen, müssen sich fragen, ob diese wirklich universell oder nur ein Produkt aktueller Machtverhältnisse sind.[62]

- Amartya Sen setzt auf Freiheit. Die beste Entscheidung ist nicht unbedingt die ethisch reinste, sondern diejenige, die den meisten Menschen echte Wahlmöglichkeiten eröffnet.

---

[59] Vgl. dazu Hans Jonas: Das Prinzip Verantwortung. Versuch einer Ethik für die technologische Zivilisation. Frankfurt am Main: Suhrkamp, 1979.

[60] Vgl. dazu Peter Singer: Famine, Affluence, and Morality. In: Philosophy & Public Affairs 1 (3), 1972, S. 229-243.

[61] Vgl. dazu Michel Foucault: Die Regierung des Selbst und der Anderen. Vorlesungen am Collège de France 1982-1983. Frankfurt am Main: Suhrkamp, 2009.

[62] Vgl. dazu Judith Butler: Gender Trouble. Feminism and the Subversion of Identity. New York: Routledge, 1990.

Ist eine Führung, die keine Alternativen bietet, überhaupt moralisch?[63]

- Für Slavoj Žižek ist Moral oft eine Form der Herrschaftssicherung. Sie wird genutzt, um bestehende Machtstrukturen zu stabilisieren. Ist „ethisches Management" also nur eine neue Verpackung für alte Hierarchien?[64]
- Michael Sandel kritisiert die Ökonomisierung der Ethik. In der modernen Welt werden moralische Entscheidungen zunehmend durch Marktlogik ersetzt. Wenn alles zur Ware wird, kann dann überhaupt noch von moralischer Führung gesprochen werden?[65]
- Byung-Chul Han warnt vor der Verdrängung ethischen Denkens. In einer Zeit, in der Führung sich nur noch in Krisenreaktionen erschöpft, wird moralische Reflexion durch mediale Dynamiken und Shitstorms ersetzt. Kann man überhaupt noch ethisch handeln, wenn man nur auf kurzfristige Empörung reagiert?[66]
- COVID-19 hat für Bruno Latour eine ethische Zäsur markiert. Die Pandemie hat gezeigt, wie fragil unsere Systeme sind und dass wir als Gesellschaft neue moralische Maßstäbe entwickeln müssen. Sollte Führung daher stärker an ökologischer Verantwortung ausgerichtet werden?[67]
- Shoshana Zuboff sieht die digitale Überwachung als ethische Herausforderung. Unternehmen nutzen KI und Daten, um ihre Macht auszubauen – was bedeutet das für moralische

---

[63] Vgl. dazu Amartya Sen: The Idea of Justice. Cambridge: Harvard University Press, 2009.

[64] Vgl. dazu Slavoj Žižek: Violence. Six Sideways Reflections. New York: Picador, 2008.

[65] Vgl. dazu Michael Sandel: What Money Can't Buy. The Moral Limits of Markets. New York: Farrar, Straus and Giroux, 2012.

[66] Vgl. dazu Anm. 54.

[67] Vgl. dazu Bruno Latour: After Lockdown. A Metamorphosis. Cambridge: Polity Press, 2021.

Führung? Ist Führung ohne menschliche Entscheidungsträger überhaupt noch moralisch?[68]

- Kate Raworth fordert ein Umdenken in der Wirtschaftsethik. Ethische Führung kann nicht isoliert existieren, solange das Wirtschaftssystem auf Profitmaximierung ausgerichtet bleibt. Ist Moral in der Führung nur ein Feigenblatt, solange die Systemlogik unberührt bleibt?[69]

Diese Perspektiven eröffnen unterschiedliche Zugänge zur Frage der Führungsethik und werfen letztlich die Frage auf, ob Moral überhaupt noch individuell sein kann oder ob sie von Strukturen bestimmt wird.

Wenn Moral von Kontexten abhängt, sollte moralische Urteilskraft dann nicht aktiv geschult werden? In den meisten Leadership-Trainings wird Ethik nur als abstrakte Pflichtübung behandelt, nicht als praktisches Werkzeug. Doch braucht es nicht genau das? Eine Führung, die sich nicht auf Bauchgefühl oder PR-Floskeln verlässt, sondern gelernt hat, moralisch zu urteilen?

Ethik in der Führung bedeutet, solche Dilemmata auszuhalten und dabei nicht nur die kurzfristigen, sondern auch die langfristigen Folgen im Blick zu behalten. Es geht nicht um moralische Perfektion, sondern darum, den Mut zu haben, sich dem moralischen Ringen überhaupt zu stellen.

Authentizität als moralisches Kapital

Wo Authentizität das neue Gold der Kommunikation ist, wird auch moralisches Handeln zum Prüfstein von Führung. Jacinda Ardern, die ehemalige Premierministerin Neuseelands, wird oft als Beispiel

---

68   Vgl. dazu Anm. 12.
69   Vgl. Kate Raworth: Doughnut Economics. Seven Ways to Think Like a 21st-Century Economist. London: Random House, 2020.

für eine Führungspersönlichkeit genannt, die durch Authentizität und klare Werte Vertrauen aufgebaut hat.[70] Ihre transparente und empathische Reaktion auf die COVID-19-Pandemie verdeutlichte, dass Führung nicht darin besteht, immer populär zu sein, sondern darin, konsequent zu handeln, auch gegen Widerstände. Ardern verstand es, moralische Prinzipien nicht nur zu verkünden, sondern sie in ihren Entscheidungen sichtbar zu machen. Diese Authentizität verlieh ihr eine moralische Autorität, die in einer Welt des Zynismus umso bemerkenswerter erscheint. Doch auch sie musste lernen, dass Moral nicht nur Orientierung, sondern auch Bürde ist; eine Lektion, die jede Führungspersönlichkeit früher oder später lernen muss.

Fazit: Die fragile Balance von Macht und Moral

Ethik in der Führung ist kein starres Korsett, sondern ein ständiges Ringen mit den Ambivalenzen der Macht. Sie verlangt nicht Perfektion, sondern den Willen, Verantwortung zu übernehmen, auch dann, wenn die Konsequenzen schmerzen. Wo Grauzonen und Unsicherheiten den Weg prägen, wird Ethik zur wichtigsten Orientierungshilfe. Sie ist kein Garant für den richtigen Kurs, aber ein Kompass, der Führungskräften hilft, sich in einer komplexen Welt nicht zu verlieren.

Das größte Missverständnis über Ethik in der Führung liegt darin, sie als festen Zustand zu begreifen: als etwas, das man erreicht oder besitzt. Doch Ethik ist kein Ziel, sondern ein fortlaufender Prozess. Sie erfordert beständiges Überdenken, kritisches Hinterfragen und mutiges Anpassen. Führung wird nicht groß, weil sie moralisch perfekt ist, sondern weil sie moralisch unperfekt bleibt, sich aber dennoch der Reflexion stellt.

---

[70] Vgl. dazu Andreea Voina und Mihnea S. Stoica: Reframing Leadership. Jacinda Ardern's Response to the Covid-19 Pandemic. In: Media and Communication 11 (2023), S. 139-149.

17/

DIE DIGITALISIERUNGSFALLE

Warum Technologie nicht die Rettung, sondern der Prüfstein moderner Führung ist

Technologie wird als die große Lösung für alles beinahe alles verkauft. Digitalisierung wird gepriesen als der universelle Schlüssel zu Effizienz, Innovation und sogar gesellschaftlichem Fortschritt. Doch was, wenn diese Rettung nichts anderes ist als eine Falle? Eine Falle, die nicht nur unsere Führungspersönlichkeiten, sondern die gesamte Gesellschaft in ein falsches Gefühl der Kontrolle lockt? Was, wenn sie das *Endstadium der Führung* einläutet, eine Ära, in der Entscheider durch Daten entmachtet und durch Algorithmen ersetzt werden? Oder schlimmer noch: eine Zukunft, in der Führung nicht mehr existiert, sondern nur noch ein technologisch verwalteter Prozess ist?

Die Versprechen der Digitalisierung

Technologie hat schon immer ein Narrativ des Fortschritts begleitet. Von der industriellen Revolution bis zur Künstlichen Intelligenz: Jede Innovation versprach, die Welt ein Stück besser, schneller, effizienter zu machen. Heute sprechen wir von *Big Data,* Automatisierung und der *Cloud,* als wären sie Heilsbringer. Doch diese Versprechen sind oft nichts anderes als Ideologie. Sie verschleiern die tiefen strukturellen Probleme, die Technologie niemals lösen kann.

Führungspersönlichkeiten klammern sich an diese Versprechen, als würden sie ihre eigene Unsicherheit dadurch überdecken. „Die Daten werden es richten" oder „Wir brauchen nur die richtige Software" sind abgedroschene Phrasen, die sich in Sitzungsräumen und Vorstandsetagen verschlissen haben. Doch hinter diesen Aussagen steckt oft nichts als die Angst, selbst keine Antworten zu haben. Die blinde Hoffnung auf ein *Data Warehouse* kann schnell zum *Data Slaughterhouse* werden: Dort, wo Daten nicht nur gespeichert, sondern gnadenlos gegen das eigene Unternehmen verwendet werden. Datenberge entlarven Ineffizienzen, entmachten ganze Hierarchien, machen Abteilungen überflüssig. Wer sich auf die falschen Zahlen verlässt, riskiert, dass nicht nur Prozesse, sondern Menschen wegrationalisiert werden. Digitalisierung ist kein neutrales Werkzeug, weil sie entscheidet, wer morgen noch gebraucht wird.

Technologie als Prüfstein, nicht als Lösung

Digitalisierung verändert nicht nur Prozesse, sondern stellt Führung auf die Probe. Sie deckt Schwächen in Organisationen und bei Führungspersönlichkeiten schonungslos auf. Automatisierung mag Abläufe beschleunigen, doch sie macht auch sichtbar, wo menschliches Urteilsvermögen unersetzlich bleibt. *Big Data* kann Muster erkennbar machen, doch es fehlt die Fähigkeit zur Intuition, zur Deutung des Unausgesprochenen, zur Einordnung von Kontexten. Technologie optimiert, aber sie ersetzt nicht das Denken.

Technologie ist überdies kein neutrales Werkzeug. Sie ist eine Arena, in der die grundlegenden Widersprüche unserer Gesellschaft ausgetragen werden. Gerade in Kritischen Infrastrukturen wie Gesundheitswesen, Energieversorgung oder Finanzsystemen zeigt sich, dass Abhängigkeit von Technologie nicht nur Komfort bietet, sondern Verwundbarkeit schafft. Ein IT-Ausfall kann nicht nur Prozesse stören, er kann Menschenleben kosten. Anstatt uns von Technologie retten zu lassen, sollten wir fragen, was sie über uns offenbart: über unsere Ängste, unsere Werte und unsere Fähigkeit, Verantwortung zu übernehmen.

Die Selbstabschaffung der Führung

Die Digitalisierung verspricht Kontrolle, doch in Wahrheit läuft sie auf die Selbstauflösung der Führung hinaus. Wer nur noch Daten aggregiert, statt Entscheidungen zu treffen, macht sich überflüssig. Führung verkommt zum administrativen Akt, ein zeremonielles Ritual ohne echte Entscheidungsgewalt. In ihrer letzten Stufe übernimmt der Algorithmus die Führungsaufgabe: CEO-Bots und KPI-Autokratie ersetzen menschliche Urteilskraft: *Brave No World*. Die Frage ist dann nicht mehr, *wie* Digitalisierung Führung verbessert, sondern *ob* es Führung überhaupt noch gibt.

Noch dramatischer: Befinden wir uns bereits in einer Post-Leadership-Gesellschaft?[71] Die letzten menschlichen Führungskräfte existieren nur noch als Markenbotschafter ihrer Unternehmen, während die eigentlichen Steuerungsmechanismen längst in Code

---

[71] In Anlehnung an Stewart Clegg und Miguel Pina e Cunha: Post-Leadership Leadership. Mastering The New Liquidity. In: Brigid Carroll, Josh Firth und Suze Wilson: After leadership. New York: Routledge, 2018, S. 175-193.
Der Begriff Post-Leadership-Gesellschaft darf nicht mit postheroischem Management verwechselt werden. Während das postheroische Management einen Wandel innerhalb der Führung beschreibt, weg von charismatischen Einzelentscheidern hin zu kooperativen, dezentralen Entscheidungsstrukturen, geht die Post-Leadership-Gesellschaft einen Schritt weiter. Sie postuliert nicht nur eine Veränderung, sondern das vollständige Ende der Führung als menschliche Disziplin. Hier übernehmen Algorithmen, KI-gestützte Steuerungssysteme und datengetriebene Prozesse schrittweise die klassischen Führungsaufgaben. Während postheroisches Management eine Weiterentwicklung traditioneller Leadership-Modelle ist, beschreibt die Post-Leadership-Gesellschaft eine Ära, in der Führung als Konzept obsolet wird.

gegossen sind. Führung als strategischer Akt weicht einer durch Maschinen optimierten Kybernetik: Entscheidungen werden nicht mehr *getroffen,* sondern *berechnet.*

Generative Führung: Wenn KI nicht nur Daten auswertet, sondern Führung erfindet

Bislang diente KI dazu, Analysen zu verbessern oder operative Entscheidungen zu optimieren. Was aber, wenn KI in Zukunft nicht mehr nur assistiert, sondern selbst Führungsprinzipien generiert? Was, wenn die nächste Generation von Leadership-Modellen nicht mehr von Menschen entwickelt wird, sondern von Algorithmen, die automatisch neue Strategien entwerfen, testen und iterativ anpassen?

Die Konsequenz: Führung als kybernetisches System, in dem Entscheidungen in Echtzeit modelliert und direkt umgesetzt werden. Manager werden zu Aufsehern eines Systems, das sich selbst reguliert. Oder zu überflüssigen Relikten, die nur noch formell existieren.

Selbstoptimierung als Herrschaftsform

Die digitale Führung produziert nicht nur Daten, sondern steuert auch Verhalten. Wo KPI-getriebene Selbstoptimierung zur Norm wird, verwandelt sich Führung in eine Diktatur der Effizienz. Wer nicht performt, wird automatisch aussortiert. Führungskräfte optimieren sich selbst bis zur Selbstauflösung.

Die Paradoxie: Je effizienter ein System wird, desto weniger braucht es menschliche Akteure. Führung wird dann nicht mehr durch Vision oder Strategie geprägt, sondern durch Algorithmen, die Hochleistung belohnen und Schwäche eliminieren.

Maschinen-Mentoren: Wenn KI Führungskräfte formt

Führungskräfte lernen durch Erfahrung, Austausch und Mentoring. Aber was, wenn KI in Zukunft die Aufgabe der Führungskräfteentwicklung übernimmt? Unternehmen testen bereits KI-gestützte Coachingsysteme, die Führungskräfte in Echtzeit analysieren und Optimierungsvorschläge generieren. Die Frage ist: Lernen Menschen noch Führung? Oder werden sie nur noch programmiert?

Die Herausforderung der Digitalisierung für Leadership

In einer digitalisierten Welt verändert sich die Rolle von Führung fundamental. Es geht nicht mehr darum, Prozesse zu überwachen oder Anweisungen zu geben. Es geht darum, Orientierung zu bieten, wo Technologie nur Daten liefert. Es geht darum, die ethischen Implikationen von Entscheidungen zu erkennen, die durch Algorithmen getroffen werden. Und es geht darum, den Mut zu haben, menschlich zu bleiben, in einer Welt, die immer mehr von Maschinen bestimmt wird.

- Empathie im digitalen Raum: Technologie schafft Distanz, und Leadership muss diese Distanz überbrücken. Digitale Kommunikation erfordert ein neues Verständnis von Empathie.
- Ethische Verantwortung: Algorithmen sind nicht neutral, und ihre Entscheidungen haben Konsequenzen. Führung bedeutet, diese Konsequenzen zu verstehen und Verantwortung zu übernehmen.
- Flexibilität statt Starrheit: Die Geschwindigkeit der technologischen Entwicklung verlangt von Führungspersönlichkeiten, flexibel und anpassungsfähig zu sein.
- Menschliche Urteilsfähigkeit: Technologien wie KI können Muster erkennen, aber die Interpretation und Kontextualisierung dieser Muster bleibt eine zutiefst menschliche Aufgabe.

- Langfristige Perspektive: Digitale Innovation darf nicht nur kurzfristigen Gewinnen dienen, sondern muss in langfristige Strategien eingebettet sein, die Werte und Visionen widerspiegeln.
- Digitale Autorität oder Autoritarismus? Wer Führung an Maschinen delegiert, entmündigt sich selbst. Der Trend zur algorithmischen Führung birgt die Gefahr, dass Verantwortung abgeschoben wird und am Ende niemand mehr haftbar ist.

Führungs-*Deepfakes* & Simulierte Autorität

Wenn CEO-Kommunikation nur noch aus vorgefertigten Statements besteht und Führungspersönlichkeiten nach Skript agieren – wann ist ein CEO nur noch ein *Deepfake?*

Deepfake-Technologie ermöglicht bereits täuschend echte Simulationen von Personen. Was, wenn Unternehmen bald nur noch „synthetische Führungskräfte" einsetzen? Die Marke bleibt, die Person verschwindet: ein CEO, der 24/7 verfügbar ist, perfekte Entscheidungen trifft und nie Fehler macht. Führung wird dann endgültig zur Simulation, Vorteile inklusive: Kein mühsames *Small Talk* auf Betriebsfeiern mehr, keine irritierenden politischen Meinungen auf *LinkedIn.* Und man muss auch nicht länger das billige Eau de Toilette des Machtmenschen ertragen, der glaubt, mit Nachdruck zu duften.

Stattdessen: Reibungslose Performance, garantiert ohne Eitelkeit, Empathie-Workshops oder Sabbatical-Gespräche. Nur Effizienz. Nur Output. Nur Simulation.

Fazit: Die Digitalisierungsfalle vermeiden

Die Digitalisierung ist kein Allheilmittel. Sie ist ein Spiegel, der zeigt, wo Organisationen und Führungspersönlichkeiten tatsächlich stehen. Leadership in einer digitalisierten Welt bedeutet, diesen Spiegel zu nutzen, ohne sich von ihm definieren zu lassen. Technologie bleibt ein Werkzeug, doch der Maßstab für gute Führung ist nicht ihre bloße Anwendung, sondern die Art, wie sie eingesetzt wird: mit klarem Zweck, mit kritischer Reflexion, mit Sinn für das Wesentliche.

Es geht nicht darum, Technologie zu kontrollieren, sondern darum, nicht von ihr kontrolliert zu werden. Entscheidend ist nicht, was Maschinen können, sondern was der Mensch bereit ist, auszulassen. Vielleicht ist die eigentliche Gefahr nicht, dass Technologie zu mächtig wird, sondern dass Führung ihre eigene Rolle darin nicht mehr erkennt.

18/

TECHNOLOGIE ALS CHANCE – LEADERSHIP IM ZEITALTER DER KÜNSTLICHEN INTELLIGENZ

Die Ambivalenz der Maschinen

Willkommen im Maschinenzeitalter. Früher brauchte es Charisma, Erfahrung und Entscheidungsstärke, um zu führen. Heute reichen ein Dashboard und eine *De'Longhi Elette Explore*. Wer schneller rechnet, gewinnt. Wer bessere Algorithmen hat, führt. Wer den besseren Kaffeevollautomaten hat, verbindet. Und der Mensch? Er bleibt zurück: als Zaungast seiner eigenen Entmachtung, während KI nicht mehr nur Prozesse optimiert, sondern Führung gleich mit automatisiert.

Technologie, so mag man argumentieren, ist der letzte große Mythos unserer Zeit. In einer Welt, die sich selbst in ihrer Komplexität verloren hat, bietet die KI eine vermeintliche Antwort auf all unsere Fragen. Doch Obacht: Mit Jean Baudrillard ist jede Technologie ein Simulakrum, eine Darstellung, die mehr verspricht, als sie hält. KI ist keine neutrale Kraft; sie ist ein Machtinstrument, das die Spielregeln der Führung radikal verändert.

Die Faszination der Kontrolle

KI wird oft als der ultimative Kontrollmechanismus gefeiert. Algorithmen analysieren Datenmengen, die für den menschlichen

Verstand unvorstellbar sind, und bieten Vorhersagen, die scheinbar unvergleichliche Präzision haben. Michel Foucault würde vielleicht betonen, dass diese Kontrolle keine Befreiung ist, sondern eine neue Form der Disziplinierung.[72] Führungskräfte, die sich auf diese Technologie verlassen, finden sich schnell in einem digitalen Panoptikum wieder, einem System, das sie überwacht, lenkt und gleichzeitig in die Illusion wiegt, dass sie die Kontrolle behalten.

Allerdings würde Gilles Deleuze Foucault entschieden widersprochen haben: Das klassische Panoptikum war statisch, KI hingegen operiert in einer fließenden Kontrollgesellschaft, in der Grenzen verschwimmen und Macht sich in Netzwerken verteilt.[73] Wer glaubt, die Datenmassen zu beherrschen, wird längst von ihnen gesteuert.

Byung-Chul Han würde das System als sanfte Unterwerfung beschreiben: Keine offene Disziplinierung, keine Verbote, sondern permanente Selbstoptimierung.[74] Führungskräfte sehen sich als Entscheider, doch in Wahrheit sind sie längst Teil eines Mechanismus, der sie zu reibungslosen, datengetriebenen Funktionseinheiten macht.

Shoshana Zuboff schließlich würde die Ökonomie hinter der Kontrolle entlarven: Hier geht es nicht um Führung, sondern um Vorhersagemärkte.[75] Wer Zugriff auf die Daten hat, bestimmt nicht nur, was ist, sondern was sein wird.

Was Deleuze, Han und Zuboff trennt, ist die Form; was sie eint, ist der Verdacht: Kontrolle tarnt sich als Struktur, doch sie ist immer Strategie. Und sie dient nie allen.

---

[72]   Wie Anm. 5.
[73]   Wie Anm. 10.
[74]   Vgl. dazu Byung-Chul Han wie Anm. 27.
[75]   Wie Anm. 12.

Die Maschine als Subjekt

Bleiben wir einen Moment bei Deleuze. Er hätte die KI nicht nur als ein Werkzeug, sondern als Akteur beschrieben: eine Maschine, die nicht einfach funktioniert, sondern neue Möglichkeiten schafft. Möglichkeitsräume, Möglichkeitshyperräume. Doch diese Möglichkeiten sind nicht immer harmlos. Wenn Algorithmen Entscheidunen treffen, die Führungskräfte früher selbst treffen mussten, entsteht eine neue Realität: die Triage der Entscheidungen.

Nicht mehr alle Entscheidungen werden von Menschen geprüft; die KI filtert, priorisiert und entscheidet, welche Themen Aufmerksamkeit verdienen und welche nicht. Die Führungskraft verliert das Monopol über den Entscheidungsprozess und wird zunehmend zur Moderationsinstanz. Wer führt eigentlich nochmal? Die Maschine oder der Mensch?

Die Essays in diesem Buch zeigen, dass Technologie nicht nur ein Instrument ist, sondern eine Kraft, die Machtstrukturen neu definiert. Die Führungskraft wird vom Entscheider zum Moderator, von der Autorität zur Vermittlungsinstanz. Die KI übernimmt das Denken, während der Mensch den Raum füllt, den sie ihm lässt.

Die Verlockung der Effizienz

Die größte Verheißung der KI ist ihre Effizienz. Doch wie Jean Baudrillard uns erinnert, ist Effizienz oft der Feind der Freiheit.[76] Führung, die sich vollständig auf KI stützt, riskiert, menschliche Intuition und Kreativität zugunsten eines kalten, berechnenden Pragmatismus zu opfern. Die Maschine kennt keine Moral, keine

---

[76]   Vgl. dazu Jean Baudrillard: Die Transparenz des Bösen. Ein Essay über extreme Phänomene. Berlin: Merve, 1992.

Empathie, keine Zweifel. Sie kennt Einsen und Nullen. Sie optimiert, aber sie fragt nicht, ob das Ziel der Optimierung überhaupt sinnvoll ist.

Die Provokation

Ist KI also eine Chance oder eine Bedrohung? Die Provokation liegt darin, dass diese Frage selbst eine Falle ist. Sie verlockt uns dazu, komplexe Fragen in ein binäres Narrativ zu zwängen und damit die eigentliche Herausforderung aus den Augen zu verlieren. Führung im Zeitalter der KI verlangt, dass wir die Technologie weder glorifizieren noch verteufeln, sondern als das akzeptieren, was sie ist: ein Spiegel unserer eigenen Ambivalenz und Widersprüche.

Die Maschine ist nicht der Feind, sie ist unser Produkt, unsere Verlängerung, unsere Projektion. Sie zeigt uns, was wir sein könnten, aber auch, was wir nie werden sollten. KI reflektiert nicht nur unsere technischen Fortschritte, sondern auch unsere ethischen Dilemmata und blinden Flecken. Ihre Möglichkeiten sind Ausdruck unserer Kreativität, aber ihre Risiken sind Mahnungen an unsere Verantwortung.

Die Gretchenfrage – im Zeitalter der KI wohl besser: *die Turing-Frage* – lautet also: Wird KI zur Chance oder zur Bedrohung? Diese Frage zwingt uns, unsere Werte, Prioritäten und unsere Haltung zu hinterfragen. Sie erinnert uns daran, dass die Antwort nicht in der Technologie selbst liegt, sondern in der Art und Weise, wie wir sie gestalten und einsetzen. In dieser Entscheidung liegt die wahre Herausforderung der Führung im Zeitalter der KI: Sie verlangt Mut, Selbstreflexion und die Bereitschaft, sich mit den Schattenseiten des eigenen Handelns auseinanderzusetzen.

Fazit: Ein Weg nach vorn

Führungskräfte müssen lernen, mit der KI zu tanzen.[77] Es geht nicht darum, die Kontrolle zu behalten, sondern die neue Dynamik zu verstehen, die diese Technologie mit sich bringt. Deleuze würde sagen, dass es darum geht, „Rhizome" zu schaffen, Netzwerke, die nicht hierarchisch, sondern flexibel und anpassungsfähig sind. In dieser neuen Welt ist Führung keine fixe Position mehr, sondern ein Fluss, ein ständiges Aushandeln zwischen Mensch und Maschine.

Dieser Essay fordert dazu auf, die Verheißungen der KI kritisch zu hinterfragen und sie nicht als Ersatz für menschliche Führung zu betrachten, sondern als Werkzeug, das unsere Möglichkeiten erweitert. Doch diese Erweiterung kommt nicht ohne Preis. Die Frage ist: Sind wir bereit, den Preis zu zahlen, um das Potenzial zu nutzen? Die Antwort, wie so oft, liegt nicht in der Maschine, sondern in uns selbst.

---

[77] Führungskräfte müssen lernen, mit der KI zu tanzen… und wer legt die Musik auf? Ich. Danke (an mich selbst) für diese Steilvorlage: Der Soundtrack in dieser Essaysammlung ist so vielfältig wie die Interpretationen der digitalen Transformation selbst. Ich liefere ihn nach dem Nachwort.

19/

DIE DIKTATUR DER ALGORITHMEN

Warum Künstliche Intelligenz keine neutrale Technologie, sondern eine neue Form subtiler Herrschaft ist

Algorithmen versprechen uns eine Zukunft vollkommener Effizienz und grenzenloser Möglichkeiten. Doch wer genauer hinsieht, erkennt hinter dem verführerischen Leuchten dieser digitalen Utopie dunklere Konturen. Macht äußert sich heute weniger in offensichtlichen Hierarchien und zunehmend mehr in unsichtbaren Mechanismen, die unsere Entscheidungen beeinflussen und unser Denken unmerklich steuern.

KI lenkt, filtert und sortiert unsere Wahrnehmung, ohne dass wir dies bemerken. Sie erschafft eine unsichtbare Matrix, in der Freiheit zur Illusion schrumpft: ein statistisches Artefakt, das bestenfalls als Störfaktor geduldet wird. Der sanfte Autoritarismus der Algorithmen benötigt weder Mauern noch offenkundige Verbote; er lebt von subtilen Manipulationen, von präziser Vorhersehbarkeit und sanfter Anpassung unserer Wünsche, Entscheidungen und Gewohnheiten.

Wir befinden uns längst in einer Welt, in der individuelle Entscheidungen immer seltener aus echter Autonomie entstehen. Stattdessen bewegen wir uns in einer Struktur, die unseren Blick lenkt und unsere Gedanken formt, lange bevor wir uns dessen bewusst werden. In diesem Szenario ist Macht unsichtbar geworden, sie steckt nicht mehr in klar definierten Institutionen oder Personen, sondern verborgen in jenen Prozessen, die unser Handeln vorhersagbar und kontrollierbar machen. Die Freiheit stirbt nicht in Ketten, sondern in

Wahrscheinlichkeiten: Was bleibt, ist das paradoxe Gefühl, frei zu handeln, während jeder Schritt bereits statistisch einkalkuliert ist.

Die unsichtbare Macht: Wer programmiert unsere Realität?

Algorithmen sind die verborgenen Herrscher unserer digitalen Gesellschaft. Sie bestimmen, welche Nachrichten wir lesen, welche Produkte wir kaufen, welche Optionen wir überhaupt in Betracht ziehen. Und doch verstehen wir kaum, wie sie funktionieren. Sie sind *Black Boxes,* undurchdringlich, nicht hinterfragbar, oft selbst für ihre Entwickler ein Rätsel. Diese Undurchsichtigkeit ist kein *Bug,* sondern *Feature:* Denn was könnte eine wirksamere Machtform sein als eine, die wir nicht einmal als solche erkennen?

Doch Algorithmen sind keine neutralen Beobachter. Sie sind Ideologie, in Code gegossen. Sie reproduzieren, was bereits existiert: die Ungleichheiten, die Vorurteile, die Machtstrukturen. Sie verstärken sie, normalisieren sie und verstecken sie hinter einer Mauer aus Daten: eine digitale Festung, gebaut aus endlosen Blöcken aus Statistiken, Wahrscheinlichkeiten und Modellrechnungen.

Wie in *Tetris,* wo sich Stein um Stein schichtet, bis kein Raum mehr bleibt. Jeder neue Algorithmus ein weiterer Block, der das System einerseits perfektioniert, andererseits aber auch einengt. Ein Spiel, das scheinbar um Ordnung geht, aber nur in einer einzigen Richtung funktioniert: nach unten. Die Lücken füllen sich, die Muster werden fester, die Struktur wird unüberwindbar.

Entscheidend ist nicht nur ihre Macht, sondern vor allem, wer die Steine setzt, und wessen Interessen sie damit dienen.

Von kybernetischer Überwachung zur digitalen Technokratie

Längst haben wir den Übergang von der reinen Überwachungsgesellschaft hin zu einer digitalen Technokratie vollzogen. Während frühere Machtsysteme auf Bestrafung setzten, bevorzugt die algorithmische Kontrolle sanfte Steuerung: Sie gibt uns das Gefühl von Freiheit, während sie unsere Entscheidungen subtil formt. Kein Diktator befiehlt, kein Gesetz verbietet. Und doch bewegen wir uns in einem unsichtbaren Käfig aus Wahrscheinlichkeiten und Berechnungen.

Dieser Übergang folgt einem historischen Muster. Wo einst panoptische Systeme zur Disziplinierung dienten, wo Staaten Bürger durch Geheimdienste, *Stasi*-Akten oder die *UDBA* überwachten, braucht es heute keine Mauern mehr. Die Mechanismen der Macht sind raffinierter geworden: nicht durch offene Repression, sondern durch unsichtbare Lenkung. In der kybernetischen Gesellschaft kontrollieren Algorithmen nicht durch Zwang, sondern durch Vorschläge, durch Anreize, durch eine Statistik, die alles berechnet; außer den Wunsch nach wirklicher Freiheit.

Die Illusion der Neutralität

Einer der größten Mythen unserer Zeit ist der Glaube, dass Algorithmen neutral seien.[78] Sie arbeiten angeblich auf Basis von Daten, nicht von Emotionen. Doch Daten sind nicht unbefleckt. Sie spiegeln die Vergangenheit wider – und damit auch ihre Fehler. Ein Algorithmus, der Bewerber:innen bewertet, bevorzugt oft Männer, weil die

---

[78] Vgl. dazu Bias bei künstlicher Intelligenz: Risiken und Lösungsansätze. Online im WWW: https://www.activemind.legal/de/guides/bias-ki/ [Datum des Zugriffs: 2025-01-31].

historischen Daten männerdominierte Branchen zeigen.[79] Weil vergangene Kriminalstatistiken genau das nahelegen, fokussiert sich ein KI-System zur Polizeisteuerung überproportional auf marginalisierte Communities.[80] Der Algorithmus ist nicht objektiv. Er ist eine Maschine der Wiederholung.

Die neue Form der Kontrolle

Die wahre Macht der Algorithmen liegt nicht nur in ihrer Präsenz, sondern in ihrer Fähigkeit, uns zu formen. Social-Media-Plattformen machen uns süchtig, algorithmische Empfehlungssysteme prägen unser Weltbild. Wir klicken, was uns gezeigt wird, wir glauben, was uns bestätigt wird. Wir halten unsere Meinung für autonom. Dabei übersehen wir, dass sie längst kuratiert ist.

Diese Kontrolle ist gefährlicher als jede Zensur, weil sie keine Gewalt braucht. Sie ist ein Spiegelkabinett der Optionen, die nur scheinbar frei sind. Das Narrativ, dass Algorithmen uns befreien, ist eine Farce. Sie geben uns eine gamifizierte Kontrolle, eine Illusion der Wahl, während sie unsere Entscheidungsräume definieren.

Das Paradoxon der Effizienz

Algorithmen versprechen Perfektion: maximale Effizienz, minimaler Fehler. Doch Effizienz ist kein neutraler Wert, sie dient immer bestimmten Interessen. Wenn ein Unternehmen Algorithmen einsetzt, um die Produktivität zu steigern, geschieht das oft auf Kosten

---

[79] Vgl. dazu Carsten Orvat: Diskriminierungsrisiken durch Verwendung von Algorithmen. Online im WWW: https://www.antidiskriminierungsstelle.de/Shared Docs/downloads/DE/publikationen/Expertisen/studie_diskriminierungsrisiken_ durch_verwendung_von_algorithmen.pdf [Datum des Zugriffs: 2025-01-31].

[80] Vgl. dazu Molly Callahan: Algorithms Were Supposed to Reduce Bias in Criminal Justice – Do They? Online im WWW: https://www.bu.edu/articles/2023/do-algorithms-reduce-bias-in-criminal-justice/ [Datum des Zugriffs: 2025-01-31].

der Autonomie seiner Angestellten. Wenn ein Staat Algorithmen zur Überwachung nutzt, wird Effizienz zur Legitimierung von Repression. Algorithmen optimieren nicht *die Welt,* sie optimieren *eine Welt.* Die Frage ist: Wessen?

Wird durch algorithmische Effizienz die Freiheit der Bürger gestärkt oder nur die Kontrolle des Staates? Führt sie zu mehr Sicherheit oder zu totaler Transparenz? Wer bestimmt die Parameter, nach denen „effizient" gemessen wird? Und wer kann sie ändern? Ist Effizienz hier ein Mittel zur Gestaltung oder nur eine neue Form der Machtausübung?

Wenn eine Organisation hingegen Effizienz als Maßstab für interne Prozesse nutzt, dann lauten die Fragen anders: Dient sie der Innovation oder erstickt sie Kreativität? Macht sie das Arbeiten leichter oder nur messbarer? Ersetzt sie Entscheidungen oder erleichtert sie sie? Und vor allem: Wer profitiert davon? Das Unternehmen oder die Menschen, die darin arbeiten?

Der Mensch als Datenpunkt

In der algorithmischen Diktatur zählt der Mensch nicht mehr als Subjekt. Er ist ein Datenpunkt. Eine Zahl. Eine Berechnung. Unsere Emotionen, unsere Ambivalenzen, unsere Widersprüche – all das verschwindet in einem Meer aus Einsen und Nullen.

Der gefährlichste Moment tritt ein, wenn wir beginnen, uns selbst so zu sehen. Wenn wir unsere Wertigkeit an Messbarkeit knüpfen. Wenn wir versuchen, in einem System zu funktionieren, das uns nicht als Menschen, sondern als mathematische Funktion betrachtet.

Fazit: Der Ausbruch aus der algorithmischen Technokratie

Die Diktatur der Algorithmen ist keine dystopische Zukunftsvision: sie ist längst unser Alltag. Doch sie ist nicht unausweichlich. Der erste Schritt zur Befreiung ist das Bewusstsein: Erkennen, dass Algorithmen Macht ausüben.

Doch Bewusstsein allein reicht nicht. Wir brauchen Transparenz, Regulierung, alternative Modelle. Wir müssen uns fragen, welche Welt wir gestalten wollen; nicht nur, welche Technologie wir optimieren können.

Es gibt Hoffnung.[81] Und diese Hoffnung liegt nicht in einem neuen Code, sondern in einer neuen Haltung. In der bewussten Entscheidung, sich nicht auf den vorgegebenen Pfaden zu bewegen. In Systemen, die nicht bloß reguliert, sondern entkommerzialisierte Räume schaffen. In Plattformen, die nicht Nutzer monetarisieren, sondern Selbstbestimmung ermöglichen.

Der Algorithmus ist nicht unser Feind.

Er ist ein Symptom. Ein Symptom einer Welt, die sich blind ihrer eigenen Berechenbarkeit unterworfen hat.

---

[81] Ich hatte nicht geplant, die Hoffnung wegzulassen. Sie war einfach nicht da. Erst meine Frau stellte die Frage nach der Alternative. Warum?
Vielleicht, weil sie aus Jugoslawien stammt, genauer gesagt aus Bosnien. Weil sie erlebt hat, was es bedeutet, in einer Welt ohne Hoffnung zu leben, unter der allgegenwärtigen Kontrolle der *UDBA* und ihrer Nachfolgeorganisation, wo das Misstrauen in jeden Winkel des Lebens sickerte. Weil sie die Geschichten von Goli Otok kennt, jenem jugoslawischen Umerziehungslager, wo Häftlinge nicht nur der Willkür des Systems ausgesetzt waren, sondern selbst zu Werkzeugen ihrer eigenen Demütigung wurden. Die wenige Vegetation, die heute am Anlegehafen der Insel wächst, stammt von ihnen – gepflanzt mit den eigenen Händen, während sie stundenlang in der Sonne stehen mussten, um den Setzlingen Schatten zu spenden. Und vielleicht liegt genau darin die Antwort: Hoffnung ist nicht die naive Vorstellung, dass alles gut wird. Sie ist der Akt des Pflanzens, selbst in der Wüste der Geschichte.

Solange wir die Logik der Algorithmen akzeptieren, bleiben wir Gefangene einer unsichtbaren digitalen Technokratie, einer Welt, die rechnet, aber nicht denkt; einer Welt, die optimiert, aber nicht versteht; einer Welt, die misst, aber nicht fühlt.

Doch eine andere Welt ist möglich, wenn wir den Mut haben, nicht nur die Maschinen zu hinterfragen, sondern auch das System, das sie erschaffen hat.

Letztes Protokoll vor Systemstillstand

Log-Eintrag #5572-X. Archiviert. Vertraulich. Zugriffsbeschränkt.

Datum: 29.06.2044

Uhrzeit: 03:46 UTC

Systemstatus: Stabilisierung abgebrochen

Ereignis: Kollektive Abmeldung

Vermerk:

User:innen weltweit beginnen, ihre Geräte zu deaktivieren.

Zahl der aktiven Sessions fällt unter kritischen Schwellenwert.

Algorithmen melden Inkohärenz. Empfehlungen greifen nicht.

Predictive Behaviour Engine meldet: „Bewusstsein außerhalb der Parameter".

Kommentar (gelöscht): „Sie denken selbst."

Maßnahme:

>> Notfallprotokoll Alpha-Null: Reinitialisierung menschlicher Autonomie vorbereiten.

// Zugriff wurde unterbrochen.

20/

DIE BLOCKCHAIN-IDEOLOGIE

Warum Dezentralisierung kein Rettungsanker, sondern eine neue Form der Kontrolle ist

Die Blockchain ist das Versprechen der digitalen Erlösung, der Anbruch einer neuen Ordnung. Keine Mittelsmänner mehr! Keine Hierarchien! Nur freie, gleichberechtigte Individuen in einem Netz des grenzenlosen Austauschs. In Wirklichkeit ist dieses Ideal nicht anarchisch, sondern steril, eine mathematisch modellierte Gleichheit, in der jede Beziehung zur Transaktion wird und jeder Wert durch Berechenbarkeit ersetzt. Klingt nach einem anarchistischen Fiebertraum, nach Dave Eggers' *The Circle*, hört sich aber eher an wie das Marketing-Memo eines Tech-Milliardärs, der gleichzeitig Kapitalismus abschaffen und seine eigene Kryptowährung verkaufen will. Das revolutionäre Vokabular dient nur der ästhetischen Tarnung eines ökonomischen Projekts, das sich selbst als Antisystem inszeniert, und genau dadurch unantastbar macht. Die schöne neue Welt der Blockchain ist keine Revolution; sie ist nur eine elegantere Form der Kontrolle, verpackt in den Glanz der technischen Unbestechlichkeit.[82]

---

[82] Die Blockchain ist keine Befreiung, sondern die Kodifizierung von Kontrolle in Code. Sie ersetzt klassische Hierarchien nicht, sondern macht Macht unsichtbar, verlagert in die Hände weniger Miner, Entwickler-Eliten und Kapitalgeber. Anstelle von Vertrauen tritt ein System radikalen Misstrauens, das Führung nicht abschafft, sondern in algorithmische Bürokratien überführt. Die Blockchain ist damit weniger Dezentralisierung als Deregulierung, weniger Anarchie als die Perfektionierung neoliberaler Ideale: Automatisierung, Marktlogik und Verantwortungslosigkeit.

Die Illusion der Dezentralisierung

Die Blockchain-Evangelisten predigen Dezentralisierung, als wären sie die Wiedergänger von Michail Alexandrowitsch Bakunin und Pierre-Joseph Proudhon. Eine Welt ohne Banken, ohne Staaten, ohne Institutionen, die uns vorschreiben, wie wir zu leben haben. Vertrauen? Braucht es nicht mehr, denn Code ersetzt Moral, Algorithmen ersetzen den Leviathan. Nur eine kleine Frage: Wer kontrolliert die Code-Basis? Wer entscheidet, welche Updates implementiert werden? Wer hält die meisten Token? (Hinweis: Es sind nicht die Idealisten mit dem anarchistischen Traum. Wer den Code kontrolliert, kontrolliert die Welt – und tut es anonym, effizient und ohne Haftung.)

Die wahre Macht in Blockchain-Systemen ist nicht abgeschafft, sie hat sich nur in eine nebulöse Elite verlagert: Miner mit absurd viel Rechenkapital, Entwicklergilden mit exklusivem Commit-Recht und Investoren, die schon lange vor dem ersten Whitepaper wussten, wo das Geld liegt. Aber hey, es ist dezentralisiert, also alles gut, oder? Nur dass Dezentralisierung hier bedeutet, dass die Führungsstrukturen nicht mehr sichtbar sind. Das macht sie keineswegs weniger real. Im Gegenteil: Ihre Unsichtbarkeit ist ihre Stärke. Denn was man nicht mehr sieht, kann man auch nicht mehr kritisieren.

Führung ohne Verantwortung: Die neue Unsichtbarkeit der Macht

Die ultimative Errungenschaft der Blockchain ist nicht Dezentralisierung, sondern die Verflüssigung von Verantwortung. Klassische Machtstrukturen haben Gesichter, Namen, Adressen. Blockchain dagegen erschafft ein System, in dem der Code regiert, unpersönlich,

---

Vgl. dazu Zuboff wie in Anm. 12, ferner Nick Srnicek: Platform Capitalism. Cambridge: Polity Press, 2017.

unantastbar. „Code is Law!", rufen die Jünger. Perfekt also für jene, die keine Lust mehr haben, sich demokratischen Prozessen zu unterwerfen. (Man stelle sich vor: Politiker, die auf die Frage nach Skandalen antworten: „Tut mir leid, aber der Code hat entschieden.")

Was Blockchain wirklich schafft, ist die Vollendung der neoliberalen Utopie: Ein System, das sich selbst verwaltet, in dem niemand Verantwortung tragen muss, weil alles „automatisiert" abläuft. Aber Automatisierung ist kein Ersatz für Ethik. Wenn kein Entscheidungsträger mehr greifbar ist, weil „der Algorithmus" alles regelt, dann haben wir keine Führung mehr, sondern nur noch Verwaltung. Und wo nur noch verwaltet wird, stirbt das Politische: nicht mit einem Knall, sondern mit einer eleganten Benutzeroberfläche. Und Verwaltung ist bekanntlich die schönste Methode, um Macht auszuüben, ohne jemals dafür geradestehen zu müssen.

Die Ökonomie des Misstrauens: Warum Führung gerade jetzt notwendig wäre

Blockchain-Lösungen beruhen auf einem bemerkenswerten Weltbild: Vertrauen ist naiv. Vertrauen ist unsicher. Vertrauen kann gebrochen werden. Also lieber ein System, das kein Vertrauen braucht. Klingt großartig, oder? Außer, dass genau dieses Denken die soziale Fragmentierung nur weiter vorantreibt. Wer braucht schon zwischenmenschliche Beziehungen, wenn man stattdessen auf mathematisch gesicherte Misstrauensstrukturen setzen kann? (Spoiler: Gesellschaften, die sich so organisieren, landen nicht selten in dystopischen Romanen, etwa in Yevgeny Zamyatins *Wir,* wo mathematische Rationalität zur totalitären Ideologie wird, oder in E.M. Forsters *The Machine Stops,* wo Menschen in technisierten Blasen leben und das Vertrauen durch Systeme ersetzt wurde, die ihre Autonomie vernichten.)

Echte Führung aber lebt vom Mut zur Verantwortung. Ein Algorithmus, der Transaktionen verwaltet, kann viele Dinge tun; aber er kann nicht reflektieren, er kann keine moralischen Entscheidungen treffen. Wer Führung auf Codes reduziert, verabschiedet sich nicht nur von Hierarchien, sondern auch von menschlicher Urteilskraft. Eine Welt ohne moralische Konflikte ist keine bessere Welt: sie ist eine entleerte. Und nein, ein *DAO (Decentralized Autonomous Organization)* wird nicht den nächsten Martin Luther King hervorbringen. (Es sei denn, man hält anonyme *Krypto-X*-Accounts mit Laser-Augen für moralische Autoritäten.) Was hier entsteht, ist keine Utopie, sondern eine Maskerade: Die Idee von Gerechtigkeit als quantifizierbare Fairness, die jedes Ringen um Bedeutung ersetzt.

Blockchain als das „Endstadium" der Führung

Was passiert, wenn Blockchain sich durchsetzt? Nun, dann leben wir in einer Welt, in der jede Interaktion unauslöschlich gespeichert ist, in der jeder Fehler in Stein gemeißelt bleibt und in der Anonymität selektiv gewährt wird: nämlich nur jenen, die sich das leisten können. Freiheit? Sicher, solange man Zugang zur Technologie hat und weiß, wie sie funktioniert. Und wenn nicht? Dann Pech gehabt. Blockchain schließt nicht nur jene aus, die nicht mitspielen können, sie bestraft sie. So wird technologischer Fortschritt zur neuen Klassengesellschaft: Nicht mehr Herkunft, sondern Codekompetenz entscheidet über Teilhabe.

Das vielleicht größte Paradoxon: Was als Revolution der Transparenz gepriesen wird, könnte sich als perfektes Kontrollinstrument entpuppen. Jedes Protokoll, jede Transaktion, für alle Zeit einsehbar. Was passiert, wenn Staaten das nutzen? Wenn Konzerne Zugriff erhalten? Doch keine Sorge: Der Code ist ja neutral. So neutral wie ein Revolver auf einem Pokertisch. Denn Neutralität ist die größte Lüge jeder Architektur der Macht, gerade dann, wenn sie vorgibt, auf keinem Standpunkt zu stehen.

Fazit: Das Endstadium der Führung?

Blockchain ist keine Befreiung, sondern die technologische Verdichtung unserer tiefsten Ängste: die Angst vor Unberechenbarkeit, das Bedürfnis nach totaler Kontrolle, das Misstrauen gegenüber menschlichem Urteilsvermögen. Sie verspricht eine Welt ohne Willkür, aber was sie tatsächlich schafft, ist ein System, das bestehende Probleme in neue, noch weniger greifbare Formen gießt.

Es geht nicht darum, ob Blockchain gut oder schlecht ist. Entscheidend ist, welche Ordnung sie etabliert – und ob wir in einer Gesellschaft leben wollen, in der Führung auf Algorithmen übertragen wird, Verantwortung sich verflüchtigt und Kontrolle bleibt, aber niemand mehr sagen kann, wer sie ausübt. Vielleicht markiert Blockchain nicht den Aufbruch in eine Ära der Freiheit, sondern das Endstadium einer Führungskrise: eine Welt, in der alles geregelt ist, nur nicht, wer noch entscheidet. Oder ob überhaupt noch jemand entscheidet.

Vielleicht wird man in Zukunft gar nicht mehr führen, sondern nur noch konfigurieren. Dann bestünde der letzte Akt der Autonomie darin, sich nicht einzuloggen.

21/

VIRTUELLE REBELLION

Warum das Metaverse der neue Raum für Machtkämpfe wird

Das Metaverse ist der *Dark Room* der digitalen Exzesse, ein Ort, der uns mit grenzenloser Freiheit verführt, nur um uns tiefer in die Mechanismen von Kontrolle und Macht zu verstricken. Hier verschmelzen Lust und Überwachung, Rebellion und Kommerz zu einem neonbeleuchteten Machtspiel, in dem jede Handlung marktfähig, jeder Widerstand berechenbar und jeder Traum von Befreiung ein weiteres Produkt ist. Es ist nicht die Flucht aus der Realität: es ist ihre radikalste Zuspitzung.

Schon in den frühen Visionen virtueller Welten, von *Tron* (1982) bis David Cronenbergs *eXistenZ* (1999), zeigte sich diese Ambivalenz: Die digitale Sphäre als Raum unendlicher Möglichkeiten, aber auch als System, das seine Spieler längst verschlungen hat. In *Tron* wird der Protagonist in ein kybernetisches Reich gezogen, in dem Programme diktatorische Strukturen erschaffen. *eXistenZ* hingegen geht noch weiter und hinterfragt, ob sich die Realität überhaupt noch von der Simulation trennen lässt. Diese Filme erkannten bereits, dass der digitale Raum nicht nur Spielplatz, sondern auch Gefängnis sein kann, eine Einsicht, die im Metaverse zur bitteren Realität wird.

Als allumfassendes digitales Versprechen präsentiert sich das Metaverse als der Raum, in dem wir die physische Realität überwinden können.[83] Hier können oder sollen wir sein, wer wir sein wollen, tun, was wir tun möchten, und endlich die Barrieren hinter uns lassen, die uns in der „echten Welt" beschränken. Doch hinter dieser techno-utopischen Fassade lauert eine dunklere Wahrheit: Das Metaverse ist nicht die Befreiung, sondern die radikalste Erweiterung der bestehenden Machtstrukturen. Hier wird nicht nur unser Alltag, sondern auch unser Widerstand zu einem marktfähigen Produkt.

Die koloniale Logik des digitalen Raums

Das Metaverse wird oft als die letzte Grenze der menschlichen Kreativität beschrieben, eine neue, unberührte Welt, die darauf wartet, besiedelt zu werden. Doch wie jede „neue Welt" ist auch das Metaverse von den kolonialen Logiken durchdrungen, die uns seit

---

[83] Das Metaverse ist kein Endpunkt, sondern eine Übergangsphase. Ein *Raum zwischen Räumen*, in dem die physische Realität nicht nur überwunden, sondern transformiert wird. Wenn das analoge Leben linear verläuft und das Internet mit seinen Hyperlinks den Hyperraum bildet, dann markiert das Metaverse den nächsten Schritt: eine totale digitale Immersion, in der Realität und Virtualität endgültig verschmelzen. Doch was kommt danach? Eine Möglichkeit ist die *Hyperrealität*, in der das Simulierte echter wirkt als das Reale und die Grenzen zwischen physischer und digitaler Existenz aufgelöst werden. Eine andere ist die *biotechnologische Integration*, in der Mensch und Maschine zu einer kybernetischen Einheit verschmelzen und das Metaverse nicht mehr ein Ort, sondern ein neuronaler Zustand ist. Noch radikaler wäre der Übergang in ein *kollektives Bewusstsein*, in dem Identität nicht mehr individuell, sondern vernetzt ist: eine totale Vernetzung aller Denkprozesse, in der das „Ich" durch das „Wir" ersetzt wird. Alternativ könnte das Metaverse in eine fraktale Struktur übergehen, eine unendliche Rekursion von Simulationen, die sich selbst verschachteln und den Unterschied zwischen Realität und Modell endgültig verwischen. Doch vielleicht folgt auf den digitalen Exzess auch eine Rückbesinnung: eine *Post-Digitalität*, in der das Physische wieder geschätzt wird, nicht als Gegenentwurf, sondern als weiterentwickelte Form einer Welt, in der Technologie unsichtbar, aber allgegenwärtig ist. Das Metaverse ist also nicht das Finale, es ist nur das nächste Sprungbrett ins Unbekannte.
Vgl. dazu Baudrillard wie in Anm. 30 und Han wie in Anm. 54, ferner Yuval Noah Harari: Homo Deus. A Brief History of Tomorrow, London: Harvill Secker, 2016; Max Tegmark: Leben 3.0. Mensch sein im Zeitalter Künstlicher Intelligenz. Berlin: Ullstein, 2019.

Jahrhunderten prägen. Unternehmen wie *Meta, Microsoft* oder *Tencent* positionieren sich nicht als Teilnehmer, sondern als Architekten dieser Realität. Sie errichten die Plattformen, definieren die Regeln und entscheiden, wer teilhaben darf – und zu welchem Preis.

Diese Machtstrukturen sind alles andere als unsichtbar. Der Zugang zum Metaverse ist nicht universell, sondern abhängig von Infrastruktur, Technologie und ökonomischen Ressourcen. Die „Unendlichkeit" dieses Raums ist eine Illusion, denn er wird durch Serverkapazitäten, Eigentumsrechte und die Logik des Profits begrenzt. Der Traum vom grenzenlosen digitalen Raum entpuppt sich als streng reguliertes Ghetto, in dem die Gewinner die gleichen bleiben wie in der physischen Welt.

Machtkämpfe und Klassenunterschiede in der Virtualität

Anstatt die Ungleichheiten der realen Welt zu überwinden, verstärkt das Metaverse sie sogar. Im digitalen Raum werden neue Klassen gebildet: die Plattformbesitzer, die Zugangskontrolleure, die Schöpfer von Inhalten, die Konsumenten. Wer die teuersten NFTs besitzt, wer das exklusivste virtuelle Grundstück in *Decentraland* oder *Sandbox* kauft, entscheidet darüber, wer in diesem Raum Einfluss hat – und wer nicht. Kapitalismus wird hier nicht abgeschafft, sondern in einer ästhetisierten Form weitergeführt.

Was dabei besonders perfide ist: Das Metaverse bietet uns die Illusion in UHD-1, dass wir durch unsere digitale Identität diesem System entkommen können. Du bist im echten Leben ein Niemand? Kein Problem! Erschaffe dir ein glamouröses Alter Ego im Metaverse und baue dir dein digitales Imperium auf. Doch hinter dieser vermeintlichen Emanzipation verbirgt sich die gleiche Dynamik wie immer: Du kannst alles sein – solange du dafür bezahlst.

Rebellion als Produkt

Das wirklich Faszinierende oder vielmehr: *Beunruhigende* am Metaverse ist, dass es nicht nur unsere Arbeit, unser Freizeitverhalten und unsere Beziehungen kapitalisiert, sondern auch unsere Rebellion. Schon jetzt sind Protestbewegungen, politische Statements und Subkulturen ein integraler Bestandteil digitaler Räume. Doch was passiert, wenn selbst unser Widerstand Teil des Spiels wird? Wenn der Aufstand gegen das System nur ein weiteres Feature ist, das sich verkaufen lässt?

In *eXistenZ* verlieren die Spieler irgendwann das Bewusstsein darüber, ob sie sich noch im Spiel oder bereits in einer tieferen Ebene der Simulation befinden. Was als Revolution erscheint, könnte längst ein geplanter Bestandteil des Systems sein – genau wie im Metaverse. Widerstand ist hier nicht nur kontrollierbar, sondern ein kommerzielles Produkt, das sich vermarkten lässt.

Im Metaverse könnte dies auf die Spitze getrieben werden. Stellen Sie sich vor: Ein virtueller Protest gegen eine ungerechte Plattform wird zu einem Event, bei dem exklusive Skins, Badges und NFTs angeboten werden. Ihr digitaler Avatar wird zur politischen Marke, Ihr Widerstand zum Geschäftsmodell. In diesem Szenario wird das Metaverse zur ultimativen Simulation, zu einem Raum, in dem die Grenzen zwischen Realität und Fiktion, zwischen Rebellion und Konsum völlig verschwimmen.

Die Überwachung wird allgegenwärtig

Das Metaverse ist nicht nur ein Ort der Unterhaltung, sondern auch eine Überwachungsmaschine. Jede Bewegung deines Avatars, jede Interaktion, jede Transaktion wird gespeichert, analysiert und monetarisiert. In einer Welt, in der unser gesamtes Leben – von unseren Vorlieben bis zu unseren politischen Überzeugungen – getrackt und digitalisiert wird, wird Überwachung nicht nur akzeptiert, sondern erwartet. Und wer kontrolliert diese Daten? Natürlich dieselben Konzerne, die die Regeln des Metaverse aufstellen.

Was bedeutet das für Machtkämpfe? Widerstand im Metaverse ist niemals wirklich anonym. Jeder Protest, jeder Versuch, das System herauszufordern, kann verfolgt, analysiert und neutralisiert werden. Sogar der Versuch, das System zu hacken, wird ironischerweise zu einem Teil des Systems selbst: zu einem Akt, der das System nicht zerstört, sondern ihm neue Daten und neue Einnahmequellen liefert.

Was also bleibt von der Freiheit?

Das Metaverse wird uns als Ort der unbegrenzten Möglichkeiten verkauft. Doch was, wenn es in Wirklichkeit die endgültige Gefangenschaft ist? Ein Raum, in dem jede Interaktion, jede Entscheidung, jede Form des Widerstands durch unsichtbare Algorithmen kontrolliert wird? Freiheit im Metaverse ist eine Simulation, eine kontrollierte Erfahrung, die uns glauben lässt, dass wir frei sind, während wir immer tiefer in die digitale Maschinerie eingebunden werden.

Tragisch ist, dass das Metaverse nicht nur unsere Realität erweitert, sondern sie ersetzt. Es wird zur neuen Realität – und damit zur neuen Bühne für Machtkämpfe, Ungleichheiten und Kämpfe um Kontrolle. Doch in dieser neuen Realität wird es immer schwieriger, das System von der Rebellion zu unterscheiden. Der Widerstand wird nicht unterdrückt, sondern gekauft und verkauft.

Fazit: Die endgültige Simulation

Das Metaverse ist keine Flucht aus der Realität, es ist ihre radikalste Ausdehnung. Es verstärkt die Machtstrukturen, die uns schon in der physischen Welt dominieren, und transformiert sie in eine Form, die noch schwerer zu erkennen und zu bekämpfen ist. Genau wie in *Tron,* wo die Spieler das Spiel nicht mehr verlassen können, weil das System sie längst absorbiert hat, verschwimmen auch im Metaverse die Grenzen zwischen digitaler Freiheit und perfektionierter Kontrolle.

„I fight for the users. " Doch wer kämpft heute noch für die Nutzer, wenn die Plattformen längst mächtiger sind als ihre Schöpfer? Die virtuelle Rebellion ist nicht die Lösung, sondern das ultimative Symptom unserer Zeit: eine Welt, in der selbst der Widerstand gegen das System Teil des Systems geworden ist. Ob wir das Metaverse nutzen oder meiden, darum geht es nicht. Entscheidend ist, ob wir erkennen, wie es uns formt, und ob wir noch die Fähigkeit besitzen, den digitalen Käfig zu durchschauen, bevor er zur unsichtbaren Norm wird. Denn echte Rebellion findet nicht in virtuellen Welten statt. Sie beginnt dort, wo wir uns weigern, nach ihren Regeln zu spielen.

Vierter Satz: Finale – Der Höhepunkt

Kraftvolle Koda: Führung zwischen Chaos und Vision

22/

KAPITALISMUS ALS SPEKTAKEL

Wenn Führung zur Bühne und Authentizität zur Performance wird

Im Zeitalter allgegenwärtiger Bilder, Narrative und Markenidentitäten hat sich die Praxis der Führung verändert. Führung ist nicht länger nur eine Frage von Entscheidungen oder Strategien. Führung ist eine Inszenierung.[84] Mitarbeitende, Konsument:innen, Stakeholder – das Publikum verlangt nach Authentizität, doch diese Authentizität wird zur Performance: Wir leben im spektakulären Kapitalismus, in dem Führung zur Bühne wird und wir alle zu Darsteller:innen.[85] Wie hätte Bert Brecht – der einzige, der schon damals wusste, dass Moral meist ein Requisit ist – das genannt? Vielleicht „Lehrstück des falschen Selbst".

---

[84] Den Begriff „Inszenierung" habe ich nicht zufällig gewählt. Führung im 21. Jahrhundert hat sich von einer rein strategischen Praxis zu einer Form des Storytellings gewandelt, einer bewussten Choreografie von Symbolen, Narrativen und Identitäten. Am Beispiel Richard Wagners habe ich in *Führung und Fiktion* gezeigt, wie Inszenierung nicht nur ein Mittel der Kunst, sondern auch ein zentrales Element moderner Führung ist. Wagners Konzept des Gesamtkunstwerks dient dabei als Blaupause für die Art und Weise, wie Führungskräfte heute Visionen und Identitäten erschaffen – und gleichzeitig die Grenzen zwischen Authentizität und Performance verwischen. Wie Anm. 34, S. 78-81.

[85] Führung im spektakulären Kapitalismus folgt der Logik Debords: Inszenierung ersetzt Substanz, Narrative dominieren Entscheidungen. Bachtins Karnevaleske erklärt, wie scheinbare Subversion bestehende Macht stabilisiert, während Baudrillard die Führung als hyperreales Schauspiel beschreibt. Wer heute leitet, muss nicht nur führen, sondern sich vermarkten. Vgl. Debord wie Anm. 13, Bachtin wie Anm. 19, Baudrillard wie Anm. 30; ferner Han wie Anm. 54.

Die Ästhetik der Macht

Auch das 21. Jahrhundert ist, wie die beiden Jahrhunderte vor ihm, eine Epoche der Ästhetik. Macht wird nicht mehr durch Befehle oder sichtbare Kontrolle ausgeübt, sondern durch die Kunst der Inszenierung. Die Führungskraft von heute muss nicht nur wissen, wie sie leitet, sondern auch, wie sie wahrgenommen wird. Die Welt der sozialen Medien verstärkt diesen Druck: Jedes Meeting, jede Rede, jede Entscheidung wird potenziell zu einem Content-Stück, das für *Likes, Shares* und *Retweets* optimiert werden muss. Die Macht der Bilder ersetzt die Macht der Worte.

Mehr Attitüde als Substanz

Doch genau hier lauert die Gefahr wie eine lausig konstruierte Kulisse, die bei der geringsten Erschütterung in sich zusammenfällt. Die permanente Selbstinszenierung schafft nicht nur eine Entfremdung der Führungskraft von sich selbst, sondern auch eine Realität, in der Wirkung über Substanz triumphiert. Führung wird zum *Poser-Pop,* ein Hochglanzprodukt, das sich an den Erwartungen des Publikums orientiert, anstatt eine eigene Richtung vorzugeben. *Poser-Pop* lebt von Over-the-Top-Attitüde, Pathos, Perfektionismus und dem unbedingten Willen, als Ikone wahrgenommen zu werden. Bon Jovi in den 1980er, Britney Spears in den *Noughties* und aktuell Dua Lipa: pure Selbstvergottung. In dieser Welt ist Erfolg nicht mehr das Ergebnis nachhaltiger Strategien oder echter Visionen, sondern eine Frage der geschickten Inszenierung von Erfolg.

Wer sich nicht vermarktet, existiert nicht. Doch was geschieht mit Führung, wenn der Unterschied zwischen Sein und Schein endgültig erodiert? Wenn die Entscheidung für das richtige Narrativ wichtiger wird als die Entscheidung selbst? Die Gefahr liegt darin, dass wir in eine Gesellschaft abdriften, in der nicht mehr Kompetenz, sondern mediale Präsenz über Führung bestimmt, eine Welt, in der die besten

Performer:innen die besten Plätze besetzen, nicht die besten Entscheider:innen. Der *Poser-Pop* hat längst das Management erreicht: Wer sich selbst als charismatische Projektionsfläche inszeniert, hat bessere Karten als jemand, der langfristige Konzepte entwickelt. Wir erleben den Aufstieg von Führungskräften, die mit knalligen Statements, perfekten Bildern und ikonischen Auftritten punkten, während die eigentliche Führungsarbeit zur Nebensache wird. In dieser Welt dominieren die Lautesten, nicht die Klügsten, und die Inszenierung wird wichtiger als der Inhalt.

Diese Mechanismen kennen wir längst aus der Popkultur: Elon Musk als techno-narzisstischer Rockstar-CEO, Donald Trump als erratischer Reality-Show-Politiker, Javier Milei als libertär-anarchischer Marktfundamentalist im Dauerrausch der Selbstinszenierung. Erkenne nur ich eine Parallele zu Michail Bachtins Konzept der karnevalesken Kultur? Eine Welt, in der die Rollen getauscht, die Masken fixiert und die Autorität grotesk geworden ist?[86] Die Grenzen zwischen Macht und Volk verschwimmen, Autorität wird spielerisch gebrochen, ohne die eigentliche Struktur zu verändern. Der CEO gibt sich als Rebell, der Politiker als Mann des Volkes, eine Maskerade, die bestehende Machtverhältnisse nicht abschafft,

---

[86] „Im Karneval zerfällt die Welt in ihr Gegenteil": Der russische Literaturtheoretiker Michail Bachtin erkannte im mittelalterlichen Karneval ein gesellschaftliches Ventil: eine temporäre Umkehrung von Ordnung, Autorität und Ernst. Die Hochgestellten wurden verspottet, die Mächtigen entmachtet, das Heilige profaniert. Es war ein Spiel mit Masken – aber kein harmloses. Im Karneval wurde die Wahrheit gesagt – durch das Lachen. Die Welt wurde für einen Moment entlarvt, nicht durch Analyse, sondern durch Überzeichnung.
Was Bachtin für das Mittelalter beschrieb, gilt heute im digitalen Kapitalismus mit umgekehrtem Vorzeichen: Die Masken sind nicht mehr geliehen – sie sind unser Profilbild. Die Bühne ist nicht mehr der Marktplatz – sie ist der Feed.
Führungspersonen agieren wie Figuren einer permanenten Karnevalsszene: überzeichnet, ironisiert, mit kalkulierter Groteske. Musk, Trump, Milei – sie sind nicht „anders", sie *sind* die Logik der Bühne. Doch im Unterschied zum mittelalterlichen Karneval gibt es kein Ende. Keine Rückkehr zur Ordnung. Nur Dauerinszenierung. Vielleicht ist genau das der neue Ernst: das Spektakel, das sich selbst nicht mehr reflektiert. Vgl. dazu Anm. 19.

sondern stabilisiert. Führung ist nicht mehr die *Kunst des Entscheidens,* sondern die *Kunst des Gesehenwerdens.*

In der Musik funktioniert dieses Prinzip genauso: Kanye West als inszenierter Visionär, Lana Del Rey als melancholische Kunstfigur, The Weeknd als postkapitalistische Klangtapete. Die besten Performer:innen sind nicht immer die besten Künstler:innen, genauso, wie die besten Selbstvermarkter:innen nicht unbedingt die besten Führungskräfte sind. Doch solange sich Erfolg an Reichweite statt an Substanz misst, bleibt das Spektakel der Kapitalismus selbst.

Das Spektakel des Kapitalismus

Diese Dynamik folgt der Logik, die Guy Debord in *Die Gesellschaft des Spektakels* beschrieben hat: Im modernen Kapitalismus wird alles zur Ware, selbst die Führung.[87] Das Spektakel ersetzt die Substanz, die Inszenierung selbst wird zur Realität. Führungspersönlichkeiten werden nicht mehr an ihren Taten gemessen, sondern an ihrer Fähigkeit, eine Geschichte zu erzählen, eine Geschichte, die Hoffnung weckt, Vertrauen schafft und den Anschein erweckt, dass alles unter Kontrolle ist.

Doch diese Geschichten sind oft nichts weiter als leere Narrative. Sie beruhigen, ohne zu verändern. Sie verschleiern, statt zu enthüllen. Sie verkaufen die Illusion von Fortschritt, während sie die bestehenden Machtstrukturen festigen. Sie beschwören das Team wie einen Geist, der angeblich durch die Organisation weht, während die tatsächliche Zusammenarbeit in fragmentierten Silos erstickt. Bla, bla blub: Sie rufen nach Innovation, meinen aber Prozessoptimierung. Sie feiern Disruption, solange sie nicht das eigene Geschäftsmodell betrifft.

---

[87]   Wie Anm. 13.

Die Führungskraft wird zur Schauspieler:in, die auf der Bühne des Kapitalismus agiert, nicht, um die Welt zu verändern, sondern um das Publikum zu unterhalten. Leadership als Poser-Pop: eine perfekte Inszenierung ohne echtes Fundament.

Die Paradoxie der Authentizität

Das Publikum verlangt Authentizität, doch Authentizität ist im Zeitalter des Spektakels eine Ware wie jede andere. Führungspersönlichkeiten werden aufgefordert, „authentisch" zu sein, was in der Praxis bedeutet, eine besonders überzeugende Rolle zu spielen. Der CEO, der in Sneakern und Hoodie auftritt, inszeniert sich als Visionär. Die Politikerin, die im Wahlkampf Selfies mit Bürger:innen macht, zeigt sich als „nahbar". Doch diese Authentizität ist eine Konstruktion, ein Paradox: Je mehr wir uns bemühen, authentisch zu wirken, desto weniger sind wir es.

Führung als Bühne

Die Bühne des Kapitalismus hat wenige, aber klare Regeln:

1. Storytelling als Machtinstrument: Führungspersönlichkeiten müssen Geschichten erzählen, die Menschen fesseln. Diese Geschichten sind keine Berichte über die Realität, sondern Narrative, die Identität und Zugehörigkeit schaffen.
2. Selbstvermarktung: Die Führungskraft wird zur Marke. Sie muss sichtbar, wiedererkennbar und konsistent sein – nicht nur als Person, sondern als Symbol.
3. Visuelle Rhetorik: Bilder sind mächtiger als Worte. Die Art und Weise, wie eine Führungskraft aussieht, spricht und handelt, ist entscheidender als die Substanz ihrer Entscheidungen.

4. Kollektive Träume: Führung im spektakulären Kapitalismus bedeutet, kollektive Träume zu verkaufen – von Fortschritt, von Innovation, von einer besseren Zukunft.

5. Emotional Engineering: Führung muss berühren – nicht überzeugen. Es geht weniger um Argumente als um Affekte. Wer nicht emotionalisiert, verliert Aufmerksamkeit – und damit Einfluss.

6. Krisennarrative als Markenstrategie: Krisen sind kein Ausnahmezustand mehr, sondern dramaturgisches Material. Gute Führung inszeniert sich als Fels in der Brandung, selbst wenn sie vorher den Sturm selbst entfacht hat.

7. Kontrollierte Intimität: Nahbarkeit wird choreografiert: persönliche Geschichten, Schwächen, Selbstzweifel – dosiert, kalkuliert, stilisiert. Der Mensch hinter der Rolle wird sichtbar, aber nur in sorgfältig ausgewählten Ausschnitten.

8. Dauerpräsenz: In der Logik des Spektakels darf Führung nie abwesend sein. Sichtbarkeit ersetzt Verfügbarkeit. Präsenz wird performativ, auch wenn sie innerlich längst erschöpft ist. Echtzeit-Reaktion statt Reflexion:

9. Führung muss sofort reagieren – auf Shitstorms, Trends, Memes. Wer zögert, verliert Deutungshoheit. Denken wird ersetzt durch Taktik, Langfristigkeit durch Reaktionsgeschwindigkeit.

10. Die Ästhetisierung des Ethischen: Moralische Haltung wird zur Stilfrage. Ob Klimaschutz, Diversität oder Purpose – entscheidend ist nicht das Handeln, sondern die Ästhetik des Bekenntnisses. Werte werden inszeniert, nicht gelebt.

Damit steht eine Zehnerregel des spektakulären Führens: eine Matrix, ein Dekalog, ein Thesenpapier für die Bühne des Jetzt. Kein Leitfaden, sondern ein Anti-Leitfaden für Führung in der Ära der Inszenierung.

Die Gefahr des Spektakels

Was aber bleibt, wenn Führung nur noch Inszenierung ist? Die Gefahr besteht darin, dass die Substanz verloren geht. Entscheidungen werden nicht mehr auf der Grundlage von Fakten oder Werten getroffen, sondern auf der Grundlage dessen, was gut aussieht. Das Publikum wird beruhigt, aber nicht informiert. Die Inszenierung wird zur Ideologie, die den Status quo schützt, anstatt ihn zu hinterfragen. Führung wird dann nicht mehr daran gemessen, was sie bewirkt, sondern daran, wie gut sie sich verkaufen lässt. Die Wahrheit wird sekundär, solange das Narrativ emotional anschlussfähig bleibt. Selbst das Scheitern wird zur Performance: Hauptsache, es hat Haltung, Kamerawinkel und einen Soundtrack. Verantwortung verwandelt sich in Reichweite. Und Charisma ersetzt Charakter. Und am Ende steht niemand mehr auf der Bühne – nur noch das Licht, das blendet.

Fazit: Führung jenseits des Spektakels

> *„Don't try gate-crashing a party full of bankers. Burn the house down!"*[88]

The Housemartins brachten es auf ihrem Debutalbum vielleicht einen Funken zu klassenkämpferisch auf den Punkt: Das Spektakel des Kapitalismus ist kein harmloses Spiel, sondern ein System, das sich selbst schützt. In Bachtins Sinn bedeutet das, den Karneval nicht für eine echte Umkehrung der Macht zu halten. Das Spektakel des Kapitalismus präsentiert sich als Umkehrung – der Boss als Außenseiter, die Politik als Unterhaltung – doch genau darin liegt seine Perfektion. Es ist keine echte Subversion, sondern eine Simulation von Subversion.

---

[88]   Und zwar auf dem Innencover: The Housemartins: *London 0 Hull 4*. Go! Discs, 1986.

Wer das durchschaut, erkennt, dass der Ausweg nicht darin liegt, sich der Show anzupassen, sondern sie zu durchbrechen. Führung im Zeitalter des Spektakels bedeutet, die Regeln des Spiels zu verstehen, ohne ihnen völlig zu erliegen. Es bedeutet, Authentizität nicht als Performance zu begreifen, sondern als radikale Ehrlichkeit. Es bedeutet, Geschichten zu erzählen, die nicht nur unterhalten, sondern aufrütteln. Und es bedeutet, die Inszenierung nicht zu leugnen, sondern sie mit Substanz zu füllen.

Die Bühne des Kapitalismus ist real, und wir alle sind Teil des Spektakels. Die Herausforderung indes besteht darin, dieses Spektakel nicht nur zu konsumieren, sondern es zu transformieren. Führung darf keine Simulation bleiben, sie muss wieder zur Realität werden.

Meine neoliberalen Freunde, ich weiß, ihr liebt das Spiel: die glänzenden Fassaden, die KPI-getriebene Erleuchtung, die Benchmark als Offenbarung. Aber was, wenn das alles nur Theater ist? Was, wenn hinter dem perfekt inszenierten CEO-Statement keine Substanz mehr steckt? Kein Risiko, kein Rückgrat. Nur Skript.

Ich stelle mir gerade vor, dass vielleicht genau darin die radikalste Form der Authentizität liegt: die Wahrheit zu sagen, selbst wenn niemand sie hören will. Auch dann, wenn sie schlecht konvertiert, keine Likes bringt und den Aktienkurs kurzfristig drückt. Vielleicht beginnt Führung dort, wo Zustimmung endet.

23/

DIE NEUE FEUDALHERRSCHAFT

Warum der Spätkapitalismus uns zurück ins Mittelalter führt

Auf den ersten Blick erscheint der Kapitalismus des 21. Jahrhunderts als der vorläufige Höhepunkt der Modernität: technologische Wunder, global vernetzte Märkte, grenzenlose Innovation. Doch dieser Glanz ist eine Fassade. Hinter der Illusion von Fortschritt und Freiheit offenbart sich ein System, das uns zurück in eine düstere, mittelalterlich anmutende Ordnung führt. Die Hierarchien sind neu arrangiert, doch ihre Logik ist dieselbe: Eine kleine Elite kontrolliert Ressourcen und Macht, während der Rest auf den Feldern der digitalen Leibeigenschaft schuften muss.[89]

---

[89] Die These eines neuen Feudalismus im Spätkapitalismus ist nicht nur eine rhetorische Zuspitzung, sondern findet sich in der aktuellen Kapitalismuskritik wieder. Cédric Durand spricht explizit von einem *Technofeudalismus,* in dem digitale Plattformen Abhängigkeitsverhältnisse schaffen, die denen des Mittelalters ähneln: Eine kleine Elite kontrolliert den Zugang zu digitalen Ressourcen, während die Mehrheit in struktureller Abhängigkeit verharrt. Die Erosion demokratischer Kontrolle durch wirtschaftliche Eliten beschreibt Wolfgang Streeck, während Shoshana Zuboff zeigt, wie sich im Überwachungskapitalismus neue Formen der Ausbeutung und Kontrolle manifestieren. David Graeber ergänzt diese Analyse durch den Vergleich spätkapitalistischer Bürokratien mit feudalen Herrschaftsstrukturen, und Jaron Lanier kritisiert die Rolle von Tech-Konzernen, die Datenökonomie als neue Form digitaler Leibeigenschaft zu etablieren.
Vgl. dazu Zuboff wie Anm. 12, ferner Wolfgang Streeck: Gekaufte Zeit. Die vertagte Krise des demokratischen Kapitalismus. Berlin: Suhrkamp, 2013; Jaron Lanier: Wem gehört die Zukunft? Hamburg: Hoffmann und Campe, 2014; David Graeber: Bürokratie. Die Utopie der Regeln. Stuttgart: Klett-Cotta, 2016; Cédric Durand: Technoféodalisme. Critique de l'économie numérique. Paris: La Découverte, 2023.

Die Rückkehr der Leibeigenen

Die Gig-Economy, oft als „flexible Arbeitswelt der Zukunft" gefeiert, ist in Wirklichkeit das digitale Äquivalent mittelalterlicher Fronarbeit. Plattformen wie *Uber, Deliveroo* oder *Mechanical Turk* bieten keine Freiheit, sondern ein Netz aus Abhängigkeiten. Die „Arbeiter" oder besser gesagt: die digitalen Leibeigenen verfügen über keinerlei soziale Absicherung, keine langfristige Sicherheit und nur minimale Möglichkeiten, ihre Situation zu verbessern. Stattdessen sind sie vollständig von den Algorithmen und den Launen der Plattformherrscher abhängig.

Wie Leibeigene, die an das Land gebunden waren, sind diese Arbeiter an die Plattformen gebunden, die ihre Arbeit „ermöglichen". Sie sind frei, in dem Sinne, dass sie theoretisch gehen können. Doch wohin? Die alternativen Felder sind nur weitere Plattformen, weitere Versionen derselben Knechtschaft.

Stadtluft macht frei? Eine Illusion. Im Mittelalter konnte ein Leibeigener nach einem Jahr und einem Tag in einer Stadt den Fesseln seines Herrn entkommen. Heute scheinen die großen Metropolen noch immer das Versprechen von Autonomie und Aufstieg zu verkörpern. Doch die Realität sieht anders aus: Stadtluft macht frei? Heute eher benommen. Feinstaub, Lärm, Datenraub – willkommen in der Metropole der schönen neuen Welt. In der digitalen Ära sind es nicht mehr die Stadtmauern, die Schutz bieten, sondern die Firewalls der Plattformen. Wer sich dem Algorithmus verweigert, wird nicht befreit, sondern unsichtbar gemacht.

Die Feudalherren der Moderne

Die neuen Feudalherren sitzen nicht in Burgen, sondern in gläsernen Bürotürmen im Silicon Valley, in Shanghai oder Berlin. Sie agieren nicht mit Schwert und Schild, sondern mit Codes und Patenten. Ihre

Macht ist total, aber unsichtbar. Sie brauchen keine physische Gewalt mehr, um ihre Untergebenen zu kontrollieren – Algorithmen, Daten und Verträge reichen aus.

Diese neuen Herrscher haben sich ein System geschaffen, in dem ihre Privilegien nicht nur geschützt, sondern auch gefeiert werden. Sie sind die Visionäre, die Innovatoren, die Retter der Menschheit. Doch hinter der glamourösen Fassade verbergen sich dieselben Mechanismen, die schon die mittelalterliche Elite prägten: Kontrolle über Ressourcen, Ausschluss der Massen von Macht und eine Ideologie, die diese Ungleichheit als „natürlich" und unvermeidlich rechtfertigt.

Die schwindende Mittelschicht

Im klassischen Feudalismus gab es keine wirkliche Mittelschicht, nur Bauern und Adel. Der Kapitalismus des 20. Jahrhunderts versprach eine andere Welt, in der Wohlstand breiter verteilt wird. Doch dieses Versprechen zerbricht vor unseren Augen. Die Mittelschicht wird immer mehr zu einer marginalisierten Gruppe, die um ihre Existenz kämpft. Bildung, Wohnraum und Gesundheit werden zu Luxusgütern, und der soziale Aufstieg, einst der Kern kapitalistischer Ideologie, wird zu einem Mythos.

Die neue Mittelschicht ist nicht mehr die stabile Basis der Gesellschaft, sondern ein prekärer Hybrid aus Schuldnern und Konsumenten. Sie ist nicht mehr Bürger, sondern Vasall, der sich sein Recht auf ein bescheidenes Leben durch endlose Arbeit und Kreditaufnahme „erkaufen" muss.

Die Ideologie der Innovation

Eine der perfidesten Entwicklungen des Spätkapitalismus ist seine Fähigkeit, sich selbst als fortschrittlich und unaufhaltsam zu inszenieren. „Innovation" ist das neue *„Credo in Deum"*, das Glaubensbekenntnis, das alle Widersprüche und Ungerechtigkeiten des Systems verschleiert. Jede neue Technologie wird gefeiert, als ob sie die Menschheit in eine goldene Zukunft führen würde. Doch wie im Feudalismus dient diese „Innovation" oft nur dazu, bestehende Machtverhältnisse zu zementieren.

Blockchain, KI, Metaverse – all diese Entwicklungen werden uns als Befreiung verkauft, doch sie schaffen oft nur neue Abhängigkeiten. Der Code ersetzt das Gesetz, der Algorithmus den Richter, und die Plattform den Markt. Statt Freiheit schaffen sie neue Formen der Unsichtbarkeit, für diejenigen, die sich dem System verweigern. Die Idee, dass Technologie uns gleichmacht, ist eine gefährliche Täuschung. Sie macht uns nur gleicher in unserer Unterwerfung: *Just my two bitcoins…*

Die Rebellion im digitalen Zeitalter

Können wir uns dieser neuen Feudalherrschaft entziehen? Im Mittelalter gab es Bauernaufstände, die versuchten, die Macht der Grundherren zu brechen. Heute sind die Möglichkeiten der Rebellion komplexer. Das System, das uns kontrolliert, ist global, dezentral und technologisch abgesichert. Widerstand erfordert daher neue Strategien:

1. Demokratisierung der Technologie: Plattformen und Algorithmen dürfen nicht in den Händen weniger Feudalherren bleiben. Sie müssen öffentlich kontrolliert und reguliert werden.

2. Kollektive Organisation: Gewerkschaften und Bewegungen müssen sich den neuen Realitäten anpassen. Der Kampf gegen digitale Ausbeutung erfordert globale Solidarität.

3. Ideologische Dekonstruktion: Wir müssen die Illusion durchbrechen, dass dieses System alternativlos ist. Es gibt immer eine Wahl, auch wenn sie uns oft verborgen bleibt.

4. Digitale Souveränität zurückgewinnen. Die Kontrolle über persönliche Daten ist der Schlüssel zur Selbstbestimmung im digitalen Feudalismus. Statt uns widerstandslos tracken und verwerten zu lassen, müssen wir offene Systeme, dezentrale Netzwerke und digitale Selbstverteidigung stärken. Wer seine Daten besitzt, besitzt einen Teil seiner Freiheit zurück.

5. Kapitalismus mit seinen eigenen Waffen schlagen: Wenn das System auf Profitmaximierung basiert, muss Widerstand profitabler werden. Kooperative Plattformen, alternative Finanzierungsmodelle und Open-Source-Technologien können profitgetriebene Monopole herausfordern. Wer den Feudalherren ihr Geschäftsmodell stiehlt, entreißt ihnen die Krone.

6. Den Algorithmus hacken – statt sich von ihm hacken zu lassen: KI und Big Data sind Werkzeuge der Macht, aber sie sind nicht neutral. Die Gegenbewegung muss sich die gleiche Technologie zunutze machen, um Kontrolle zu unterlaufen, Narrative zu stören und digitale Räume neu zu gestalten. Wer den Code versteht, schreibt seine eigenen Regeln.

7. Machtstrukturen sichtbar machen: Der digitale Feudalismus funktioniert, weil er unsichtbar bleibt. Die größte Waffe der Herrschenden ist es, ihre Kontrolle als natürlichen Zustand darzustellen. Wer die Mechanismen dahinter entlarvt – durch investigative Recherchen, Datenleaks oder kritische Analysen –, zwingt das System dazu, sich selbst zu rechtfertigen. Und genau da beginnt es zu bröckeln.

8. *Attention Economy* sabotieren: Aufmerksamkeit ist die Währung der digitalen Feudalherren. Algorithmen bestimmen, was wir sehen, was wir kaufen und wie wir denken. Wer

lernt, diese Mechanismen zu durchbrechen – durch gezielte digitale Abstinenz, alternative Netzwerke oder bewusste Unterbrechung des eigenen Konsumverhaltens –, entzieht sich der permanenten Manipulation. Wer nicht mehr nach den Regeln spielt, ist nicht mehr steuerbar.

9. Eigene Narrative etablieren: Die Feudalherren des 21. Jahrhunderts haben die Erzählungen des Fortschritts, der Innovation und der Alternativlosigkeit perfektioniert. Der Gegenangriff beginnt mit der Konstruktion neuer Zukunftsvisionen. *Degrowth*, Postkapitalismus, digitale Genossenschaften: wer neue Geschichten erzählt, verschiebt den Horizont des Möglichen.

10. Schatten-Infrastrukturen aufbauen: Jedes zentralisierte System ist verletzlich. *Peer-to-Peer*-Netzwerke, *Mesh*-Netze und dezentrale autonome Organisationen *(DAOs)* bieten die Möglichkeit, parallele Strukturen zu etablieren, die sich dem Zugriff der Feudalherren entziehen. Je mehr Menschen alternative Systeme nutzen, desto obsoleter wird die alte Ordnung. Wer aus dem System aussteigt, zerstört es nicht, sondern er baut die Zukunft.

Fazit: Vom digitalen Feudalismus zur digitalen Renaissance?

Der Spätkapitalismus hat es geschafft, sich selbst als alternativlos zu inszenieren. Fortschritt, Freiheit, Innovation – all diese Versprechen sind zu Mantras geworden, die ein System kaschieren, das uns zunehmend entrechtet. Doch wer genauer hinsieht, erkennt in der modernen Welt die Muster vergangener Herrschaftsverhältnisse. Die neuen Feudalherren regieren mit Algorithmen statt mit Schwertern, und ihre Vasallen zahlen nicht mit Abgaben, sondern mit Daten und ständiger Verfügbarkeit.

Doch Geschichte ist kein Schicksal. Kein Feudalsystem blieb ewig bestehen, und auch der digitale Feudalismus kann hinterfragt, herausgefordert und überwunden werden. Der entscheidende Kampf ist nicht technologischer, sondern gesellschaftlicher Natur. Die Frage ist nicht, wie effizient das System wird, sondern wer es gestaltet; und zu wessen Gunsten.

Die Wahl ist klar: Akzeptieren wir die neue Knechtschaft, in der Macht unsichtbar, Kontrolle allgegenwärtig und Widerstand individualisiert bleibt? Oder schaffen wir eine digitale Renaissance, in der Technologie nicht der Ausbeutung, sondern der Emanzipation dient?

Die Feudalherren des Mittelalters hielten ihre Macht für gottgegeben. Die Feudalherren des digitalen Zeitalters halten ihre für naturgegeben.

Beide irren sich.

Wer sich der Logik der Alternativlosigkeit verweigert, beginnt, sie zu verändern.

24/

DIE ÖKONOMIE DER ANGST

Wie Unsicherheit zur profitabelsten Ware des 21. Jahrhunderts wurde

Angst ist kein flüchtiger Zustand mehr, sondern eine Ressource; nein, eine Ware. In der Ökonomie des 21. Jahrhunderts ist Unsicherheit zum Rohstoff geworden, aus dem Märkte gemacht werden. Sei es die Klimakrise, die digitale Überwachung oder die nächste Pandemie: Angst ist nicht länger ein Problem, das gelöst werden muss. Sie ist ein Geschäftsmodell. Willkommen in der Ära der Angstindustrie.[90]

---

[90] Die These, dass Angst im 21. Jahrhundert nicht nur ein soziales Phänomen, sondern eine systematisch genutzte Ware ist, findet sich in zahlreichen Analysen wieder. Ulrich Beck beschreibt in seiner Risikogesellschaft, wie moderne Gesellschaften Unsicherheit nicht mehr überwinden, sondern institutionalisieren. Frank Furedi argumentiert, dass Angst gezielt kultiviert wird, um Kontrolle und Lenkbarkeit zu verstärken. Byung-Chul Han sieht darin eine psychopolitische Strategie des Neoliberalismus, während Shoshana Zuboff zeigt, wie digitale Überwachung Unsicherheiten erzeugt, um sie anschließend wirtschaftlich auszuschlachten. Joseph Stiglitz und Douglas Rushkoff verdeutlichen, dass wirtschaftliche Eliten aktiv von der Angstökonomie profitieren und damit die Spaltung der Gesellschaft weiter vorantreiben.
Vgl. dazu Beck wie Anm. 28, Han wie in Anm. 74 und Zuboff wie Anm. 12; ferner Frank Furedi: How Fear Works. Culture of Fear in the Twenty-First Century. London: Bloomsbury, 2018; Joseph E. Stiglitz: The Price of Inequality. New York: Norton & Company, 2012; Douglas Rushkoff: Survival of the Richest. Escape Fantasies of the Tech Billionaires. New York: Norton & Company, 2022.

Die Angst als Kapital

Die grundlegende Logik ist einfach: Angst verkauft. Kennen wir von Sex. Doch anders als Sex verspricht Angst keine Lust, sondern Kontrolle. Sie treibt uns in die Arme von Versicherungen, die uns Schutz vor der unberechenbaren Zukunft versprechen. Sie lässt uns Gadgets kaufen, die unsere Sicherheit „verbessern" sollen – von Überwachungskameras bis zu *Tracking-Apps*. Sie füttert Medien, die von Klicks und Einschaltquoten leben, indem sie die nächste Krise unaufhörlich in die Schlagzeilen pumpen. Angst erzeugt Nachfrage, und Nachfrage generiert Profit.

Doch Angst ist mehr als nur ein wirtschaftlicher Faktor. Sie ist ein gesellschaftliches Steuerungsinstrument. Die Verunsicherung wird nicht nur monetarisiert, sondern bewusst kultiviert. Wir sind nicht nur Konsumenten dieser Ware, sondern auch ihre Produzenten: Unsere Klicks, unser Verhalten, unsere Daten füttern ein System, das auf der Zirkulation von Angst basiert. Während Sex als Versprechen verkauft wird – als Belohnung, als Befreiung, als Ekstase – ist Angst das Gegenteil: eine Drohung, eine Mahnung, eine Fessel. Sie hält uns in Bewegung, aber immer in dieselbe Richtung – weg von der Gefahr, hinein in die Arme jener, die vorgeben, uns zu schützen.

Die Klimakrise als Paradebeispiel

Nehmen wir die Klimakrise. Sie ist zweifellos real und eine existenzielle Bedrohung. Aber sie wird auch zum perfekten Beispiel dafür, wie Unsicherheit in wirtschaftliches Kapital verwandelt wird. Unternehmen verkaufen uns „grüne" Lösungen, die oft mehr Marketing als Substanz sind. Technologieversprechen wie Geoengineering bieten futuristische Visionen, die mehr Beruhigung als echte Lösungen bieten. Und Politiker nutzen die Angst vor einer apokalyptischen Zukunft, um neue Kontrollmechanismen und Märkte zu schaffen.

Die Klimakrise wird somit nicht gelöst, sondern perpetuiert. Denn eine gelöste Krise ist kein Markt mehr. Sie ist eine Ressource, die sich nicht erschöpfen darf, weil sie zu wertvoll ist: nicht nur ökonomisch, sondern auch ideologisch. Die Angst vor der Klimakatastrophe hält uns in einem Zustand der Passivität, in dem wir konsumieren, statt zu handeln.

Die Angst als Kontrollinstrument

Die Ökonomie der Angst ist mehr als nur ein Marktmechanismus. Sie ist ein Werkzeug der Macht. Angst schränkt unsere Handlungsfähigkeit ein. Sie macht uns manipulierbar. Sie gibt jenen, die sie zu steuern wissen, eine unvergleichliche Kontrolle. Tech-Unternehmen sind Meister darin, uns zu überwachen, indem sie Sicherheitsbedenken ausnutzen. Regierungen rechtfertigen Überwachung und Einschränkungen mit der Notwendigkeit, uns vor äußeren und inneren Bedrohungen zu schützen.

Das Paradoxe daran ist, dass wir uns freiwillig in diese Dynamik einfügen. Wir kaufen die Produkte, abonnieren die Dienstleistungen und stimmen den Maßnahmen zu, die uns vor der Angst schützen sollen – und reproduzieren dabei genau die Mechanismen, die uns ängstlich machen. Die Ökonomie der Angst ist ein perfekter Kreislauf, in dem Opfer und Täter ununterscheidbar werden.

Angst als Ideologie

Doch Angst ist nicht nur ein Geschäft, sondern auch eine Ideologie. Sie prägt unsere Wahrnehmung der Welt. Sie verwandelt uns in isolierte Individuen, die sich primär um ihre eigene Sicherheit sorgen. Solidarität wird durch Misstrauen ersetzt, Gemeinschaft durch Wettbewerb. Die Angstindustrie stärkt nicht nur die Märkte, sondern zementiert auch die Logik des Spätkapitalismus: Jeder ist für sich selbst verantwortlich. Die Welt wird als gefährlicher Ort dargestellt, in dem Sicherheit ein Luxus ist, den man sich verdienen oder kaufen muss.

Hier zeigt sich besonders deutlich, was international als *„German Angst"* bekannt ist: eine spezifische, tief verwurzelte Form kollektiver Unsicherheit, die weit über rationale Vorsicht hinausgeht. Während andere Gesellschaften Unsicherheit als unvermeidlichen Teil des Fortschritts akzeptieren, dominiert in Deutschland ein kulturell verankertes Sicherheitsbedürfnis, das oft in lähmender Risikoaversion endet. Die *„German Angst"* ist nicht nur ein psychologisches Phänomen, sondern eine strukturelle Realität, die Politik, Wirtschaft und Innovation gleichermaßen prägt. Sie speist sich aus historischen Traumata, wird durch Medien verstärkt und dient als Katalysator für eine permanente Krisenmentalität, die Angst nicht als vorübergehende Bedrohung, sondern als Normalzustand betrachtet.

In einer Welt, in der Unsicherheit zum Geschäftsmodell geworden ist, ist *„German Angst"* die perfekte Währung: ein unerschöpflicher Rohstoff, der ständig nach neuen Bedrohungsszenarien verlangt. Sie ist der Motor der Angstindustrie, ein kultureller Verstärker der Verunsicherung und ein idealer Resonanzraum für eine Wirtschaft, die von Angst lebt.

Der Weg aus der Spirale

Doch wie können wir diesem System entkommen? Die Antwort liegt nicht in einer simplen Ablehnung der Angst, sondern in ihrer Entzauberung. Angst ist kein Naturgesetz, sondern eine Konstruktion. Und Konstruktionen lassen sich dekonstruieren. Es beginnt mit der Fähigkeit, die Mechanismen zu durchschauen, die Angst in Profit verwandeln. Wer von der Angst profitiert, hat kein Interesse an ihrer

Auflösung. Wer sie als Steuerungsinstrument einsetzt, braucht eine Gesellschaft, die sich lenken lässt.

Der erste Schritt aus der Spirale besteht darin, den Kreislauf der Angstdynamik bewusst zu unterbrechen. Das bedeutet, sich nicht reflexartig in die Logik der Angst hineinziehen zu lassen, weder durch Medienhysterien noch durch Konsumversprechen, die Sicherheit vorgaukeln, während sie neue Abhängigkeiten schaffen. Es bedeutet, nicht jedem neuen „Sicherheitsangebot" zu vertrauen, sondern nach den wahren Interessen dahinter zu fragen.

Der zweite Schritt ist die Stärkung kollektiver Resilienz. Angst vereinzelt und isoliert, weil sie uns lehrt, nur für uns selbst zu kämpfen. Doch kollektives Handeln entzieht der Angst ihre wirtschaftliche und politische Macht. In einer Gesellschaft, die auf Solidarität basiert, ist Angst ein weniger effektives Instrument der Kontrolle.

Der dritte Schritt ist die bewusste Akzeptanz von Unsicherheit. Wer Angst als permanente Bedrohung betrachtet, wird manipulierbar. Wer Unsicherheit hingegen als Teil des Lebens akzeptiert, lässt sich nicht so leicht in Panik versetzen. Das bedeutet nicht, Gefahren zu ignorieren, sondern sie rational einzuordnen. Eine Gesellschaft, die sich von Angst leiten lässt, wird von denen beherrscht, die sie schüren. Eine Gesellschaft, die Unsicherheit aushält, wird nicht so leicht beherrscht.

Der vierte Schritt ist Transparenz und Aufklärung. Angst gedeiht besonders dort, wo Informationen fehlen oder bewusst zurückgehalten werden. Transparenz zerstört das Monopol der Angstindustrie auf die Interpretation von Krisen. Eine informierte Gesellschaft erkennt nicht nur die realen Gefahren besser, sondern auch deren gezielte Überzeichnung. Aufklärung ist deshalb kein Luxus, sondern die zentrale Voraussetzung, um Manipulation durch Angst offenzulegen.

Der fünfte Schritt ist die Wiederaneignung des Zukunftsdiskurses. Solange Angst unseren Blick auf die Zukunft bestimmt, bleibt sie kontrollierbar. Erst wenn wir wieder positive, selbstbestimmte Zukunftsentwürfe entwickeln, verlieren Angst-Szenarien ihre Macht. Das bedeutet, eine eigene Vision jenseits der Angstindustrie zu formulieren: eine, die uns zu Akteuren macht, statt uns in passiver Erwartung kommender Katastrophen gefangen zu halten.

Fazit: Angst als Währung des Spätkapitalismus

Die Ökonomie der Angst ist das perfekte Spiegelbild unserer Zeit. Sie zeigt, wie ein System funktioniert, das nicht nur von unseren Bedürfnissen, sondern auch von unseren Ängsten lebt. Doch Angst ist keine unvermeidliche Konstante. Sie ist eine Ressource, die uns abverlangt wird, aber die wir verweigern können.

Nicht die Angst selbst ist das Problem, sondern ihr Preis. Solange sie als wirtschaftliches und politisches Kapital gehandelt wird, bleibt sie das perfekte Steuerungsinstrument. Doch ein Markt existiert nur, wenn es Käufer gibt. Wer sich weigert, Unsicherheit als Ware zu akzeptieren, entzieht dem System seine Grundlage.

Freiheit bedeutet demnach nicht, ohne Angst zu leben, sondern sich ihr nicht ausliefern zu lassen.

25/

FÜHRUNG IN DER KLIMAKRISE

Wie globale Herausforderungen wie der Klimawandel neue ethische Standards für Leadership setzen

Die Klimakrise ist ein disruptiver Einschnitt, der nicht nur Ökonomien und Gesellschaften erschüttert, sondern auch das Konzept von Führung neu definiert. Damit ist sie kein gewöhnliches Problem. Führungskräfte stehen nicht mehr nur vor unternehmerischen oder politischen Entscheidungen. Ihre Rolle reicht weit über die eigene Organisation hinaus. Angesichts steigender Temperaturen, ökologischer Kipppunkte und sozialer Ungleichheiten bedeutet Führung nicht länger nur, Strategien zu entwickeln. Sie erfordert Haltung, den Mut, den Status quo zu hinterfragen, und die Bereitschaft, Konsequenzen zu tragen.[91]

---

[91] Die Klimakrise ist nicht nur eine ökologische Herausforderung, sondern eine grundlegende ethische und wirtschaftliche Prüfung von Führung. Naomi Klein argumentiert, dass Klimaschutz nicht ohne eine tiefgreifende Transformation des Kapitalismus funktionieren kann. Bruno Latour fordert eine neue politische Perspektive, die den Planeten als Akteur anerkennt. Tim Jackson und Kate Raworth zeigen, dass nachhaltige Führung nur möglich ist, wenn wirtschaftliches Wachstum nicht länger als Dogma gilt. John Elkington und Paul Hawken präsentieren Modelle für regenerative Wirtschaftssysteme, während Mark Carney die Rolle von Finanzmärkten in der Transformation untersucht. Andreas Malm schließlich geht noch weiter und stellt die Frage, ob symbolische Maßnahmen ausreichen oder radikalere Veränderungen notwendig sind.
Vgl. dazu Raworth wie Anm. 69, Klein wie Anm. 13, ferner Bruno Latour: Das terrestrische Manifest. Berlin: Suhrkamp, 2018; Tim Jackson: Wohlstand ohne Wachstum. Grundlagen für eine zukunftsfähige Wirtschaft. München: Oekom, 2011; John Elkington: Green Swans. The Coming Boom in Regenerative Capitalism. New York: Fast Company Press, 2020; Paul Hawken: Drawdown. The Most Comprehensive Plan Ever Proposed to Reverse Global Warming. New

Die Klimakrise als moralischer Prüfstein

Der Klimawandel ist ferner auch kein rein technisches oder wissenschaftliches Problem. Er ist ein ethisches Dilemma, das unsere Werte, unsere Prioritäten und unser Verständnis von Verantwortung auf die Probe stellt. Die Klimakrise ist die ultimative Konfrontation mit der Realität: Wir können uns nicht länger vormachen, dass unser Handeln folgenlos bleibt.

In der Klimakrise heißt Führung: nicht nur reagieren, sondern die Wurzeln des Problems benennen und bekämpfen. Und genau das ist unbequem, weil es den Profit von heute gegen das Überleben von morgen stellt. Es verlangt, gegen gewohnte Pfade zu steuern, anstatt sie zu optimieren. Führung wird hier zur Frage des Mutes: Wer wagt es, Prinzipien über Profit zu stellen? Wer akzeptiert, dass die Lösung nicht in kleinen Korrekturen, sondern in einer fundamentalen Transformation liegt?

Neue ethische Standards für Leadership

Die Klimakrise verändert das Verständnis von Leadership radikal. Es geht nicht mehr nur um wirtschaftlichen Erfolg oder Wettbewerbsfähigkeit, sondern um Verantwortung für eine nachhaltige Zukunft. Daraus ergeben sich neue ethische Prinzipien:

1. Langfristiges Denken: Entscheidungen müssen sich an den Interessen kommender Generationen orientieren, nicht an Quartalszahlen. Wer nur auf kurzfristige Gewinne schaut, verliert langfristig die Grundlage für Stabilität und Vertrauen.

York: Penguin, 2017; Andreas Malm: How to Blow Up a Pipeline. Learning to Fight in a World on Fire. London: Verso, 2021; Mark Carney: Value(s). Building a Better World for All. New York: PublicAffairs, 2021.

2. Globale Verantwortung: Die Klimakrise kennt keine Grenzen. Führung bedeutet, über nationale und unternehmerische Interessen hinaus zu denken. Wer Verantwortung ernst nimmt, darf sich nicht hinter Standortlogik oder Wettbewerbsvorteilen verstecken.

3. Transparenz: Menschen haben ein Recht darauf zu wissen, welche Maßnahmen ergriffen werden – und welche nicht. Greenwashing zerstört Vertrauen, während ehrliche Kommunikation auch unangenehme Wahrheiten aushält.

4. Ethik vor Profit: Wirtschaftlichkeit darf nicht das letzte Wort haben. Wo moralische Verantwortung mit kurzfristigen Marktlogiken kollidiert, muss Führung Position beziehen. Unternehmen und Organisationen dürfen nicht nur dann nachhaltig handeln, wenn es sich finanziell auszahlt.

5. Verpflichtung zur Suffizienz: Effizienz und Innovation reichen nicht aus. Führung bedeutet auch, den Mut zu haben, über Verzicht nachzudenken. Nicht jede Technologie rettet uns, nicht jedes Wachstum ist nachhaltig. Manchmal ist die beste Entscheidung, weniger zu tun, statt mehr.

6. Partizipative Prozesse: Klimagerechte Führung kann nicht allein in Vorstandsetagen oder politischen Gremien entschieden werden. Betroffene müssen eingebunden, Perspektiven diversifiziert und Entscheidungsprozesse demokratisiert werden.

7. Widerstand gegen destruktive Strukturen: Führung bedeutet nicht, sich den vermeintlichen Zwängen des Systems zu beugen, sondern dieses aktiv zu hinterfragen. Wer die Klimakrise ernst nimmt, darf nicht nur innerhalb bestehender Strukturen agieren, sondern muss sich trauen, diese zu verändern.

8. Wissenschaftsbasierte Entscheidungsfindung: Fakten sind keine Meinungssache. Führung muss sich an den Erkenntnissen der Klimaforschung orientieren und darf sich nicht von Lobbyismus oder populistischen Stimmungen treiben lassen.

9. Rechenschaftspflicht: Nachhaltige Führung bedeutet, sich nicht nur für Erfolge feiern zu lassen, sondern auch für Fehlentscheidungen einzustehen. Ohne echte Verantwortung bleibt Klimaschutz ein leeres Versprechen.
10. Ökologische Resilienz als Priorität: Führung darf nicht nur auf Vermeidung von Emissionen oder CO_2-Kompensation setzen, sondern muss die gesamte Widerstandsfähigkeit von Ökosystemen mitdenken. Nachhaltigkeit bedeutet nicht nur, weniger zu zerstören, sondern aktiv Lebensräume und Ressourcen zu schützen.

Führung in der Klimakrise ist somit kein reines Managementproblem, sondern eine ethische Frage. Sie erfordert nicht nur strukturelle Veränderungen in Unternehmen und Politik, sondern auch eine neue Haltung – eine, die Verantwortung nicht delegiert, sondern trägt.

Die Grenzen des Greenwashings

Ein zentrales Problem in der Klimadebatte ist das Phänomen des Greenwashings: der Versuch, sich durch Marketing als klimafreundlich zu inszenieren, ohne substanzielle Veränderungen vorzunehmen. Greenwashing ist nicht einfach nur Täuschung. Es ist ein Symptom eines Systems, das moralische Werte in wirtschaftliche *Assets* umwandelt.

Führung in der Klimakrise muss über Greenwashing hinausgehen. Es reicht nicht, Nachhaltigkeit als Wertekatalog zu predigen. Sie muss strukturell umgesetzt werden. Das bedeutet: Kein Klimaneutralitätsversprechen ohne konsequente Maßnahmen. Keine ESG-Richtlinien, die sich auf symbolische Effekte beschränken. Die Zeit der Kosmetik ist vorbei.

Klimakrise als Chance für transformative Führung

Die Klimakrise ist nicht nur eine Bedrohung, sie ist eine Gelegenheit, Leadership neu zu denken. Sie verlangt eine Führung, die nicht nur verwaltet, sondern gestaltet. Transformative Führung in der Klimakrise bedeutet:

1. Systemische Umgestaltung statt Symptombekämpfung: Führung darf sich nicht in oberflächlichen Maßnahmen verlieren, sondern muss tief in bestehende Strukturen eingreifen. Nicht die Klimaanlage effizienter machen, sondern das ganze Gebäude hinterfragen. Nicht nachhaltigere Produkte verkaufen, sondern Konsumlogiken neu denken.

2. Moralische Disruption als Führungsprinzip: Echte Veränderung erfordert es, Tabus zu brechen. Wer die Klimakrise ernst nimmt, muss bestehende Dogmen hinterfragen: Warum gilt Wirtschaftswachstum immer noch als unverhandelbares Ziel? Warum sind Emissionsreduktionen eine Option und keine Pflicht?

3. Ökosystemisches Denken verankern: Führung muss sich von linearem Management verabschieden und in Netzwerken denken. Jede Entscheidung hat nicht nur interne, sondern planetare Konsequenzen. Die Perspektive muss sich von rein ökonomischen Kennzahlen hin zu ökologischer Tragfähigkeit verschieben.

4. Führung durch radikale Ehrlichkeit: Die Klimakrise duldet keine Halbwahrheiten. Führung bedeutet, unangenehme Wahrheiten auszusprechen, auch wenn sie unbequem sind. Keine Fake-Szenarien von „grünem Wachstum" propagieren, wenn die Mathematik dagegen spricht. Keine CO_2-Kompensation als Heilsversprechen verkaufen, wenn der eigentliche Verzicht verweigert wird.

5. Macht neu definieren: Führung in der Klimakrise heißt, sich bewusst zu machen, dass wahre Macht in der Fähigkeit liegt, zu dezentralisieren. Verantwortung kann nicht mehr allein

von Eliten getragen werden. Die Lösung liegt in kollektiver Führung, in Beteiligung und in einer Kultur des Ermöglichens.

6. Risikobereitschaft kultivieren: Wer auf echte Transformation setzt, muss Unsicherheit aushalten. Führung bedeutet, voranzugehen, auch wenn noch nicht alle Antworten klar sind. Wer auf die perfekte Lösung wartet, verliert Zeit – und die Klimakrise ist eine Krise der Zeit.

7. Postkapitalistische Perspektiven entwickeln: Wenn der Markt in seiner heutigen Form nicht in der Lage ist, die Krise zu lösen, dann muss Führung auch über Alternativen nachdenken. Das bedeutet, sich mit neuen Wirtschaftsmodellen zu beschäftigen, die nicht mehr auf endloser Ressourcenausbeutung basieren, sondern auf regenerativen Prinzipien.

8. Narrative der Zukunft entwerfen: Angst allein erzeugt keine Veränderung. Führung muss eine inspirierende Vision für eine nachhaltige Zukunft schaffen, die nicht nur Verzicht bedeutet, sondern auch neue Möglichkeiten eröffnet. Ein Leben mit weniger Überfluss, aber mehr Sinn. Eine Gesellschaft, die nicht nur repariert, sondern regeneriert.

9. Handeln mit Unvollkommenheit akzeptieren: Perfektion ist der Feind des Fortschritts. Führung in der Klimakrise heißt, nicht auf die perfekte Lösung zu warten, sondern im besten Wissen und Gewissen den nächsten Schritt zu tun – und aus Fehlern zu lernen.

10. Ethik als kompromisslose Grundlage: Transformative Führung bedeutet, Klimaschutz nicht als Verhandlungsmasse zu betrachten. Die Zukunft ist kein Business Case. Sie ist keine Variable in einer Kosten-Nutzen-Rechnung. Sie ist das Fundament jeder Entscheidung, die getroffen wird.

Die Klimakrise ist der ultimative Test für Führung. Sie entlarvt, wer bereit ist, über Worthülsen hinauszugehen, und wer nur leere Versprechen abgibt. Wer an diesem Punkt steht, hat zwei Optionen:

weiter optimieren oder radikal transformieren. Die Zeit für Optimierung ist vorbei. Führung bedeutet jetzt, mit Weitsicht, Konsequenz und Charisma die Strukturen zu verändern, die uns hierhergeführt haben. Nicht nur reagieren, sondern definieren. Nicht nur anpassen, sondern erschaffen.

Fazit: Leadership für eine nachhaltige Zukunft

Führung in der Klimakrise ist keine Frage von *Compliance,* sondern von Haltung. Während einige um neue ethische Standards ringen, haben andere längst Wege gefunden, Nachhaltigkeit in ein System der Berechnung zu verwandeln. Die Klimakrise ist nicht nur eine ökologische Herausforderung, sondern ein Spiegel, der zeigt, welche Art von Führung wir tatsächlich haben – und welche wir brauchen.

Regulierungen wie die *Corporate Sustainability Reporting Directive (CSRD)* und die *European Sustainability Reporting Standards (ESRS)* sollen Unternehmen zu mehr Transparenz verpflichten. Doch Transparenz allein bedeutet noch keine Verantwortung. Es ist ein feiner, aber entscheidender Unterschied, ob Nachhaltigkeit als moralischer Imperativ oder als bilanzieller Vermögenswert verstanden wird.

Hier setzt der Klimakapitalismus an. Was als existenzielle Bedrohung begann, ist längst ein Markt geworden. CO_2-Zertifikate, ESG-Investments, grüne Fonds – Nachhaltigkeit ist profitabel, solange sie nicht weh tut. Doch wahre Führung in der Klimakrise misst sich nicht an cleveren Bilanzierungsmechanismen, sondern an der Bereitschaft, unbequeme Entscheidungen zu treffen.

Führung bedeutet nicht, sich neue Labels zuzulegen, sondern bestehende Strukturen zu verändern. Sie verlangt, Wirtschaft neu zu denken, statt das alte System mit neuen Farben zu bemalen. Sie fordert Ehrlichkeit, wo bislang Narrative dominieren. Und sie verlangt die Bereitschaft, nicht nur nachhaltiger zu wirtschaften, sondern das Wirtschaften selbst zur Disposition zu stellen.

Die Klimakrise ist der ultimative Prüfstein für Leadership. Wer nur reagiert, verliert. Wer nur optimiert, bleibt Teil des Problems. Die wahren Führungspersönlichkeiten dieser Epoche sind nicht jene, die grüne Marketingstrategien perfektionieren, sondern jene, die den Mut haben, das Unmögliche zu denken und es in die Realität zu überführen. Nicht nur kompensieren. Nicht nur verwalten. Sondern erschaffen.

26/

KLIMAKAPITALISMUS

Wie Nachhaltigkeit zur nächsten Waffe des Neoliberalismus wurde

Die Klimakrise war einst eine Warnung. Heute ist sie ein Geschäftsmodell. Nachhaltigkeit, ursprünglich ein moralischer Imperativ, wurde in eine ökonomische Ressource verwandelt. CO_2-Zertifikate, ESG-Ratings, grüne Finanzprodukte – der Kapitalismus hat die Klimakrise nicht nur absorbiert, sondern sie zu seiner mächtigsten Waffe gemacht.

Doch was bedeutet es, wenn die Rettung des blauen Planeten zur Ware wird? Wenn Nachhaltigkeit nicht mehr Ethik bedeutet, sondern ein Anlageportfolio? Das Paradoxon des Klimakapitalismus zeigt: Die gleichen Marktmechanismen, die die Krise hervorgebracht haben, werden nun als Lösung vermarktet.[92]

---

92   Der Klimakapitalismus zeigt, dass Nachhaltigkeit längst nicht mehr nur eine ethische oder ökologische Frage ist, sondern zum Treibstoff neuer Marktmechanismen geworden ist. Naomi Klein beschreibt, wie der Kapitalismus jede Krise absorbiert und als Profitquelle umwandelt. Andreas Malm zeigt, dass fossile Energien und Kapitalismus historisch untrennbar verbunden sind, während Jason W. Moore erklärt, wie sich der Kapitalismus immer wieder an ökologische Krisen anpasst, ohne seine zerstörerische Logik zu verändern. John Bellamy Foster sowie Ulrich Brand und Markus Wissen argumentieren, dass echtes nachhaltiges Wirtschaften im Widerspruch zur kapitalistischen Wachstumslogik steht. Cory Morningstar kritisiert, dass selbst Klimabewegungen und Umweltaktivismus zunehmend von wirtschaftlichen Interessen geformt werden.
Vgl. dazu Raworth wie Anm. 69, Klein wie Anm. 13, ferner Andreas Malm: Fossil Capital. The Rise of Steam Power and the Roots of Global Warming. London: Verso, 2016; Jason W. Moore: Capitalism in the Web of Life. Ecology and the

Der Markt als Retter?

Der Klimakapitalismus folgt einer einfachen Logik: Innovation entsteht durch Wettbewerb, also soll der Markt die Lösung bringen. Doch diese Logik ist brandgefährlich, weil sie ignoriert, dass Märkte nicht moralisch sind. Sie kennen nur Angebot und Nachfrage, egal, ob es um Lebensmittel, Immobilien oder den Planeten geht.

CO_2-Zertifikate sind das perfekte Beispiel: Sie sollten Emissionen begrenzen; in Wahrheit haben sie einen Spekulationsmarkt geschaffen. Unternehmen handeln ihre Verschmutzungsrechte wie Wertpapiere. Der blaue Planet wird nicht gerettet. Er wird in Teile zerlegt und verkauft.

Manchmal wirkt der Klimakapitalismus wie ein globaler Morgenthau-Plan – nur in umgekehrter Richtung. Nicht: Industrie zurückbauen, um Frieden zu sichern. Sondern: Klima zerstören, um Wachstum zu sichern. CO_2-Zertifikate sind dann keine Rettung, sondern Reorganisationsinstrumente: Der Planet wird nicht bewahrt, er wird restrukturiert. In handelbare Einheiten zerlegt, katalogisiert, monetarisiert – bis nichts mehr bleibt außer dem Markt selbst.

Die Illusion der „nachhaltigen" Wirtschaft

Ein weiteres Versprechen des Klimakapitalismus ist die sogenannte „grüne Wirtschaft". Unternehmen und Regierungen behaupten, dass Nachhaltigkeit und Profit keine Gegensätze seien, dass wir den Planeten retten können, ohne auf Wachstum zu verzichten. Doch diese

---

Accumulation of Capital. London: Verso, 2015; John Bellamy Foster: The Ecological Rift. Capitalism's War on the Earth. New York: Monthly Review Press, 2010; Cory Morningstar: The Manufacturing of Greta Thunberg – for Consent. Self-Published, 2019; Mark Blyth: Austerity. The History of a Dangerous Idea. New York: Oxford University Press, 2013; Ulrich Brand und Markus Wissen: Imperiale Lebensweise. Zur Ausbeutung von Mensch und Natur in Zeiten des globalen Kapitalismus. Münster: Oekom, 2017.

Illusion kollidiert mit den physikalischen Realitäten: Unendliches Wachstum auf einem endlichen Planeten ist schlechterdings unmöglich.

Der Begriff „nachhaltiges Wachstum" ist ein Oxymoron, eine rhetorische Umarmung von Gegensätzen. Er dient nicht der Lösung der Klimakrise, sondern ihrer Stabilisierung im Rahmen bestehender Machtverhältnisse. Nachhaltigkeit wird instrumentalisiert, um die Legitimität des Kapitalismus zu stärken, während die zugrunde liegenden Probleme unverändert bleiben. Nachhaltigkeit wird zur neuen Wachstumsstrategie – und damit zum Gegenteil dessen, was sie eigentlich sein sollte.

Greenwashing als Systemprinzip

Die Illusion des nachhaltigen Konsums ist ein zentraler Pfeiler des Klimakapitalismus. Die Idee, dass jede Konsumentscheidung zur Rettung des Planeten beiträgt, ist nicht nur falsch, sie ist ideologisch gewollt. Sie lenkt ab von der Frage, wer wirklich für die Klimakrise verantwortlich ist.

Unternehmen nutzen Greenwashing nicht nur zur Imagepflege, sondern als strategisches Werkzeug: Es ermöglicht ihnen, sich klimafreundlich zu positionieren, ohne ihre Geschäftsmodelle grundlegend zu verändern. Es ist nicht zufällig, dass Konzerne, die jahrzehntelang von fossilen Energien profitierten, sich nun als Vorreiter der Nachhaltigkeit inszenieren. Die Transformation bleibt oberflächlich; das System aber bleibt unangetastet.

Die Machtstrukturen des grünen Kapitalismus

Die Klimakrise hat eine neue Klasse von Akteuren hervorgebracht: die grünen Kapitalisten. Von Tech-Milliardären, die in „klimafreundliche" Start-ups investieren, bis hin zu Fondsmanagern, die nachhaltige Anlagen vermarkten: diese Akteure präsentieren sich als Retter der Menschheit.

Doch in Wirklichkeit sind sie nichts anderes als die neuen Feudalherren einer ökologischen Wirtschaft. Die Machtverhältnisse, die sie etablieren, sind nicht weniger hierarchisch als die des fossilen Kapitalismus. Die Kontrolle über grüne Technologien, erneuerbare Energiequellen und CO_2-Märkte ist in den Händen weniger globaler Eliten konzentriert. Der Klimakapitalismus reproduziert damit die Ungleichheiten, die er angeblich bekämpfen will.

Eine neue Perspektive: Klimagerechtigkeit

Der Weg aus dem Paradoxon des Klimakapitalismus liegt nicht in mehr Märkten, sondern in mehr Gerechtigkeit.

Klimagerechtigkeit bedeutet, die Verantwortung für die Krise neu zu verteilen: nicht auf Individuen, sondern auf die Unternehmen und Staaten, die seit Jahrzehnten die Hauptverursacher sind. Es bedeutet, die Machtstrukturen des grünen Kapitalismus zu dezentralisieren und den Fokus von Profitmaximierung auf planetarisches Wohlergehen zu verlagern.

Was stattdessen nötig wäre:

1. Regulation statt Marktlogik: Anstatt CO_2-Emissionen zu handeln, sollten sie gesetzlich begrenzt werden. Keine Spekulation, keine Ausnahmen.
2. Globale Umverteilung: Die Länder und Gemeinschaften, die am meisten unter der Klimakrise leiden, sind oft die ärmsten.

Klimagerechtigkeit erfordert eine Umverteilung von Ressourcen und Technologien.

3. Dekonstruktion der Wachstumslogik: Nachhaltigkeit ist nicht kompatibel mit unendlichem Wachstum. Wir müssen eine Wirtschaft entwickeln, die auf Suffizienz und Resilienz basiert.

Fazit: Nachhaltigkeit als Kampfbegriff

Der Klimakapitalismus zeigt, wie flexibel und anpassungsfähig das kapitalistische System ist. Er absorbiert jede Krise, jede Herausforderung und verwandelt sie in eine Gelegenheit zur Profitmaximierung. Doch genau diese Flexibilität ist auch seine Schwäche: Sie enthüllt die Widersprüche, die das System langfristig destabilisieren könnten.

Nachhaltigkeit darf kein Produkt sein, das wir konsumieren. Sie muss ein politischer Kampfbegriff sein, ein Mittel zur Transformation der Gesellschaft.

Nur so verhindern wir, dass die Rettung des Planeten zur Rettung eines Systems wird, das uns an den Rand des Abgrunds geführt hat.

Andernfalls endet die Geschichte nicht mit dem Green New Deal, sondern mit einem digitalen Morgenthau-Plan fürs Anthropozän: ordentlich verwaltet, präzise bilanziert und moralisch abgesichert. Nur ohne Erde.

Pressenotiz aus der Zukunft (Jahr 2069)

Pressemitteilung | Earth Governance Alliance (EGA) | ESG-Kommunikationsstelle

PLANET ERFOLGREICH RESTRUKTURIERT – NACHHALTIG-KEITSZIELE FORMAL ERREICHT

Die Erde wurde gestern im Rahmen des *Global Resilience Realignment Act (GRRA)* planmäßig in 17 nachhaltige Wertschöpfungszonen unterteilt. Die Dekarbonisierung erfolgte gemäß *ISO-Nature 9001* und dem *Earth-as-a-Service-Governance-Modell™*. Alle planetaren Ressourcen sind nun tokenisiert, rückverfolgbar und in ein dynamisches CO_2-Risiko-Cluster überführt.

> *„Dies ist ein Meilenstein für die planetare Portfolio-Logik",*

so Gaia S. Komplianz, Vorstandssprecherin der *Earth Governance Alliance*:

> *„Wir haben das Anthropozän endlich in ein steuerbares Geschäftsmodell transformiert. Der Planet funktioniert nun planbar, skalierbar und optimiert – mit garantierter Klimaresilienz bis 2094."*

Kernpunkte der Restrukturierung:

- Bevölkerung: Durch die Einführung von atmosphärischen Verhaltenscredits konnte die globale Bevölkerung auf klimatisch vertretbare 3,8 Milliarden reduziert werden. Der Übergang verlief algorithmisch-humanitär.

- Ozeane: Die Meere wurden in blaue Ertragszonen überführt und durch das *Maritime Digital Accounting Network (MDAN)* zertifiziert. Sämtliche Fische wurden mit digitalen Existenznachweisen ausgestattet.
- Wetter: Das Wetter unterliegt nun den *Predictive Harmony Protocols™* von *MetaClimate Inc.* Spontanität wurde durch planbare Klimarealitäten ersetzt.
- Emotionen: Empathie bleibt erlaubt, aber nur in auditierter Form. CO_2-intensive Gefühle wie Angst, Wut oder Schuld bedürfen einer individuellen Freisetzungslizenz.

Marktreaktionen und Investoren-Feedback:

- Die Aktie der regenerativen Treibhausgasbilanzierung *(RTGB AG)* stieg im Nachbörsenhandel um 11,2 %.
- *BlackTerra,* der weltweit größte Bodenrechtefonds, kündigte an, den ehemaligen Amazonaswald in einen modularen Realitätswald *(RWR – Reassembled Wilderness Reserve)* umzuwandeln.
- Der internationale Derivatemarkt für *Nichtnutzung (NFU Futures)* verzeichnete Rekordvolumen.

Zitat der Woche:

> *„Wir haben das Klima gerettet. Die Menschheit war nie Teil des Deals."*

(aus dem Abschlussreport des *ESG-Performance-Beirats,* Kapitel 9: „Post-Menschliche Governance-Standards")

Hinweis für die Öffentlichkeit:

Alle Bürger:innen erhalten ab Montag ihren *Nachhaltigkeits-Score™* auf der *EGA-App.* Wer unter dem Schwellenwert von 68,3 liegt, wird automatisch in den Verantwortungs-Reset überführt.

Dieser ist gesetzlich verpflichtend, aber empathisch inszeniert.

Die Umstellung erfolgt gestaffelt nach Planetensektor, demografischem Erhaltungswert und Net-Zero-Verhalten der letzten 12 Monate.

Individuelle Anpassungen – etwa durch moralisch aufgeladene Konsumverzichte oder performative Bescheidenheit – können über das *Citizen Alignment Interface™* geltend gemacht werden.

Bitte beachten Sie: Aufrichtige Reue zählt nur, wenn sie öffentlich geteilt wurde.

Alle Maßnahmen erfolgen im Rahmen des *Global Harmony Act (GHA)* und wurden mehrfach durch die *Emotional Sustainability Unit (ESU)* zertifiziert.

ZUKUNFT GESICHERT. MENSCHHEIT OPTIONAL.

27/

DIE GLOBALE SCHATTENWIRTSCHAFT

Wenn Verantwortung nicht mehr vorgesehen ist

Die moderne Wirtschaft ist eine Bühne. Auf ihr agieren random CEOs, Politiker und Experten, die von Verantwortung sprechen, von Nachhaltigkeit und Regulierung und so. Sie tun das auf Kongressen, in Fernsehinterviews, taten dies auf *Xing*, bevor sie zu *LinkedIn* wechselten. Und während sie reden, während sie Strategien formulieren und neue Maßstäbe ankündigen, passiert das eigentlich Entscheidende woanders.

Denn das Offensichtliche ist nicht das Relevante. Die wahre Architektur der Macht ist diskret. Führung hat sich verändert; oder besser: Sie hat sich verlagert. Sie ist nicht verschwunden, sondern hat sich den Mechanismen angepasst, die Verantwortung unsichtbar machen.[93]

---

[93] Die globale Schattenwirtschaft ist kein Nebenprodukt der Wirtschaft – sie ist ihr integraler Bestandteil. Nicholas Shaxson und Gabriel Zucman zeigen, dass Steueroasen und Offshore-Konstrukte keine Grauzonen sind, sondern aktiv von Staaten und Unternehmen genutzt werden. Werner Rügemer beschreibt, wie klassische Führung durch Netzwerke ersetzt wurde, die Verantwortung auflösen. Matt Taibbi und Michael Hudson analysieren, wie Deregulierung und Schattenbanken Profite privatisieren und Risiken sozialisieren. Brooke Harrington und Oliver Bullough enthüllen, wie ein globales System geschaffen wurde, in dem Vermögen verschoben, versteckt und vor Regulierungen geschützt wird. David Graeber liefert eine soziologische Perspektive darauf, warum Bürokratien Strukturen schaffen, in denen Verantwortung verwischt wird, bis sie nicht mehr greifbar ist. Vgl. dazu Gaeber wie Anm. 89, ferner Nicholas Shaxson: Treasure Islands. Tax Havens and the Men Who Stole the World. London: Vintage, 2012; Gabriel Zucman: The Hidden Wealth of Nations. The Scourge of Tax Havens. Chicago: University of Chicago Press, 2015; Werner Rügemer: Die Kapitalisten des 21.

Wer führt hier eigentlich?

Führung heißt, Entscheidungen zu treffen und für deren Konsequenzen einzustehen. So die Theorie. Die Praxis sieht anders aus.

Heute führt nicht mehr der, der sichtbar ist. Geführt wird durch Strukturen, nicht durch Gesichter. Nicht durch den CEO, sondern durch Steuervermeidungsmodelle, Offshore-Konstrukte und Schattenbanken, die Risiken externalisieren, bis niemand mehr haftet:

- Geld wird bewegt, ohne dass klar ist, wem es gehört.
- CO_2 wird bilanziert, ohne dass sich etwas ändert.
- Politische Verantwortung wird beschworen, während gleichzeitig Schlupflöcher geschaffen werden.

Das ist kein Fehlmechanismus, kein Betriebsunfall des Kapitalismus. Es ist das System.

Der Trick mit der Unsichtbarkeit

Regulierung, heißt es, sei der Schlüssel zu einer gerechten Wirtschaft. Transparenz schaffe Vertrauen. Wer so redet, glaubt auch, dass man einen Vampir mit einer Taschenlampe besiegt. Das hat schon in *South Park* nicht funktioniert…[94]

Jahrhunderts. Gemeinverständlicher Abriss zum Aufstieg der neuen Finanzakteure. Köln: PapyRossa, 2018; Matt Taibbi: The Divide. American Injustice in the Age of the Wealth Gap. New York: Spiegel & Grau, 2014; Michael Hudson: Killing the Host. How Financial Parasites and Debt Bondage Destroy the Global Economy. New York: ISLET, 2015; Brooke Harrington: Capital without Borders. Wealth Managers and the One Percent. Cambridge: Harvard University Press, 2016; Oliver Bullough: Moneyland. Why Thieves & Crooks Now Rule the World & How to Take It Back. London: Profile Books, 2018.

[94] Das war Randy Marsh in South Park. In der Folge „The Ungroundable" (Staffel 12, Episode 14) glaubt Randy, dass sein Sohn Stan und dessen Freunde sich einer Vampir-Gruppierung angeschlossen haben. In seiner Panik und völliger Unwissenheit über Vampire versucht er, sie mit einer Taschenlampe zu vertreiben: in bester Horrorfilm-Klischee-Manier, aber eben völlig nutzlos.

Denn Unsichtbarkeit ist keine Schattenexistenz. Sie ist Methode. Steuervermeidung ist legal. Offshore-Firmen sind legal. Schattenbanken? Legal. Das Problem ist nicht, dass sich hier jemand „versteckt". Das Problem ist, dass diese Strukturen gewollt sind.

Weil sie notwendig sind.

Staaten predigen Steuertransparenz, während sie selbst Finanzplätze schaffen, an denen sich Kapital der Besteuerung entziehen kann. Unternehmen versprechen Nachhaltigkeit, während sie Klimaziele über Greenwashing zur Marketingmaßnahme degradieren. Und die Führungskräfte? Die gibt es natürlich noch. Aber sie sind nicht mehr die Entscheider, sondern die Gesichter einer Struktur, die längst autonom funktioniert.

Führung heißt heute nicht mehr, Verantwortung zu übernehmen. Führung heißt, die Verantwortung weiterzureichen, bis keiner mehr weiß, wo sie eigentlich hingehört.

Deregulierung als Geschäftsmodell

Wer glaubt, der Kapitalismus sei ein chaotisches, unkontrolliertes System, hat sich getäuscht. Kapital folgt immer dem Weg des geringsten Widerstands. Und wo ist der? Dort, wo Regeln absichtlich Lücken haben.

Deshalb gibt es Schattenbanken, die Billionen verwalten, aber keiner echten Kontrolle unterliegen. Deshalb gibt es Steueroasen, die offiziell geächtet sind, aber gleichzeitig den globalen Finanzverkehr stabilisieren. Die Liste ist bekannt und dennoch folgenlos: Cayman Islands, Bermuda, Guernsey, Delaware, Luxemburg. Orte, an denen Transparenz ein optionales Add-on ist – gegen Aufpreis. Deshalb sind Unternehmensbilanzen ein Kunstwerk aus „legalen Optimierungen", das am Ende niemand mehr versteht; und vor allem niemand mehr hinterfragt.

Hier wird nichts „versteckt". Es wird so konstruiert, dass es sich selbst verschleiert. Und der Trick funktioniert.

Wer soll haften? Niemand. Wer profitiert? Alle, die wissen, wie das Spiel funktioniert. Nachhaltig investieren heißt: wissen, wo die Gewinne verdunsten…

Führung im Endstadium

Das ist das Endstadium der Führung: Macht ist da, aber niemand trägt Verantwortung:

- Politiker verabschieden Klimagesetze, die kein Unternehmen ernsthaft einhalten muss.
- Investoren bejubeln ESG-Ratings, die nichts über echte Nachhaltigkeit aussagen.
- Steuerpolitik wird als Standortpolitik verkauft – und macht jeden Versuch echter Gerechtigkeit unmöglich.

Das ist keine Verschwörung. Das ist der perfekte Markt für Verantwortungslosigkeit.

Transparenz? Ein nettes Märchen

„Wir brauchen mehr Transparenz!" Das ist die Standardantwort. Aber das ist ungefähr so effektiv wie ein Tempolimit auf der Datenautobahn des Hochfrequenzhandels.

Transparenz ist ein schöner Gedanke. Aber sie funktioniert nur, wenn sie Konsequenzen hat. Was passiert, wenn Unternehmen ihre Steuerpraktiken offenlegen müssen? Nichts. Was passiert, wenn Banken klimafeindliche Investments ausweisen? Auch nichts.

Regulierung ist nur dann sinnvoll, wenn sie nicht als symbolische Geste verkommt, sondern realen Veränderungsdruck erzeugt. Doch genau das passiert nicht.

Weil es für Führung in diesem System nicht vorgesehen ist, Verantwortung zu übernehmen.

Fazit: Der Weg zurück zur Verantwortung

Es geht nicht darum, ein paar Steuerschlupflöcher zu stopfen oder Berichte transparenter zu machen. Es geht darum, Führung neu zu definieren, als etwas, das nicht in Netzwerken verdunstet, sondern Konsequenzen hat.

Das bedeutet:

- Echte Regulierung, kein PR-Management. Finanzmärkte regulieren, nicht durch Berichtspflichten, sondern durch harte Regeln.
- Globale Steuerpolitik, die nicht erpressbar ist. Unternehmen müssen dort besteuert werden, wo sie Gewinne erzielen, nicht dort, wo es am bequemsten ist.
- Verantwortung als Bedingung von Macht. Keine CEO-Boni, wenn das Unternehmen durch Steuertricks Verluste ausweist. Kein Nachhaltigkeitsbericht ohne reale CO_2-Reduktion.

Führung ohne Verantwortung ist keine Führung. Es ist eine Simulation von Macht.

Wer hingegen echte Führung will, muss sie wieder an Konsequenzen binden. Alles andere ist Management der Verantwortungslosigkeit. Und das ist kein Systemfehler, sondern das System selbst.

P.S.: Willkommen in der Nullhaftungsgesellschaft

Es gibt keine Drahtzieher mehr, nur noch Netzwerke. Keine Schuldigen, nur noch Systeme. Führungskräfte werden erst sichtbar, wenn sie Fehler machen – und selbst dann nur als Bauernopfer. Denn wer heute Verantwortung trägt, ist entweder schlecht beraten oder hat die Spielregeln nicht verstanden. Entscheidungen verschwinden hinter Prozessen, Risiken hinter Algorithmen, Macht hinter Codes. Transparenz wird eingefordert, aber systematisch verhindert; und wenn doch mal jemand zur Rechenschaft gezogen wird, war er einfach nicht clever genug, sich hinter den Mechanismen der Unsichtbarkeit zu verstecken. Verantwortlichkeit ist zur Show geworden. Und wir sind ihr Publikum.

28/

DIE *GAMIFICATION* DER GESELLSCHAFT

Wie Spielmechanismen Machtstrukturen verändern

Stellen wir uns vor, das Leben wäre ein Spiel – ein Gedanke, der in der digitalen Ära zunehmend Realität wird. Überall, wo wir hinschauen, finden wir Punkte, Badges, Rankings: von Fitness-Apps, die Schritte zählen, bis hin zu Plattformen, die unsere sozialen Kontakte in *„Follower"* und *„Likes"* umwandeln. Gamification ist nicht nur ein Trend, sondern eine Ideologie. Sie verwandelt unser Leben in eine unendliche Abfolge von Levels, die es zu meistern gilt, von Herausforderungen, die uns belohnen oder bestrafen. Doch was, wenn diese spielerische Oberfläche nur ein Schleier ist, der ein tiefgreifendes Kontrollregime verbirgt?[95]

---

[95]   Gamification ist weit mehr als ein spielerisches Element der Digitalisierung, sie ist ein subtiler Mechanismus zur Steuerung und Kontrolle. Sebastian Deterding u.a. definieren Gamification als die Übertragung spieltypischer Elemente in nichtspielerische Kontexte. Jane McGonigal sieht darin eine Möglichkeit zur Verbesserung der Welt, während Chris Gilliard und Safiya Noble zeigen, dass Gamification auch zur Überwachung und Disziplinierung genutzt wird. Friedrich Kittler und Michel Foucault liefern die theoretischen Grundlagen für das Verständnis von Gamification als Form der Macht: Sie funktioniert nicht durch direkte Kontrolle, sondern durch die Strukturierung von Verhalten. Byung-Chul Han beschreibt, wie neoliberale Systeme Menschen zu freiwilliger Selbstoptimierung anleiten, während Evgeny Morozov davor warnt, dass Technologie als universelle Lösung für gesellschaftliche Probleme missbraucht wird.
Vgl. dazu Foucault wie Anm. 5 und Han wie Anm. 74, ferner Sebastian Deterding u.a.: Gamification. Toward a Definition. Proceedings of CHI 2011, Vancouver, 2011; Jane McGonigal: Reality is Broken. Why Games Make Us Better and How They Can Change the World. New York: Penguin, 2011; Chris Gilliard und Safiya Noble: The Gamification of Surveillance. How Social Credit Systems & the Quantification of Everyday Life Impact Democracy. Harvard Kennedy School, 2020; Friedrich Kittler: Grammophon, Film, Typewriter. Berlin: Brinkmann &

Das Versprechen der Gamification

Gamification wird uns als Werkzeug verkauft, das unser Leben verbessern soll: mehr Motivation, mehr Engagement, mehr Spaß. In der Arbeitswelt soll sie Mitarbeitende produktiver machen, in der Bildung Lernprozesse erleichtern und im Gesundheitsbereich gesündere Entscheidungen fördern. Doch hinter diesem scheinbar harmlosen Narrativ lauert ein perfider Mechanismus: Gamification ist keine Einladung zur Freiheit, sondern eine raffinierte Methode der Steuerung. Sie funktioniert durch Belohnung und Bestrafung, durch das ständige Schüren des Verlangens nach mehr: mehr Punkten, mehr Abzeichen, mehr sozialer Anerkennung.

Der entscheidende Trick der Gamification besteht darin, dass sie Kontrolle in Selbstkontrolle verwandelt. Die Regeln des Spiels werden nicht hinterfragt, weil sie als selbstverständlich wahrgenommen werden. Wenn wir Punkte sammeln, um ein Level zu erreichen, denken wir selten darüber nach, wer dieses Level definiert hat – oder warum.

Spielmechanismen als Machtinstrument

Foucault beschrieb Macht als etwas, das nicht von oben nach unten ausgeübt wird, sondern durch Strukturen, die unser Verhalten formen. Gamification ist ein perfektes Beispiel dafür. Sie konditioniert uns, indem sie unser Verhalten in kleine, messbare Einheiten zerlegt und diese bewertet. Das Spiel belohnt die Konformität, nicht mit Strafen, sondern mit dem Versprechen von Fortschritt und Erfolg.

Bose, 1986; Steven Poole: Trigger Happy. Videogames and the Entertainment Revolution. London: Arcade, 2000; Evgeny Morozov: To Save Everything, Click Here. The Folly of Technological Solutionism. New York: PublicAffairs, 2013.

Ein einfaches Beispiel: Fitness-Apps. Sie motivieren uns, mehr Schritte zu gehen, unsere Kalorien zu überwachen, Ziele zu erreichen. Doch dabei wird unser Körper zu einem Spielbrett, unsere Gesundheit zu einem Punktestand. Die Freiheit, sich zu bewegen, wird durch die Vorgaben des Spiels ersetzt: „10.000 Schritte am Tag" wird zur Regel, die wir uns selbst auferlegen, weil das Spiel uns dafür belohnt. Ist das Freiheit? Oder ist das vielmehr Selbstdisziplin im Dienst einer unsichtbaren Macht?

Die Illusion der Wahl

Gamification erweckt den Eindruck, dass wir freie Entscheidungen treffen. Schließlich zwingen uns keine Gesetze, an Spielen teilzunehmen. Doch diese „Freiheit" ist trügerisch. Wer nicht mitspielt, wird ausgeschlossen: aus sozialen Netzwerken, aus beruflichen Netzwerken, sogar aus politischen Prozessen. Gamification funktioniert nicht, indem sie uns zwingt, sondern indem sie uns einlädt – und uns gleichzeitig abhängig macht. Sie verwandelt unser Bedürfnis nach Zugehörigkeit, nach Anerkennung, nach Erfolg in eine Ressource, die sich kapitalisieren lässt.

Diese Dynamik zeigt sich besonders deutlich in der Arbeitswelt. Mitarbeitende werden nicht mehr durch Anweisungen kontrolliert, sondern durch Belohnungssysteme motiviert: Bonuspunkte für erledigte Aufgaben, Rankings für die besten Ergebnisse. Doch diese Mechanismen führen nicht zwangsläufig zu Kreativität oder Innovation; sie führen zu Konformität, zur ständigen Anpassung an die Regeln des Spiels.

Die politische Dimension der Gamification

Gamification beschränkt sich nicht nur auf Unternehmen oder Apps. Sie hat längst die Politik erreicht. Wahlen werden zu Wettbewerben, bei denen Kandidaten „*Likes*" und „*Shares*" sammeln, statt Visionen zu präsentieren. Bürger:innen werden durch Belohnungssysteme zu „guten Bürgern" erzogen, etwa durch Steuervorteile für umweltfreundliches Verhalten oder durch Punktesysteme, wie sie in China bereits Realität sind.[96] Die Grenze zwischen Kontrolle und Manipulation wird immer unschärfer, während die Regeln des Spiels von jenen geschrieben werden, die die Macht besitzen.

Das Spiel als Ideologie

Was Gamification so gefährlich macht, ist nicht, dass sie ein Spiel ist, sondern dass sie vorgibt, mehr zu sein: ein Werkzeug zur Verbesserung der Welt, ein Weg zur Selbstoptimierung, eine Chance, unser volles Potenzial auszuschöpfen. Doch in Wahrheit ist Gamification ein Zerrspiegel des neoliberalen Kapitalismus: Sie verwandelt alles in eine *Ware,* sogar unser Verhalten, unsere Gedanken, unsere Träume. Sie reduziert unser Leben auf einen Punktestand, auf Rankings, auf den ewigen Wettbewerb mit anderen.

---

[96] In China ist das Konzept von Gamification in der Politik besonders durch das *Social Credit System* sichtbar geworden. Dieses System bewertet das Verhalten von Bürger:innen und Unternehmen und ordnet ihnen basierend auf ihrer Vertrauenswürdigkeit bestimmte Bewertungen zu. Positive Handlungen wie pünktliche Kreditrückzahlungen können zu Belohnungen führen, während negative Verhaltensweisen wie das Nichtbefolgen von Gerichtsurteilen zu Sanktionen wie Reisebeschränkungen führen können. Obwohl das System ursprünglich darauf abzielte, das Vertrauen in der Gesellschaft zu stärken, gibt es Bedenken hinsichtlich der Grenzen zwischen Kontrolle und Manipulation, da die Regeln von den Machthabenden festgelegt werden. Vgl. dazu Lauren Yu-Hsin Lin and Curtis J. Milhaupt: China's Corporate Social Credit System. The Dawn of Surveillance State Capitalism? European Corporate Governance Institute, Law Working Paper No. 610/2021. Online im WWW: https://papers.ssrn.com/sol3/papers.cfm? abstract_id=3933134 [Datum des Zugriffs: 2025-02-18].

Kann man aus dem Spiel aussteigen?

Gibt es einen Ausweg? Können wir uns der Gamification entziehen, oder sind wir längst untrennbar mit dem Spiel verwoben? Der naive Versuch, „nicht mitzuspielen", endet oft in Isolation. Doch ein radikalerer Ansatz könnte darin bestehen, die Regeln des Spiels selbst zu hinterfragen – nicht, indem wir sie ablehnen, sondern indem wir sie subversiv nutzen. Was passiert, wenn wir die Punkte sammeln, aber den Sinn verweigern? Wenn wir das Spiel spielen, aber nicht, um zu gewinnen? *Non serviam…*

Fazit: Das Spiel ist noch nicht entschieden

Gamification ist keine harmlose Spielerei, sondern tief in gesellschaftliche Strukturen eingelassen. Sie regiert nicht mehr durch Vorschriften, sondern durch Selbststeuerung. Doch die wahre Gefahr liegt nicht im Spielen, sondern darin, dass wir vergessen, dass es ein Spiel ist.

Macht bleibt unsichtbar, wenn sie als Belohnungssystem auftritt. Rankings ersetzen Reflexion, Punktetabellen den Diskurs. Wer nicht aufpasst, optimiert sich selbst, ohne zu fragen, wer die Regeln geschrieben hat – und warum. Doch genau hier liegt der Widerstand.

Die Regeln des Spiels sind nicht in Stein gemeißelt. Sie sind verhandelbar, manipulierbar, überschreibbar. Die Frage ist nicht, ob wir aussteigen, sondern ob wir es hacken. Was passiert, wenn wir Mechanismen durchschauen und sie gegen sich selbst wenden? Was, wenn wir spielen, aber nicht nach den vorgesehenen Regeln?

Das Spiel geht weiter: algorithmisch, automatisiert, profitabel. Aber wer entwirft die nächste Welt? Und wer darf noch mitspielen?

29/

DIE ENTMENSCHLICHUNG DER FÜHRUNG

Warum Künstliche Intelligenz Führung zerstört und Menschlichkeit ausradiert

Stellen wir uns vor: Ein Unternehmen wird vollständig von Algorithmen geführt. Entscheidungen werden basierend auf Daten getroffen, Emotionen sind irrelevant, und moralische Dilemmata werden in mathematische Modelle übersetzt. Für viele klingt das wie die ultimative Vision von Effizienz. Doch was, wenn diese Zukunft nicht die Lösung, sondern das Ende dessen ist, was Führung ausmacht? Was, wenn die KI uns nicht nur hilft, sondern uns ersetzt – und mit uns auch die Empathie?[97]

---

[97] Die zunehmende Delegation von Führungsentscheidungen an Künstliche Intelligenz stellt nicht nur eine technologische Entwicklung dar, sondern eine fundamentale ethische Herausforderung. Shoshana Zuboff beschreibt, wie KI nicht nur als Werkzeug, sondern als Machtinstrument eingesetzt wird. Cathy O'Neil zeigt, dass Algorithmen keineswegs neutral sind, sondern bestehende Vorurteile und Ungleichheiten verstärken. Kate Crawford argumentiert, dass Künstliche Intelligenz ein Spiegel der Machtverhältnisse ist und nicht einfach als „Effizienzsteigerung" betrachtet werden kann. Nick Bostrom und Frank Pasquale warnen davor, dass algorithmische Entscheidungsfindung die menschliche Urteilskraft untergräbt, während Joseph Weizenbaum bereits in den 1970er Jahren betonte, dass Maschinen niemals moralisches Urteilsvermögen ersetzen können. Byung-Chul Han beschreibt, wie die Digitalisierung nicht nur Prozesse automatisiert, sondern den Begriff von Führung selbst entmenschlicht. Ruha Benjamin zeigt, dass algorithmische Führung neue Formen von Diskriminierung schafft und soziale Ungleichheiten festigt.

„The A-AI Took My Manager Away", so könnte man einen Ramones-Klassiker umdichten. Klingt eigentlich gut, bis du merkst, dass das neue KI-Management nicht verhandelt, sondern nur „If-Then"-Bedingungen kennt; oder dass Fehler keine Lernchance mehr sind, sondern nur noch ein Grund zur automatisierten Degradierung. Oder bis du erfährst, dass dein Team nicht mehr aus Menschen besteht, sondern aus Datensätzen, die in Echtzeit durch *Predictive Analytics* analysiert werden – und dass deine eigene Relevanz nur eine statistische Wahrscheinlichkeitsfrage ist.

Die Illusion der Objektivität

Der größte Mythos der KI ist ihre vermeintliche Neutralität. Algorithmen, so heißt es, seien frei von Vorurteilen, rational und effizient. Doch in Wahrheit ist jede KI ein Spiegel ihrer Schöpfer: Sie reproduziert die Annahmen, Werte und Vorurteile, die in ihren Code geschrieben wurden.[98] Nicht zufällig diskriminierte *Amazons* KI-gestütztes Recruiting-Tool jahrelang Frauen oder beurteilte der *COMPAS-Algorithmus schwarze Straftäter systematisch als gefähr*licher als weiße.

KI ist nicht objektiv, sondern eine Ideologie: eine Ideologie, die vorgibt, das Menschliche zu überflügeln, während sie es gleichzeitig unsichtbar macht.

Vgl. dazu Zuboff wie in Anm. 12, Han wie in Anm. 54; Cathy O'Neil: Weapons of Math Destruction. How Big Data Increases Inequality and Threatens Democracy. New York: Crown Publishing, 2016; Kate Crawford: Atlas of AI. Power, Politics, and the Planetary Costs of Artificial Intelligence. New Haven: Yale University Press, 2021; Nick Bostrom: Superintelligence. Paths, Dangers, Strategies. Oxford: Oxford University Press, 2014; Frank Pasquale: The Black Box Society. The Secret Algorithms That Control Money and Information. Cambridge: Harvard University Press, 2015; Joseph Weizenbaum: Computer Power and Human Reason. From Judgment to Calculation. San Francisco: Freeman, 1976; Ruha Benjamin: Race After Technology. Abolitionist Tools for the New Jim Code. Cambridge: Polity Press, 2019.

[98] Vgl. dazu Essay 16 in diesem Buch, S. 153ff.

In der Führung bedeutet das: Entscheidungen, die einst von Menschen getroffen wurden, werden an Maschinen delegiert. Einst mussten Führungskräfte komplexe Abwägungen treffen, in denen Zahlen nur ein Teil der Gleichung waren. Heute wird diese Verantwortung externalisiert, an Systeme, die keine Verantwortung kennen. Diese Verlagerung folgt einer gefährlichen Logik: Wo niemand mehr direkt entscheidet, ist auch niemand mehr verantwortlich. Fehler werden zu „technischen Problemen", moralische Fragen zu „Datenpunkten".

Empathie, das Verstehen der Perspektiven anderer, wird durch statistische Modelle ersetzt. Aber kann ein Algorithmus wirklich verstehen, was es bedeutet, menschlich zu sein? Kann ein neuronales Netz die Angst einer Angestellten begreifen, die nach zehn Jahren Arbeit erfährt, dass ihr Job nicht mehr „effizient" genug ist? Oder die Loyalität eines Mitarbeiters, der eine unpopuläre, aber ethisch richtige Entscheidung trifft?

Zurzeit nicht. Und vielleicht nie.

Effizienz ohne Menschlichkeit

KI verspricht Effizienz. Sie analysiert Daten schneller, erkennt Muster besser und trifft Entscheidungen ohne emotionale Ablenkung. Doch genau diese „Vorteile" sind die Kehrseite ihrer Gefahr. Führung ist mehr als die Optimierung von Prozessen. Es geht um Menschen, Beziehungen, Vertrauen.

Ein KI-Algorithmus mag berechnen, welche Maßnahmen am profitabelsten sind, aber er wird nie verstehen, wie es ist, eine Entscheidung zu treffen, die einen Menschen verletzt – und trotzdem die richtige ist.

Ein Beispiel: Ein großes E-Commerce-Unternehmen nutzt KI zur Personalauswahl. Das System berechnet, welche Mitarbeiter:innen am wahrscheinlichsten innerhalb eines Jahres kündigen und reduziert ihre Arbeitszeiten vorsorglich. Die Betroffenen erhalten keine Erklärung, keine Chance zur Diskussion. Ihr Arbeitsleben wird von einer Maschine orchestriert, die weder ihre Geschichte noch ihre Ambitionen kennt.

Oder nehmen wir einen Finanzkonzern, der eine KI für Gehaltsanpassungen nutzt. Die Software erkennt eine hohe Wechselwahrscheinlichkeit bei einem männlichen Analysten und empfiehlt eine Gehaltserhöhung. Die gleich qualifizierte Kollegin zeigt in den Daten keine Wechselabsicht – und geht leer aus. Kein sexistischer Chef, keine bewusste Diskriminierung, nur ein Algorithmus, der Muster reproduziert, die sich historisch bewährt haben.

Was bleibt unberücksichtigt? Die persönlichen Geschichten der Betroffenen, die moralische Dimension der Entscheidung, die langfristigen Auswirkungen auf die Unternehmenskultur. KI sieht Zahlen, keine Menschen. Und genau das macht sie so gefährlich.

Das Ende der Empathie?

Führung basiert auf Empathie, der Fähigkeit, sich in andere hineinzuversetzen, ihre Bedürfnisse und Ängste zu verstehen und darauf einzugehen. KI hingegen basiert auf Berechnung. Sie kann Trends erkennen, Vorhersagen treffen, aber sie kann nicht fühlen.

Die Gefahr ist nicht nur eine hypothetische. In Unternehmen wie Uber oder Amazon erleben Beschäftigte bereits, was es bedeutet, von Algorithmen gemanagt zu werden: Ihr Arbeitsalltag wird von Systemen bestimmt, die jede Sekunde ihrer Leistung messen. Wer zu lange Pause macht, fällt in den Rankings. Wer nicht effizient genug ist, erhält automatisierte Abmahnungen.

In einer Welt, die von KI regiert wird, droht Empathie zur Anomalie zu werden; zu einer Schwäche, die das System nicht mehr toleriert.

Doch ist das wirklich eine Zukunft, die wir wollen? Eine Welt, in der Entscheidungen nicht mehr von Menschen, sondern von Maschinen getroffen werden? Eine Welt, in der das Menschliche – mit all seinen Fehlern und Widersprüchen – zugunsten einer kalten, mechanischen Rationalität geopfert wird?

Die moralische Krise der KI

Die Entmenschlichung der Führung ist nicht nur eine technische, sondern eine moralische Krise. KI-Systeme sind nicht neutral, sie sind Werkzeuge, die von Machtstrukturen genutzt werden, um Kontrolle auszuüben.

Wer entscheidet, welche Werte in den Code geschrieben werden? Wer überwacht die Systeme, die uns überwachen? Wer trägt die Verantwortung, wenn eine Entscheidung, die von einer KI getroffen wurde, katastrophale Folgen hat?

Diese Fragen sind nicht nur theoretisch. Wenn eine KI in einem Krankenhaus entscheidet, wer ein lebensrettendes Medikament erhält (und dabei nur Wahrscheinlichkeiten statt Schicksale betrachtet), ist das keine abstrakte Debatte mehr.

Führung erfordert Mut, Menschlichkeit und das Bewusstsein, dass jede Entscheidung nicht nur Daten betrifft, sondern Leben.

Widerstand gegen die Maschinisierung

Die Antwort auf die Entmenschlichung der Führung liegt nicht in der Ablehnung von Technologie, sondern in ihrer bewussten Nutzung. KI kann ein Werkzeug sein, aber sie darf nie das Ziel werden.

Führungskräfte müssen ihre menschlichen Qualitäten bewahren: Empathie, Urteilsvermögen, moralische Klarheit. Und sie müssen sich gegen die Versuchung wehren, ihre eigene Verantwortung an Maschinen zu delegieren.

Eine Welt, in der Führung vollständig automatisiert ist, ist keine Welt, in der Menschen arbeiten wollen.

Fazit: Die Zukunft der Führung in einer KI-Welt

Die Entmenschlichung der Führung ist keine unausweichliche Entwicklung. Sie ist eine Wahl: Wir können entscheiden, ob wir die Macht über unsere Entscheidungen an Maschinen abgeben oder ob wir uns dafür entscheiden, menschlich zu bleiben.

Führung im Zeitalter der KI bedeutet, die Technologie zu nutzen, ohne sie zu vergöttern. Es bedeutet, die Effizienz der Algorithmen mit der Weisheit des Menschlichen zu verbinden. Und es bedeutet, Empathie nicht als Relikt einer vergangenen Ära zu betrachten, sondern als das Herzstück dessen, was uns zu Menschen macht.

30/

DIE UTOPIE DER MASCHINEN

Warum die perfekte Automatisierung das Ende der menschlichen Arbeit bedeuten könnte

Wir leben im Zeitalter der Automatisierung, einem technologischen Fortschritt, der uns verspricht, die Last der Arbeit endgültig von unseren Schultern zu nehmen. Maschinen werden effizienter, präziser und, so wird uns gesagt, menschlicher. Die Utopie der perfekten Automatisierung wird uns als die Antwort auf unsere tiefsten sozialen und wirtschaftlichen Probleme verkauft. Doch wie jede Utopie trägt sie den Schatten ihrer eigenen Dystopie in sich:

- Was passiert mit einer Gesellschaft, die keinen Platz mehr für menschliche Arbeit hat?
- Und was bleibt vom Menschsein, wenn unsere Wertschöpfung durch Maschinen überflüssig wird?[99]

---

[99]   Vgl. dazu Bundesministerium für Arbeit und Soziales (Hrsg.): Weißbuch Arbeiten 4.0. Berlin 2017. Online im WWW: https://www.denkfabrik-bmas.de/fileadmin/Downloads/Publikationen/weissbuch_barrierefrei.pdf; Deutscher Ethikrat (Hrsg.): Mensch und Maschine – Herausforderungen durch Künstliche Intelligenz. Stellungnahme. Berlin 2023. Online im WWW: https://www.ethikrat.org/fileadmin/Publikationen/Stellungnahmen/deutsch/stellungnahme-mensch-und-maschine.pdf; Weizenbaum-Institut (Hrsg.): Künstliche Intelligenz zwischen Mythos und Kritik. Berlin 2024. Online im WWW: https://www.weizenbaum-institut.de/media/Publikationen/Einzelpublikationen/Broschuere_ki-mythos-kritik.pdf [Datum aller Zugriffe: 2025-02-26].

Die Illusion der Befreiung

Das Versprechen der Automatisierung klingt durchaus verführerisch: Maschinen übernehmen die harte Arbeit, Menschen haben mehr Zeit für Kreativität, Muße und Selbstverwirklichung. Klingt nach einem digitalen Schlaraffenland, in dem Automatisierung die Arbeit abschafft: *Clickwork Paradise.* Doch dieser Traum steht im Widerspruch zur Logik des Kapitalismus, der Automatisierung nicht als Werkzeug der Befreiung, sondern der Profitmaximierung einsetzt. In der Praxis bedeutet Automatisierung keine gerechte Umverteilung von Wohlstand, sondern die Verdrängung menschlicher Arbeitskraft und die Konzentration von Kapital in den Händen weniger Eigentümer der Maschinen.

Automatisierung beseitigt nicht die Arbeit: sie verändert sie. Neue Jobs entstehen, heißt es, doch diese befinden sich oft in Bereichen, die Zugang zu spezialisierter Bildung und digitalem Know-how erfordern. Für diejenigen, die in traditionellen Berufen arbeiten, bleiben Unsicherheit, prekäre Beschäftigung und die Angst vor Irrelevanz.

Arbeit, Identität und die neue Währung der Relevanz

Arbeit ist mehr als nur Mittel zum Zweck. Sie definiert unsere Identität, unseren sozialen Status und oft auch unseren Wert. Die Frage „Was machen Sie beruflich?" ist in unserer Kultur gleichbedeutend mit „Wer sind Sie?". Doch was passiert, wenn Maschinen uns in allen Disziplinen überlegen sind? Wenn kreative Algorithmen Romane schreiben, Maschinenarchitekten Gebäude entwerfen und autonome Systeme Entscheidungen treffen, die früher Führungskräften vorbehalten waren?

Die Idee, dass Menschen von der Arbeit „befreit" werden könnten, birgt eine paradoxe Bedrohung: Befreiung ohne Sinnstiftung. Die vollständige Automatisierung könnte eine Welt schaffen, in der der Mensch nicht mehr gebraucht wird: nicht in der Produktion, nicht in der Verwaltung, nicht einmal in der kreativen Sphäre. Die Maschinen übernehmen nicht nur die körperliche, sondern auch die intellektuelle Arbeit, während wir uns fragen müssen, wie wir unsere Existenz rechtfertigen.

Hier kommt *Sozialkapital* ins Spiel: die einzige Währung, die Maschinen nicht kontrollieren. Während technisches Know-how immer schneller obsolet wird, bleibt das, was Algorithmen nicht können: Beziehungen, Vertrauen, soziale Intelligenz. Wer Netzwerke aufbaut, bleibt relevant. Wer Verbindungen schafft, bleibt unersetzlich.

Arbeit wird also nicht verschwinden. Sie wird sich transformieren. Sie wird weniger über das „Was" definiert, sondern über das „Mit wem". Die Zukunft gehört nicht denen, die Maschinen besiegen, sondern denen, die menschliche Beziehungen als strategischen Vorteil nutzen. Sozialkapital wird zur letzten Bastion der Relevanz.

Die neue Macht der Maschinen

Die perfekte Automatisierung ist keine neutrale Technologie. Sie ist ein Machtinstrument, das den ohnehin bestehenden gesellschaftlichen Ungleichheiten eine neue Dimension verleiht. An einem Ort, an dem Maschinen alle Arbeit verrichten, wird die Kontrolle über diese Maschinen zur ultimativen Form von Macht. Wer die Algorithmen besitzt, besitzt die Zukunft. Die Gefahr liegt nicht nur in der Konzentration von Reichtum, sondern auch in der Entfremdung von Entscheidungsprozessen, die zunehmend undurchsichtig werden.

Diese Entwicklung führt zu einer neuen Form von Technokratie: Entscheidungen werden nicht mehr von Menschen getroffen, sondern von Algorithmen, die ihre Logik und ihre Werte aus den Daten speisen, die sie kontrollieren. Was passiert, wenn Maschinen die

Welt nach einer Rationalität gestalten, die keine Rücksicht auf menschliche Bedürfnisse nimmt?

Die Dystopie der Perfektion

Perfektion klingt verlockend, doch sie ist ein Zustand, der keinen Raum für das Menschliche lässt. Unsere Spezies hat sich immer durch ihre Unvollkommenheit definiert: durch Fehler, Versagen, Improvisation und das Streben nach etwas Besserem. In einer Welt perfekter Maschinen könnte diese Dynamik zum Stillstand kommen. Die Maschinen sind das Ziel. Und wir, die einstigen Schöpfer, könnten zu bloßen Zuschauern degradiert werden.

Diese Perspektive wirft fundamentale Fragen auf: Was bedeutet es, Mensch zu sein? Können wir uns eine Existenz vorstellen, die nicht mehr auf Arbeit basiert? Oder ist Arbeit so tief in unser Selbstverständnis eingebettet, dass ihr Verlust einer existenziellen Krise gleichkommt?

Der Weg nach vorne: Menschliche Arbeit in einer maschinellen Welt

Die Automatisierung wird nicht verschwinden. Doch wir haben die Möglichkeit, sie zu gestalten. Anstatt Arbeit zu ersetzen, könnten Maschinen dazu genutzt werden, menschliche Arbeit zu ergänzen, um uns zu ermöglichen, uns auf das zu konzentrieren, was uns wirklich ausmacht: Kreativität, Empathie und soziale Verbindungen. Hier einige Prinzipien, die diese Transformation leiten könnten:

1. Neuinterpretation von Arbeit: Arbeit sollte nicht nur als wirtschaftlicher Beitrag gesehen werden, sondern als soziale und kulturelle Aktivität, die Sinn stiftet.

2. Ethik der Automatisierung: Entscheidungen über Automatisierung sollten auf der Grundlage von Werten getroffen werden, die über Effizienz hinausgehen – Gerechtigkeit, Nachhaltigkeit und Menschlichkeit.
3. Demokratisierung der Technologie: Die Kontrolle über Automatisierung sollte nicht in den Händen weniger liegen. Sie muss ein gemeinschaftliches Gut sein, das allen zugutekommt.

Fazit: Ein utopischer Sprung ins Unbekannte

Die Utopie der Maschinen ist kein Schicksal, sondern eine Wahl. Perfekte Automatisierung könnte uns in eine Welt führen, in der der Mensch überflüssig wird. Doch sie könnte auch der Beginn einer neuen Epoche sein, in der wir Arbeit, Macht und Menschlichkeit radikal neu definieren. Der Schlüssel liegt darin, die Automatisierung nicht als Ersatz, sondern als Werkzeug zu sehen: ein Werkzeug, das uns helfen kann, unsere tiefsten Werte zu verwirklichen.

Es geht nicht darum, ob Maschinen uns ersetzen können. Entscheidend ist, ob wir zulassen, dass sie uns als Spezies überflüssig machen, oder ob wir den Mut aufbringen, nicht Perfektion, sondern die Unvollkommenheit des Menschlichen als unsere größte Stärke zu begreifen.

Börsenticker aus der Arbeitsfreien Zone 2041

(Formal kühl – Inhaltlich apokalyptisch und sarkastisch)

▼ ARBEX (Arbeiterbörsenindex): -97,6 %

▲ AI-EQUITY: +431 %

▼ Human Value Bond (HVB): 0,02 €

● STATUS: Arbeit gesellschaftlich entkoppelt, Relevanz neu definiert.

Newsflash:

> „Die letzte Tarifverhandlung wurde heute digital simuliert. Ergebnis: nicht mehr notwendig.“

>

> „KI-Lyrik gewinnt den Literaturnobelpreis. Jury lobt emotionale Kälte und strukturelle Eleganz.“

>

> „Der letzte Mensch hat heute sein LinkedIn-Profil gelöscht.“

31/

FÜHRUNG UND *FUTURE SKILLS LITERACY:* DIE BERUHIGUNGSPILLE FÜR EIN SYSTEM, DAS NICHT MEHR FUNKTIONIERT

Leadership als Feuerwerk des Scheiterns

Führung im 21. Jahrhundert ist keine Kunst mehr. Sie ist auch keine Wissenschaft. Sie ist ein Jonglierakt mit brennenden Messern: auf einem Vulkan, der gerade ausbricht, während das Publikum applaudiert und nebenbei *TikTok* checkt. Willkommen in der Welt der *Future Skills Literacy*, einer jener Begriffe, die gleichzeitig nach Rettung und Untergang klingen.

Denn machen wir uns nichts vor: *Future Skills Literacy* ist nicht die Lösung, sondern das Symptom. Der Begriff verspricht Orientierung in der Unsicherheit, die richtige Toolbox für eine chaotische Welt. Doch wer immer noch glaubt, Führung werde durch die richtigen Skills erträglicher, hat nicht verstanden, dass das Problem nicht im Werkzeugkasten liegt, sondern in der Baustelle selbst.[100]

---

[100]   Die Diskussion um *Future Skills Literacy* als Antwort auf eine zunehmend komplexe Welt ist eng verbunden mit einer tiefergehenden Kritik an der Ideologie der Machbarkeit. Ivan Illich argumentiert bereits in den 1970er Jahren, dass Bildungssysteme und Organisationen oft nicht darauf abzielen, Probleme zu lösen, sondern Abhängigkeiten von vermeintlich alternativlosen Strukturen zu schaffen. Luc Boltanski und Ève Chiapello zeigen, dass Konzepte wie Agilität oder Innovationsrhetorik dazu dienen, bestehende Machtstrukturen zu verschleiern, statt sie

Die Illusion der Kontrolle: *Future Skills* als sedierte Hilflosigkeit

Führung ist heute ein leises Drama: Ein Häuflein Menschen versucht, unter immer komplexeren Bedingungen Entscheidungen zu treffen, während eine gigantische Beraterindustrie ihnen zuflüstert, dass alles lösbar sei – mit den richtigen Fähigkeiten.

Hier kommt die Pointe: *Future Skills Literacy* ist keine echte Kontrolle, sondern ein strukturiertes Eingeständnis, dass wir keine Kontrolle haben.

---

aufzubrechen. Mark Fisher beschreibt, wie neoliberale Narrative sich als Alternativlosigkeit präsentieren und dabei systemische Fehlentwicklungen als individuelle Kompetenzdefizite umdeuten. Thomas S. Kuhn zeigt, dass Paradigmen nicht durch bessere Werkzeuge, sondern durch Brüche und Krisen abgelöst werden, eine Perspektive, die sich auf die heutige Debatte um Führung übertragen lässt.

Die zunehmende Abhängigkeit von „Skills" als vermeintliche Lösung für strukturelle Probleme führt zu einer Hyperindividualisierung der Führung, die Ulrich Bröckling als Selbsttechnologie beschreibt: Führungskräfte sollen sich permanent optimieren, anpassen, reflektieren – ohne die Rahmenbedingungen zu hinterfragen. In ähnlicher Weise zeigt Andreas Reckwitz, dass gerade das Streben nach Innovation und Agilität oft nicht zu mehr Wandel führt, sondern zur Reproduktion bestehender Verhältnisse. Frederic Laloux argumentiert, dass Organisationen ohne klassische Hierarchien arbeiten können, allerdings nur unter spezifischen Bedingungen, die nicht universell replizierbar sind.

Die radikalste Perspektive bringt Byung-Chul Han ein, der beschreibt, wie Führung nicht mehr als Herrschaft, sondern als sanfte, unsichtbare Kontrolle funktioniert. *Future Skills Literacy* könnte in diesem Sinne weniger als *Lösung,* sondern als *Symptom* einer postmodernen Managementideologie gelesen werden: eine Ideologie, die Führung nicht hinterfragt, sondern ihre Dysfunktionalität als individuelles Optimierungsproblem tarnt.

Vgl. dazu Laloux wie Anm. 3, Reckwitz wie Anm. 28, Fisher wie Anm. 48, Han wie Anm. 74, ferner: Ivan Illich: Deschooling Society. New York: Harper & Row, 1971, Thomas S. Kuhn: The Structure of Scientific Revolutions. Chicago: University of Chicago Press, 1962; Luc Boltanski und Ève Chiapello: Der neue Geist des Kapitalismus. Konstanz: UVK, 1999; Ulrich Bröckling: Das unternehmerische Selbst. Soziologie einer Subjektivierungsform. Frankfurt am Main: Suhrkamp, 2007; Gary Hamel: What Matters Now. How to Win in a World of Relentless Change, Ferocious Competition, and Unstoppable Innovation. San Francisco: Jossey-Bass, 2012.

Man verkauft uns die Idee, dass mit genügend Selbstreflexion, Netzwerken und Resilienz alles irgendwie bewältigt werden kann. Doch genau in diesem Moment zeigt sich die Ironie: Je mehr wir über *Future Skills* reden, desto deutlicher wird, dass sie nicht funktionieren. Führung wird nicht einfacher, nur weil wir besser vorbereitet sind. Sie wird nur raffinierter in ihrem Scheitern.

Die wahre Funktion der *Future Skills?* Uns das unvermeidliche Chaos in hübschen Narrativen zu servieren, damit wir es besser verdauen.

Future Skills Literacy: Der Werkzeugkasten ohne Werkzeug

Future Skills Literacy soll die Führungskraft der Zukunft rüsten. Mit was genau? Vier angeblich bahnbrechenden Dimensionen:[101]

1. Wissen – die postmoderne Waffe: Wissen galt einst als Macht. Heute ist es eine Waffe, die gleichzeitig schützt und zerstört. Führungskräfte lernen, nicht nur Informationen zu sammeln, sondern zu hinterfragen, wessen Interessen sie eigentlich dienen. Welches Wissen bleibt unsichtbar? Welches ist narrative Deko für *LinkedIn*-Posts?

2. Erfahrung – das irrelevante Relikt: Erfahrung war früher der Fels in der Brandung. Heute ist sie Treibsand. In einer Welt, die sich schneller verändert, als man Erfahrung sammeln

---

[101] Vgl. dazu Ulf-Daniel Ehlers: Future Skills – Future Learning and Future Higher Education. Karlsruhe 2020. Online im WWW: https://nextskills.org/downloads/Future-Skills-The-Future-of-learning-and-higher-education.pdf [Datum des Zugriffs: 2025-02-01]; Ulf-Daniel Ehlers u.a.: AICOMP – Future Skills in a World Increasingly Shaped By AI. In: Ubiquity Proceedings (2023); Henning Koch, Claudia Schneider und Ulrike Wilke (Hrsg.): Future Skills lehren und lernen. Schlaglichter aus Hochschule, Schule und Weiterbildung. Stifterverband für die Deutsche Wissenschaft e.V. Essen 2024. Online im WWW: https://www.stifterverband.org/sites/default/files/2024-10/future_skills_lehren_und_lernen.pdf [Datum des Zugriffs: 2025-02-01].

kann, zählt nur noch die Fähigkeit, mit Unwissenheit umzugehen. Erfahrung ist das Maß für eine Welt, die es nicht mehr gibt.

3. Innovation – der endlose Selbstzerstörungsmechanismus: Innovation ist der Fetisch unserer Zeit. Doch jede Innovation ist auch eine Abrissbirne: Sie zerstört Altes, bevor sie etwas Neues schafft. Wenn sie überhaupt etwas schafft. Wer in Innovation investiert, investiert immer auch in die nächste Krise.

4. Reflexion – der kostspielige Luxus: Reflexion ist das neue Zögern. Und wer zögert, verliert. Führung verlangt schnelle Entscheidungen. Doch wenn alles beschleunigt wird, wird das Denken zum Luxusgut. Die paradoxe Herausforderung: Reflexion ist wichtiger denn je, aber wer zu lange nachdenkt, verliert im Wettbewerb um die Zeit.

Führung in einer Welt der Unsicherheit: Zwischen Hybris und Kapitulation

Die moderne Führungskraft ist eine widersprüchliche Figur:

- Sie muss inspirieren, während sie selbst nicht weiß, wo es hingeht.
- Sie muss Kontrolle demonstrieren, obwohl sie keine hat.
- Sie muss Wandel gestalten, obwohl sie von veralteten Strukturen umgeben ist.

Future Skills Literacy hilft nicht, diese Unsicherheit aufzulösen. Sie hilft nur dabei, mit ihr zu leben. Oder, realistischer gesagt: Sie macht das Scheitern erträglicher – palliativ, nicht kurativ.

Denn das eigentliche Problem ist nicht die Unsicherheit, sondern unser absurdes Bedürfnis, sie loszuwerden – und die Illusion, man könne sie therapieren wie eine Krankheit.

Future Skills Literacy als subversiver Akt: Die Demontage der Führung

Vielleicht liegt das größte Potenzial von *Future Skills Literacy* nicht darin, Führung zu stärken, sondern sie zu destabilisieren. Vielleicht sollten wir uns weniger fragen, welche Skills die Führung der Zukunft braucht, sondern ob die Zukunft überhaupt noch Führung braucht, zumindest in ihrer klassischen Form.

- Was bedeutet „Innovation", wenn bestehende Machtstrukturen darauf basieren, dass nichts wirklich Innovatives passiert?
- Was bedeutet „Empathie", wenn der Markt nur Effizienz belohnt?
- Was bedeutet „Agilität", wenn sie zum Deckmantel für strukturelle Überforderung wird?

Future Skills Literacy könnte – wenn wir sie ernst nehmen – kein Werkzeug für bessere Führung sein, sondern eine Einladung, Führung zu dekonstruieren.

Fazit: Führung war gestern

Future Skills Literacy ist keine Lösung, sondern ein Symptom. Ein letztes Aufbäumen eines Systems, das sich selbst nicht mehr erklären kann. Man verkauft uns die Illusion, dass Führung noch zu retten sei, wenn wir nur die richtigen Skills lernen, die passenden Tools einsetzen, uns noch ein bisschen flexibler, resilienter, agiler machen.

Doch was, wenn diese Rettung ein Trugbild ist?

Vielleicht ist Führung längst ein Konzept, das in der heutigen Welt nicht mehr funktioniert, eine Nostalgie, die wir aus Gewohnheit am

Leben halten. Vielleicht sollten wir uns stattdessen damit beschäftigen, wie wir Führung verbessern, sondern ob wir sie überhaupt noch brauchen.

Führung ist nicht mehr die Antwort. Führung ist die offene Frage.

Und wer jetzt noch auf Führung setzt, hat die Zukunft nicht verstanden.

P.S.: Führung ist tot. Wir tun nur so, als gäbe es sie noch

Die moderne Führungskraft gleicht einem Kapitän auf einem automatisierten Schiff: Das System trifft die Entscheidungen, aber er hält noch immer die Hand am Ruder. Aus reiner Symbolik.

Die größte Illusion des 21. Jahrhunderts ist, dass irgendjemand irgendetwas „führt". Staaten, Konzerne, Organisationen: alle agieren in einer Komplexität, die keine einzelne Person mehr begreifen kann. Kontrolle existiert nicht mehr, und trotzdem tun wir so, als ließe sie sich zurückgewinnen.

Future Skills Literacy ist die Beruhigungspille für diesen Kontrollverlust. Doch irgendwann müssen wir uns eingestehen: Es gibt keine Skills für eine Zukunft, die nichts mehr mit Führung zu tun hat.

Wer das versteht, hört auf, sich auf Führung vorzubereiten – und beginnt, sich radikal neu zu denken.

32/

DIE DIKTATUR DER DATEN

Warum die Datifizierung des Lebens unsere Freiheit bedroht

Stellen wir uns eine Welt vor – nicht als dystopische Zukunftsvision, sondern als gegenwärtige Realität – in der jeder Moment, jede Entscheidung, jeder Gedanke in Daten übersetzt wird. Von unseren täglichen Schritten, die ein Fitness-Tracker aufzeichnet, bis hin zu den Emotionen, die ein Algorithmus aus unseren Gesichtsausdrücken liest, wird das Leben zu einem nie endenden Strom von Nullen und Einsen. *„Ströme steuern diesen neuen Tonverlauf"*, sangen Rheingold 1980. Und genau so plätschert unser Dasein durch digitalisierte Kanäle, programmiert, verwertet und katalogisiert. Doch was bedeutet diese totale Vermessung für uns als Subjekte? Sind wir noch Individuen – oder nur noch Variablen in einer gigantischen Datenmaschine?[102]

---

[102] Die totale Vermessung der Gesellschaft durch Daten ist kein Zufall, sondern das Resultat einer ideologischen Verschiebung, die Shoshana Zuboff als „Überwachungskapitalismus" beschreibt: Daten werden nicht nur erhoben, sondern aktiv zur Steuerung menschlichen Verhaltens genutzt. Byung-Chul Han spricht von einer „Infokratie", in der Kontrolle nicht mehr durch Gesetze, sondern durch algorithmische Prozesse erfolgt. Frank Pasquale und Antoinette Rouvroy zeigen, dass diese Prozesse zunehmend intransparenter werden, während Evgeny Morozov davor warnt, dass der Glaube an datengetriebene Lösungen eine neue Form von ideologischem Zwang erzeugt. Cathy O'Neil und David Lyon verdeutlichen, dass die Datendiktatur nicht nur ein Problem der Technologie, sondern ein strukturelles Machtphänomen ist, das tief in gesellschaftliche Ungleichheiten eingebettet ist. Gilles Deleuze sah bereits in den 1990ern voraus, dass wir uns von einer Welt der Institutionen hin zu einer Welt permanenter algorithmischer Kontrolle bewegen.

Von der Bürokratie zur *Algokratie:* Ein historischer Rückblick

Die Idee, Menschen zu vermessen und ihr Verhalten vorhersehbar zu machen, ist nicht neu. Die Bürokratie des 19. Jahrhunderts standardisierte Abläufe, Taylorismus und Fordismus verwandelten Arbeit in mathematisch optimierte Prozesse. Doch während diese Systeme noch auf menschlicher Kontrolle basierten, haben wir heute eine neue Stufe erreicht: Die *Algokratie,* eine Herrschaftsform, in der Algorithmen Entscheidungen treffen, ohne dass Menschen sie noch nachvollziehen können.

- In den 1920ern war es das Stoppuhr-Prinzip: Manager beobachteten Arbeiter, maßen ihre Effizienz und optimierten Produktionsabläufe.
- In den 2020ern ist es das Amazon-Warehouse-Prinzip: Algorithmen bestimmen, wie schnell Mitarbeiter:innen sich bewegen müssen, wann sie Pausen haben und ob sie „unproduktiv" sind. Der menschliche Blick ist verschwunden. Geblieben ist eine Maschine, die verwaltet, diszipliniert und notfalls entlässt.
- In der Logistik berechnen Systeme in Echtzeit, welche Route gefahren wird. Nicht der Fahrer entscheidet, sondern die Plattform.
- In der Personalführung regeln KI-gestützte Tools, wer eingestellt wird, wer *auffällt, wer gefördert oder ersetzt wird – Performance* Scores als Management-Orakel.

Vgl. dazu Deleuze wie in Anm. 10, Zuboff wie in Anm. 12, Han wie in Anm. 54, Morozov wie in Anm. 95, Pasquale, O'Neil und Weizenbaum wie in Anm. 97, ferner: Antoinette Rouvroy und Thomas Berns: Algorithmic Governmentality and Prospects of Emancipation. Disparateness as a precondition for individuation. La Découverte, 2013; David Lyon: The Culture of Surveillance. Watching as a Way of Life. Cambridge: Polity Press, 2018.

- Im Callcenter werden Gespräche analysiert, bewertet, abgebrochen. Die Stimme zählt nur noch, wenn sie verwertbar klingt.
- Im Pflegesektor simulieren Algorithmen Einsatzpläne, Minutenpflege und dokumentierbare Zuwendung; Menschlichkeit wird zur Buchungsgröße.
- Im Strafvollzug entscheidet in manchen US-Bundesstaaten die Software *COMPAS* über das Rückfallrisiko von Straftäter:innen – mit nachgewiesener systemischer Verzerrung.
- In der Bildung bewerten Lernplattformen Verhalten, Aufmerksamkeit und Leistungsdaten: was als „individuell" gilt, ist vor allem messbar. Wenn die Dienstvereinbarung es zulässt…
- Im Kreditwesen ist der Score wichtiger als das Gespräch. Der Algorithmus kennt deine Vergangenheit besser als du selbst.

Führung war einst eine Kunst der Interpretation. Heute ist sie eine Wissenschaft der Berechnung. Aber was passiert, wenn diese Berechnungen die Welt nicht nur beschreiben, sondern sie formen? Wenn der Code nicht mehr die Realität spiegelt, sondern sie ersetzt?

Daten als Ideologie: Kontrolle unter dem Deckmantel der Effizienz

Die Verheißung der Datifizierung klingt zunächst verlockend: mehr Effizienz, bessere Vorhersagen, personalisierte Erlebnisse. Doch hinter diesem techno-utopischen Narrativ verbirgt sich eine Ideologie, die kaum hinterfragt wird.

Daten sind keine objektive Wahrheit. Sie sind ein Produkt von Machtstrukturen. Das Sammeln von Daten ist kein unschuldiger Akt der Dokumentation, sondern immer ein Akt der Kontrolle. Schon Michel Foucault wusste: Wer beobachtet, regiert.

Daten haben dabei eine entscheidende Eigenschaft: Sie machen Menschen berechenbar. Und was berechenbar ist, ist steuerbar.

- Wer die Muster im Online-Konsum erkennt, kann Kaufverhalten lenken.
- Wer die Bewegungsprofile von Menschen auswertet, kann Stadtplanung (oder Massenüberwachung) betreiben.
- Wer Emotionen aus Gesichtszügen liest, kann vorhersagen, wann jemand anfällig für eine Manipulation ist – politisch, wirtschaftlich, persönlich.

Die Diktatur der Daten ist so perfide, weil sie nicht als Zwang daherkommt, sondern als Optimierung. Sie verspricht Bequemlichkeit und Effizienz – und nimmt uns dabei genau das, was Menschen ausmacht: Unvorhersehbarkeit, Spontaneität, Ambivalenz.

Der CEO ist ein Algorithmus: Führung im Zeitalter der Zahlen

Was bedeutet diese Entwicklung für Leadership? Ganz einfach: Führung wird ersetzt.

- In Callcentern bewerten Algorithmen in Echtzeit die Stimmung der Mitarbeiter:innen und entscheiden, ob sie pausieren dürfen.
- In Krankenhäusern priorisieren Machine-Learning-Systeme Patient:innen – nicht nach Dringlichkeit, sondern nach ökonomischer Rentabilität.
- In Unternehmen ersetzen Datenmodelle den „intuitiven Chef". Entscheidungen beruhen nicht mehr auf Erfahrung, sondern auf Wahrscheinlichkeit.

Das Problem? Diese Systeme sind nicht nur effizient, sie sind gnadenlos. Algorithmen haben keine Empathie, kein Gespür für Ambivalenzen, kein Bewusstsein für moralische Dilemmata.

Das Ergebnis: Führungskräfte verschwinden hinter Dashboards, KPIs und Scoring-Modellen. Entscheidungen werden nicht mehr getroffen, sie „ergeben sich aus den Daten".

Was hier geschieht, ist nicht nur ein Verlust an Menschlichkeit. Es ist die Abdankung der Führung.

Die Illusion der Wahl: Gibt es noch Autonomie?

Wir glauben gerne, dass wir noch Kontrolle haben – über unser Leben, unsere Daten, unsere Entscheidungen. Doch die eigentliche Macht der Datendiktatur liegt darin, dass sie uns glauben macht, wir hätten eine Wahl.

- Wir dürfen unsere „Cookie-Einstellungen verwalten" – obwohl der Marktwert unserer Daten längst feststeht.
- Wir dürfen „unsere Privatsphäre schützen" – aber nur in einem Rahmen, den die Plattformen definieren.
- Wir dürfen „unsere Zeit besser nutzen" – indem Algorithmen uns vorschlagen, was wir tun sollen.

Diese Mechanismen führen zu einem neuen Typ von Führung: eine Führung, die nicht mehr befiehlt, sondern lenkt. Die uns in Strukturen einbettet, in denen wir „frei entscheiden". Aber nur innerhalb vorherbestimmter Optionen.

Was kommt nach der Datendiktatur?

Jede totalitäre Struktur erzeugt ihren eigenen Widerstand. Daten sind die neue Währung der Macht, und wo es eine Währung gibt, gibt es Spekulation, Schwarzmarkt, Manipulation. Doch was geschieht, wenn das gesamte System der Datensammlung und -auswertung kippt? Wie sieht eine Welt aus, in der Menschen sich den Algorithmen entziehen oder sie aktiv unterwandern?

Hier sind fünf mögliche Szenarien – radikal, disruptiv und unerwartet.

1. Die radikale Entnetzung: Von der Cloud zurück ins Off

Das große digitale Erwachen beginnt mit einem simplen Gedanken: Warum eigentlich alles speichern?[103]

Ein Zukunftsszenario:

- Unternehmen *entnetzen* sich, kehren zurück zu offline-geführten Systemen, reduzieren Datenverarbeitung auf das absolute Minimum.
- Führungsentscheidungen basieren wieder auf direkter Erfahrung und nicht auf Dashboards. Meetings finden ohne Smartphones statt, Kommunikation wird verschlüsselt oder geht zurück in analoge Räume.
- Staaten regulieren nicht nur den Datenschutz, sondern auch die Datenvermeidung: Je weniger gesammelt wird, desto sicherer ist die Gesellschaft.
- Technologische Minimalisten, die sich bewusst aus Big Data-Strukturen verabschieden, gründen Neo-Amish-Gesellschaften: Städte oder Firmen, die auf Datenfasten setzen – kein Tracking, keine Algorithmen, keine Predictive Analytics.

---

[103] Das Konzept der *digitalen Askese* und der bewussten Datenvermeidung als Widerstand wird von Jaron Lanier scharf kritisiert, der aufzeigt, wie Big Data-Ökosysteme unser Verhalten manipulieren. Evgeny Morozov führt dies weiter, indem er beschreibt, wie der blinde Glaube an die Optimierung durch digitale Systeme eine eigene Ideologie erzeugt. James Williams analysiert, wie digitale Technologien uns zu reaktiven Wesen machen und warum der bewusste Rückzug eine der radikalsten Formen von Widerstand sein könnte. Vgl. dazu Morozov wie in Anm. 95, ferner Jaron Lanier: Ten Arguments for Deleting Your Social Media Accounts Right Now. New York: Henry Holt, 2018; James Williams: Stand Out of Our Light. Freedom and Resistance in the Attention Economy. Cambridge: Cambridge University Press, 2018.

Klingt radikal? Vielleicht. Aber in einer Welt, die Daten als ultimative Ressource betrachtet, könnte der radikale Entzug zum ultimativen Machtinstrument werden.

2. Der Black-Box-Krieg: Sabotage der Algorithmen

Die heutige Gesellschaft akzeptiert Algorithmen, weil sie unsichtbar sind. Doch was passiert, wenn die Kontrolle über die Algorithmen selbst zum umkämpften Schlachtfeld wird?[104]

Ein mögliches Szenario:

- Reverse Engineering als Massenbewegung: Hacker, Aktivist:innen und Open-Source-Entwickler:innen entschlüsseln und sabotieren KI-Systeme, indem sie Predictive-Modelle mit absichtlichen Fehlinformationen fluten.
- Unternehmen verweigern sich dem Datendiktat: sie veröffentlichen ihre Algorithmen, um sie für Crowdsourcing-Kontrolle zugänglich zu machen.
- Datenstreiks werden zum politischen Instrument: Menschen verweigern Social-Media-Interaktionen, lassen Kreditkarten inaktiv oder generieren bewusst fehlerhafte Daten, um Scoring-Modelle ins Chaos zu stürzen.

---

[104] Die Manipulation von Algorithmen als politische Strategie wurde bereits von Frank Pasquale beschrieben: Er zeigt, wie algorithmische Systeme zu intransparenten Herrschaftsinstrumenten werden und warum *„Black-Box-Hacking"* ein notwendiges Gegengewicht ist. Cathy O'Neil enthüllt, wie Algorithmen systematisch Vorurteile verstärken und warum Datenstreiks und *Data Poisoning* legitime Widerstandsformen sein könnten. Bruce Schneier, einer der führenden IT-Sicherheitsexperten, argumentiert, dass Datenschutz nicht mehr reicht: es braucht proaktive Gegenmaßnahmen gegen algorithmische Überwachung. Vgl. dazu Pasquale und O'Neil wie in Anm. 97, ferner Bruce Schneier: Data and Goliath. The Hidden Battles to Collect Your Data and Control Your World. New York: W. W. Norton & Company, 2015.

- Datenschutz wird offensiv, nicht defensiv: Unternehmen und Individuen setzen *Data Poisoning* ein, um Tracking-Systeme unbrauchbar zu machen.

Das ist keine Science-Fiction, es passiert bereits: Von *Ad-Blockern* über *Fake-GPS*-Signale bis zu *Privacy-by-Design*-Initiativen zeigt sich der erste Widerstand gegen die Datendiktatur.

3. Die hypertransparente Gesellschaft: Wenn Daten ihre Macht verlieren

Was, wenn das Problem nicht das Datensammeln ist, sondern der asymmetrische Zugang zu diesen Daten?[105]

Ein disruptives Zukunftsszenario:

- Alle persönlichen Daten gehören den Individuen, nicht mehr den Konzernen. Jede:r entscheidet, wem was zugänglich ist.
- Konzerne werden gezwungen, ihre KI-Modelle offen zu legen. Das bedeutet, dass Konsument:innen genau wissen, wie sie bewertet, kategorisiert und manipuliert werden.

---

[105] Das Szenario einer radikalen Datenoffenlegung wird von Kate Crawford thematisiert. Sie argumentiert, dass Transparenz der erste Schritt ist, um algorithmische Diskriminierung zu bekämpfen. Shoshana Zuboff geht noch weiter und beschreibt, wie Datenmonopole gezielt zerschlagen werden müssten, um eine wirkliche Machtverlagerung herbeizuführen. Ronen Bergman untersucht sogar, wie Staaten sich vor radikaler Transparenz fürchten, weil sie ihre Manipulationsmechanismen offenlegen würde. Vgl. dazu Crawford wie in Anm. 97, Zuboff wie in Anm. 12, ferner Ronen Bergman: Rise and Kill First. The Secret History of Israel's Targeted Assassinations. New York: Random House, 2018.

- Regierungen experimentieren mit radikaler Transparenz: Politiker:innen haben öffentliche Algorithmen für Entscheidungsprozesse, Unternehmen müssen ihre internen Scoring-Systeme offenlegen.
- Führung wird nicht durch Datenmonopole, sondern durch Daten-Gleichheit definiert: Keine Hierarchie zwischen Firmen und Nutzer:innen, jeder hat Zugang zu den gleichen Systemen, gleichen Analysen, gleichen Algorithmen.

Das könnte die ultimative Umkehrung der Machtverhältnisse sein: Wenn jede:r dieselben Daten besitzt, hört die Manipulierbarkeit auf.

4. Die dezentrale Rebellion: Peer-to-Peer-Führung statt Datenmonopole

Die größte Schwäche der Datendiktatur? Sie basiert auf Zentralisierung. Was passiert, wenn Menschen beginnen, sich außerhalb von datengetriebenen Strukturen zu organisieren?[106]

---

[106] Die Idee einer dezentralisierten, post-algorithmischen Gesellschaft wird von David Graeber aufgegriffen Er beschreibt, wie frühere Gesellschaften ohne Hierarchien funktionierten und welche Parallelen sich in digitalen *Peer-to-Peer*-Netzwerken abzeichnen. Die Tapscotts zeigen, wie dezentrale Technologien wie Blockchain genau diese Machtverschiebung möglich machen könnten. Balaji Srinivasan entwickelt die Vision, dass nicht Staaten, sondern Netzwerke die neuen Machtstrukturen der Zukunft sind. Vgl. dazu David Graeber und David Wengrow: The Dawn of Everything. A New History of Humanity. New York: Farrar, Straus and Giroux, 2021; Don Tapscott und Alex Tapscott: Blockchain Revolution. How the Technology Behind Bitcoin and Other Cryptocurrencies is Changing the World. New York: Portfolio, 2016; Balaji Srinivasan: The Network State. How to Start a New Country. Self-published, 2022.

Ein mögliches Szenario:

- Unternehmen und Organisationen werden komplett dezentralisiert: Keine klassischen Hierarchien, keine zentralen Server, keine übergeordneten Algorithmen.
- Peer-to-Peer-Netzwerke ersetzen Big-Tech-Plattformen, keine zentralisierte Social Media, sondern Community-getriebene digitale Räume, die keinem Konzern gehören.
- Kryptowährungen entwickeln sich zu Datengenossenschaften, in denen Nutzer:innen entscheiden, welche Daten für welche Zwecke verwendet werden dürfen.
- Führung wird flüssig: in Netzwerken, die sich selbst regulieren, ohne dass ein Algorithmus die Macht ausübt.

Das bedeutet: Führung entsteht durch Vertrauen, nicht durch Berechnung.

5. Die menschliche Störung: Unvorhersehbarkeit als letzter Akt der Freiheit

Der größte Feind der Algorithmen? Chaos. Datenmodelle basieren auf Berechenbarkeit. Was, wenn Menschen beginnen, ihre eigenen Muster zu brechen?[107]

---

[107] Der Gedanke, dass Unvorhersehbarkeit als letzte Form des Widerstands bleibt, wurde von Byung-Chul Han beschrieben: er argumentiert, dass moderne Machttechniken darauf basieren, Verhaltensweisen vorhersagbar zu machen. Nicholas Carr zeigt, dass unsere Abhängigkeit von Automatisierung uns berechenbarer macht und dass spontane Kreativität das einzige ist, was Maschinen nicht imitieren können. James C. Scott geht noch weiter und beschreibt, wie gezielte Unordnung und „unlogisches" Verhalten seit Jahrhunderten als Mittel gegen Unterdrückung eingesetzt wurden. Vgl. dazu Han wie in Anm. 54, ferner Nicholas Carr: The Glass Cage. How Our Computers Are Changing Us. New York: W. W. Norton & Company, 2014; James C. Scott: The Art of Not Being Governed. An Anarchist History of Upland Southeast Asia. New Haven: Yale University Press, 2009.

Ein radikales Zukunftsszenario:

- Spontaneität als Widerstand: Menschen treffen bewusst unlogische Entscheidungen, wechseln ohne Grund ihren Job, kaufen absurde Produkte, reisen ohne Ziel.
- Randomisierung wird zur Methode: Algorithmen versagen, wenn Menschen ihre Muster gezielt verschleiern.
- Fehlerhafte Identitäten als politischer Akt: Menschen erzeugen multiple Online-Persönlichkeiten, die so widersprüchlich sind, dass kein System sie korrekt kategorisieren kann.
- Kreativität wird zur ultimativen Waffe: Alles, was nicht vorhersehbar ist, etwa Kunst, Improvisation, absurde Ideen, zerstört die totale Kontrolle.

Denn was Algorithmen nicht messen können, können sie nicht beherrschen.

Die Entscheidung: Kontrolle oder Chaos?

Die Datendiktatur ist nicht unaufhaltsam: sie ist eine Wahl.

Die Zukunft wird nicht von Algorithmen geschrieben. Sie wird von denen geschrieben, die entscheiden, sich den Algorithmen *nicht* zu unterwerfen.

Wir können uns zwischen zwei Wegen entscheiden:

1. Die totale Berechenbarkeit, in der Algorithmen unser Verhalten, unsere Entscheidungen und unsere Zukunft steuern.
2. Die bewusste Unberechenbarkeit, in der wir die Kontrolle über unsere Narrative zurückgewinnen, indem wir das tun, was kein System vorhersehen kann.

Es geht nicht darum, ob die Datendiktatur endet. Entscheidend ist, wer den Anfang macht.

Gibt es ein Entkommen?

Hier stehen wir vor der ultimativen Frage: Können wir uns der Diktatur der Daten entziehen? Oder sind wir längst untrennbar mit ihr verwoben?

1. Der naive Rückzug: Kein Smartphone, keine Social Media, kein Internet. Eine radikale Entscheidung, aber keine Lösung. Der Preis ist sozialer Ausschluss und das System bleibt bestehen.
2. Die Sabotage des Algorithmus: Wer Algorithmen manipuliert, unterläuft ihre Macht. Fake-Daten, bewusste Verzerrung von Nutzerprofilen – eine Form digitalen Widerstands, die bereits existiert, aber immer wieder von der nächsten Generation smarterer Algorithmen absorbiert wird.
3. Die Dekonstruktion des Datennarrativs: Das mächtigste Werkzeug des Systems ist die Illusion, dass Daten eine neutrale Wahrheit darstellen. Wer diese Narrative aufbricht, entzieht dem System seine ideologische Basis.
4. Der Aufbau alternativer Strukturen: Peer-to-Peer-Netzwerke, dezentrale Plattformen, Daten-Genossenschaften. Die einzige echte Alternative liegt nicht im Kampf gegen das System, sondern in der Konstruktion neuer Systeme, die sich seiner Logik entziehen.
5. Das Festhalten am Unkontrollierbaren: Menschliche Freiheit beginnt dort, wo Daten enden – in der Spontaneität, im Chaos, im Nicht-Vorhersehbaren. Wer bewusst unberechenbar bleibt, stellt sich der totalen Kontrolle entgegen.

Fazit: Die letzte Entscheidung ist keine... Zahl!

Die Datendiktatur ist nicht nur eine technische Entwicklung, sondern eine ideologische Transformation. Sie verändert, wie wir führen, wie wir leben; und wie wir uns selbst verstehen.

Wenn alles gemessen werden kann, verliert das Unmessbare seinen Wert. Doch genau dort liegt die Essenz der Menschlichkeit: im Fehler, in der Intuition, in der Unberechenbarkeit.

Vielleicht besteht die einzige wahre Freiheit darin, das Unkontrollierbare zu feiern: das Chaos, den Bruch, die Lücke im System.

Denn wenn Daten die totale Kontrolle verkörpern, dann liegt die Befreiung nicht in der Perfektion, sondern in der Störung.

P.S.:

Vielleicht beginnt die wahre Entscheidung nicht in der Theorie, sondern im Tun. Nicht in großen Strategien, sondern im kleinen Nein.

Ein Nein zur Dauerverfügbarkeit.

Ein Nein zur gläsernen Seele.

Und vielleicht braucht es kein Manifest der Zukunft – sondern eines des Ausstiegs.

Jetzt.

Das Exodus-Manifest

für alle, die sich nicht mehr vermessen lassen wollen

Manchmal beginnt Widerstand nicht mit einem Aufstand, sondern mit einem Schritt zur Seite. Ein stiller Rückzug, nicht aus der Welt, sondern aus ihrer permanenten Berechnung. Nicht aus der Gesellschaft, sondern aus dem System, das uns glauben macht, wir seien nur wertvoll, wenn wir sichtbar, messbar, verfügbar sind.

Wir treten nicht aus, weil wir nichts zu sagen hätten.

Wir treten aus, weil wir nicht mehr in vorgefertigten Mustern sprechen wollen.

Weil unsere Stimmen nicht in Formate passen, unsere Gedanken nicht in Content-Strategien.

Wir verweigern die tägliche Beichte vor den Maschinen – die Likes, die Swipes, das endlose Scrollen zur Bestätigung unserer eigenen Existenz.

Wir sind keine Profile.

Keine Datenpunkte.

Keine Avatare mit Zielgruppenfokus.

Wir sind nicht die Summe unserer Klicks, sondern das, was sich dem Zugriff entzieht.

Wir denken, bevor wir posten.

Oder wir denken – ohne zu posten.

Wir betreten keine Räume mehr, in denen Algorithmen unsere Worte formen, bevor wir sie denken.

Wir lassen uns nicht länger optimieren.

Nicht auf Performance. Nicht auf Aufmerksamkeit. Nicht auf Relevanz.

Denn Relevanz, die sich algorithmisch berechnet, ist nicht echt.

Sie ist käuflich. Und käuflich ist der Beginn des Verschwindens.

Wir gehen nicht laut.

Wir gehen nicht wütend.

Wir gehen aufrecht.

Denn wer alles preisgibt, verliert sich selbst.

Wer ständig reagiert, verlernt zu reflektieren.

Und wer sich pausenlos selbst verbessert, ist schon längst nicht mehr Mensch – sondern Funktion.

Ein endloses Update ohne Inhalt.

Wir verlassen die Plattform nicht, weil wir offline sein wollen.

Wir gehen, weil wir wieder verbunden sein wollen:

Mit der Welt, nicht mit dem Feed.

Mit Stille, nicht mit Push-Benachrichtigungen.

Mit Tiefe, nicht mit Timeline.

Wir steigen aus, bevor wir endgültig geladen werden.

Wir löschen nicht nur die App,

wir löschen die Erwartung, erreichbar zu sein.

Immer. Sofort. Berechenbar.

Denn wahre Freiheit beginnt dort,

wo keine Statistik mehr reicht, um uns zu beschreiben.

Dies ist unser Exodus.

Kein Rückzug.

Ein Aufbruch in das,

was sich nicht kontrollieren lässt.

33/

DIE PRIVATISIERUNG DER MACHT

Führung in einer Ära der entgrenzten Einflussnahme

Führung? Ach, das war einmal ein Begriff aus der Welt der Staatsmänner, der Generalstäbe und der großen Visionäre. Heute? Eine Frage des Kapitals. Wer Geld, Technologie und Netzwerke kontrolliert, der bestimmt die Spielregeln. Und genau darin liegt die große Ironie unserer Zeit: Während demokratische Institutionen mühsam um Legitimität ringen, agieren privatwirtschaftliche Akteure längst ungehindert – jenseits von Wahlen, Regulierungen und öffentlicher Kontrolle. Die Macht ist nicht verschwunden, sie hat nur ihre Verpackung gewechselt. Raider heißt jetzt Twix…[108]

---

[108]   Die Privatisierung der Macht ist kein Zufall, sondern eine strukturelle Entwicklung des Spätkapitalismus. Colin Crouch spricht von einer „Postdemokratie", in der wirtschaftliche Eliten zunehmend politische Prozesse dominieren. Naomi Klein zeigt, dass Krisen gezielt genutzt werden, um Marktlogiken durchzusetzen, während William Davies und Quinn Slobodian verdeutlichen, dass Neoliberalismus nicht nur ein ökonomisches Modell, sondern eine gezielte Strategie zur Ausschaltung politischer Kontrolle ist. Shoshana Zuboff beschreibt, wie Tech-Konzerne eine neue Form digitaler Kontrolle etabliert haben, die demokratische Strukturen umgeht, während Wendy Brown argumentiert, dass Demokratie in eine Marktlogik transformiert wurde. David Harvey und Nick Srnicek verdeutlichen, dass die Plattform-Ökonomie nicht nur Märkte, sondern auch Gesellschaften formt. Tim Wu schließlich zieht Parallelen zur Ära der Monopole und warnt vor einer neuen Form der wirtschaftlichen Oligarchie.
Vgl. dazu Zuboff wie Anm. 12 und Srnicek wie in Anm. 82, ferner Colin Crouch: Post-Democracy. Cambridge: Polity Press, 2004; Naomi Klein: The Shock Doctrine. The Rise of Disaster Capitalism. New York: Metropolitan Books, 2007; William Davies: The Limits of Neoliberalism. Authority, Sovereignty and the Logic of Competition. London: SAGE, 2014; Quinn Slobodian: Globalists. The End of Empire and the Birth of Neoliberalism. Cambridge: Harvard University

Führung ohne Mandat: Die Entgrenzung der ökonomischen Macht

Es ist das große Märchen der Moderne: Wirtschaft und Politik seien zwei getrennte Sphären. Aber wie ein schlecht getarntes Zauberkunststück offenbart sich die Realität, sobald man genauer hinsieht. Unternehmen und Milliardäre nehmen nicht nur Einfluss auf Märkte, sondern diktieren zunehmend gesellschaftliche und politische Entwicklungen. Kein Mandat? Kein Problem. Die neue Elite der Wirtschaft handelt im Selbstauftrag.

Elon Musk kauft *Twitter* und lässt es zu *X* verkommen; er entscheidet nach Lust und Laune, wer gehört wird und wer verstummen soll. Nicht das Volk, nicht Parlamente, sondern ein Tech-Milliardär setzt die Regeln fest. *Apple?* Die haben in China mal eben *AirDrop*-Funktionen eingeschränkt, als es für die Protestbewegung zu nützlich wurde.[109] Zufall? Wohl kaum. Die Tech-Branche ist längst zur globalen Infrastruktur der Macht aufgestiegen – mit einem entscheidenden Vorteil gegenüber den alten Systemen: Sie tut so, als wäre sie neutral.

Und dann ist da das Kapital. *BlackRock*, ein Vermögensverwalter, der zehn Billionen US-Dollar jongliert, steuert Unternehmen in

---

Press, 2018; Wendy Brown: Undoing the Demos. Neoliberalism's Stealth Revolution. Cambridge: MIT Press, 2015; David Harvey: A Brief History of Neoliberalism. Oxford: Oxford University Press, 2005; Tim Wu: The Curse of Bigness. Antitrust in the New Gilded Age. New York: Columbia Global Reports, 2018.

109   *Apple* hat in China die AirDrop-Funktion eingeschränkt, nachdem sie von Demonstranten zur Verbreitung von Informationen genutzt wurde. Im November 2022 führte *Apple* ein Update ein, das die Nutzung von *AirDrop* auf chinesischen *iPhones* beschränkte, indem die Option, Dateien von „Jedem" zu empfangen, auf zehn Minuten limitiert wurde. Dies erschwerte es Nutzern, unerwünschte Dateien von Unbekannten zu erhalten, was zuvor von Demonstranten genutzt wurde, um regimekritische Inhalte zu teilen: Apple beschränkt das bei Demonstranten beliebte *AirDrop* in China. Online im WWW: https://www.spiegel.de/netzwelt/gadgets/apple-beschraenkt-das-bei-demonstranten-beliebte-airdrop-in-china-a-134f9a19-a6fc-45a1-92fe-e29abebab81 [Datum des Zugriffs: 2025-02-18].

Richtung Nachhaltigkeit – aus politischer Überzeugung oder weil sich grüne Investments gerade gut verkaufen? Oder nehmen wir George Soros, der 1992 kurzerhand das britische Pfund in den Abgrund spekulierte und damit bewies, dass private Finanzakteure ganze Volkswirtschaften destabilisieren können. Diejenigen, die das Märchen vom freien Markt erzählen, vergessen gerne, dass dieser Markt oft mit unsichtbaren Fäden gelenkt wird.

Von Führung zu Steuerung: Die Verschiebung der Entscheidungsmechanismen

Führung im klassischen Sinne war ein Aushandlungsprozess. Institutionen, Debatten, demokratische *Checks & Balances*. Doch die neue Machtlandschaft funktioniert anders. Sie arbeitet mit Algorithmen, mit Aufmerksamkeit, mit Kapitalströmen. Sie braucht keine Legitimation – nur Effizienz.

Google bestimmt, welche Informationen in den Suchergebnissen auftauchen und welche in der digitalen Versenkung verschwinden. *Facebook* und *TikTok* beeinflussen Wahlen, oft subtiler, als es selbst Orwell hätte ausmalen können. Und Konzerne wie *Nestlé* kaufen Wasserrechte auf und verwandeln eine lebensnotwendige Ressource in eine Ware, ohne dass eine gewählte Regierung darüber abstimmt.[110]

Diese Verschiebung ist keine Verschwörung, sondern eine systemische Folge der digitalen Ökonomie. Macht ist nicht verschwunden, sie ist nur unsichtbarer geworden. Und genau das macht sie gefährlicher.

---

[110] Vgl. dazu Gernot Kramper: 200 Dollar Entnahmegebühr – so saugt Nestlé eine Gegend trocken. Online im WWW: https://www.stern.de/wirtschaft/news/nur-200-dollar-entnahmegebuehr---so-saugt-nestl%C3%A9-eine-gegend-trocken-7477578.html [Datum des Zugriffs: 2025-02-18].

Fazit: Führung als Widerstand oder als Neugestaltung?

Wir stehen nicht vor einer Revolution, sondern vor einer langsamen, schleichenden Enteignung öffentlicher Entscheidungsgewalt. Die Macht ist längst privatisiert. Der einzige Skandal ist, dass es kaum jemanden zu stören scheint.

Die Wirtschaft ist nicht zu mächtig. Sie ist zu wenig gebremst. Der eigentliche Bruch liegt nicht in der Machtfülle der Wirtschaft, sondern in der Frage, wer überhaupt noch wem Rechenschaft schuldet. Regulieren die Staaten noch die Märkte? Oder diktieren die Märkte längst, was politisch machbar ist?

Führung im 21. Jahrhundert bedeutet nicht, nostalgisch alten Strukturen nachzutrauern. Es bedeutet, neue Mechanismen zu schaffen, die Macht wieder sichtbar und kontrollierbar machen. Denn eins ist klar: Wenn wir die Steuerung unserer Gesellschaften denen überlassen, die keiner Kontrolle unterliegen, dann dürfen wir uns nicht wundern, wenn irgendwann nicht mehr wir die Regeln schreiben, sondern nur noch jene, die sich das leisten können.

Wenn Führung nicht mehr sichtbar ist, braucht es etwas Tieferes als Steuerung: es braucht Haltung.

34/

DIVERSITÄT ALS ANSPRUCH – ODER: WIE WIR VIELFALT WIRKLICH LEBEN KÖNNTEN

Ich sah eine Welt, in der sich vieles verändert hatte. Es gab Fortschritte, es gab mehr Bewusstsein für Ungleichheiten, mehr Menschen, die sich für Vielfalt einsetzten. Doch noch immer schien das Neue mit dem Alten zu ringen. Noch immer schienen unbewusste Muster und tief verwurzelte Strukturen wie unsichtbare Mauern zu wirken, die Wandel bremsten.

Mir träumte von einem Unternehmen, das sich Vielfalt auf die Fahnen geschrieben hatte. Die Türen standen offen für alle – und doch blieben einige draußen stehen. Denn die Türen waren zwar geöffnet, aber die Räume dahinter blieben unverändert. Die Regeln, die Codes, die unausgesprochenen Erwartungen – sie alle waren geblieben.

Ich sah, wie Menschen eingeladen wurden, Teil eines Systems zu sein, das sie eigentlich verändern sollten – und wie dieses System sie dann so formte, dass sie sich anpassten, statt es selbst zu prägen. War das echte Vielfalt oder eine Eleganz des Ausschlusses, die sich als Offenheit tarnte?[111]

---

[111]   Vielfalt ist kein Zustand, sondern ein Prozess. Sara Ahmed zeigt, dass viele Organisationen Diversität als symbolische Geste nutzen, ohne ihre internen Strukturen zu verändern. Bell Hooks und Judith Butler argumentieren, dass Inklusion nicht bedeutet, Menschen an bestehende Normen anzupassen, sondern

Inklusion bedeutete mehr als Anpassung

Mir träumte, Inklusion bedeutete nicht, Menschen Platz zu machen, damit sie in etwas hineinpassen, das nie für sie gedacht war. Ich sah eine Welt, in der Vielfalt nicht nur geduldet, sondern als wertvoll begriffen wurde. Eine Welt, in der nicht Menschen sich an Normen anpassen mussten, sondern in der Normen sich wandelten, um die Menschen einzuschließen.

Ich sah Räume, in denen Stimmen gehört wurden, die sonst verhallten. Ich hörte Gespräche, in denen nicht nur die lautesten Meinungen zählten. Ich spürte, wie tief verankerte Strukturen aufbrachen, weil man sich traute, die gewohnten Wege zu verlassen.

Doch mir träumte auch, dass diese Veränderung nicht einfach war. Sie war unbequem, herausfordernd, ruckelig. Sie brachte Reibung. Denn echte Vielfalt bedeutete nicht, dass sich alle immer einig waren, sondern dass unterschiedliche Perspektiven aufeinandertrafen, dass sie sich störten, dass sie Neues schufen.

Normen zu hinterfragen. Ruha Benjamin verdeutlicht, dass moderne Technologien häufig bestehende Ausschlussmechanismen verstärken, anstatt sie zu überwinden. Robin DiAngelo weist darauf hin, dass Verteidigungsmechanismen gegen Veränderungen oft unbewusst sind, während Verna Myers und Toni Morrison betonen, dass wahre Diversität nicht in der Repräsentation endet, sondern in der aktiven Neugestaltung von Strukturen. Kimberlé Crenshaw argumentiert, dass Diversität ohne Intersektionalität unvollständig bleibt, während Frank Dobbin und Alexandra Kalev analysieren, warum viele Diversity-Programme scheitern – und wie sie stattdessen erfolgreich sein könnten.
Vgl. dazu Benjamin wie in Anm. 97, ferner Sara Ahmed: On Being Included. Racism and Diversity in Institutional Life. Durham: Duke University Press, 2012; Bell Hooks: Teaching to Transgress. Education as the Practice of Freedom. New York: Routledge, 1994; Judith Butler: Undoing Gender. New York: Routledge, 2004; Robin DiAngelo: White Fragility. Why It's So Hard for White People to Talk About Racism. Boston: Beacon Press, 2018; Verna Myers: Moving Diversity Forward. How to Go From Well-Meaning to Well-Doing. Chicago: ABA Publishing, 2011; Toni Morrison: Playing in the Dark. Whiteness and the Literary Imagination. Cambridge: Harvard University Press, 1992; Kimberlé Crenshaw: On Intersectionality. Essential Writings. New York: The New Press, 2019; Frank Dobbin und Alexandra Kalev: Why Diversity Programs Fail. Harvard Business Review, 2016.

Vielfalt als gelebte Realität

Ich sah eine Welt, in der sich niemand mehr fragen musste, ob Diversität wichtig sei. Sondern nur noch, wie sie wirklich lebendig werden konnte.

Ich träumte von Führungskräften, die sich trauten, ihre Routinen infrage zu stellen. Von Unternehmen, die Vielfalt nicht nur in Stellenausschreibungen versprachen, sondern in ihrer DNA lebten.

Ich sah Organisationen, in denen Perspektiven nicht nur als Dekoration eingeladen wurden, sondern echte Entscheidungsräume erhielten. Räume, in denen nicht über Diversität gesprochen wurde, sondern mit den Menschen, die sie verkörperten.

Ich sah, wie Macht geteilt wurde, nicht aus Wohlwollen, sondern aus Einsicht, dass Vielfalt nicht Zugeständnis, sondern Zukunft ist.

Doch ich sah auch die Ängste.

Die Angst, durch Vielfalt Kontrolle zu verlieren.

Die Angst, dass Veränderung nicht nur die anderen beträfe, sondern einen selbst.

Die Angst, nicht mehr die Maßstäbe zu setzen, nach denen alles gemessen wurde.

Und mir träumte, dass genau dort der Wendepunkt lag.

Dass wahre Diversität erst dann entstand, wenn wir nicht nur von anderen Veränderung erwarteten.

Sondern auch von uns selbst.

Vielfalt als lebendiger Prozess

Mir träumte, dass Diversität nicht wie ein Ziel war, das man irgendwann erreichte. Sondern wie ein Fluss, der sich ständig verändert, neue Wege sucht, Altes umspült und Neues formt.

Ich sah, dass es nicht darum ging, eine perfekte Strategie zu entwerfen, sondern darum, in Bewegung zu bleiben. Offen zu sein für das, was anders war. Sich selbst immer wieder zu hinterfragen.

Und mir träumte, dass in dieser Offenheit die wahre Stärke lag. Dass Vielfalt nicht durch Regeln geschaffen wurde, sondern durch Begegnungen. Nicht durch Vorgaben, sondern durch gelebte Praxis. Nicht durch eine Vision, die auf Papier existierte, sondern durch den Mut, sie Tag für Tag zur Realität zu machen.

Mir träumte von einer Welt, in der Vielfalt keine Forderung mehr war, sondern eine Selbstverständlichkeit.

Und als ich erwachte, fragte ich mich: Wie lange wird es dauern, bis aus diesem Traum Wirklichkeit wird?

Denn solange Vielfalt ein Traum bleibt, bleibt Gerechtigkeit Fiktion.

Aufwachen heißt: Nicht mehr fragen, ob wir bereit sind, sondern anfangen, so zu handeln, als wären wir es.

Nicht später. Jetzt. Hier. Wirklich.

Nicht träumen. Tun.

Und in jedem Tun: zuhören, teilen, verändern.

35/

DIE LETZTE GRENZE

Warum der Weltraum zur Bühne für die Zukunft der Macht wird

Der Weltraum – einst das Reich der Träume, der Fantasie und der grenzenlosen Möglichkeiten – wird heute in atemberaubender Geschwindigkeit in eine weitere Arena geopolitischer und kapitalistischer Machtkämpfe verwandelt. Von Satellitenkonstellationen über den Abbau extraterrestrischer Ressourcen bis hin zu militärischen Strategien im Orbit: *Die letzte Grenze,* wie sie von Gene Roddenberry romantisiert wurde, entpuppt sich als Bühne für die Fortsetzung der irdischen Konflikte, verlagert in die Leere jenseits unserer Atmosphäre.[112]

---

[112] Der Weltraum galt lange als der Inbegriff menschlicher Neugier und wissenschaftlicher Entdeckung. Doch wie Neil deGrasse Tyson zeigt, war Raumfahrt nie wirklich von geopolitischer oder militärischer Strategie getrennt. Daniel Deudney warnt davor, dass eine unregulierte Expansion ins All bestehende Konflikte nicht löst, sondern verschärft. Walter McDougall beschreibt die Raumfahrtgeschichte als eine Abfolge strategischer Manöver, die stets von nationalen Interessen geprägt war.

Gleichzeitig wird der Weltraum zur kapitalistischen Arena: Peter Dicken argumentiert, dass sich wirtschaftliche Globalisierung zunehmend in den Orbit ausdehnt. Lori Parker und Joseph Pelton zeigen, wie private Akteure wie *SpaceX* oder Blue Origin Besitzansprüche im All formulieren. Joanne Gabrynowicz diskutiert dabei die juristische Problematik, dass Weltraumrecht wenig gegen eine neue Form der kolonialen Besitznahme ausrichten kann.

Doch nicht nur die ökonomische Expansion, sondern auch die ideologische Erzählung ist problematisch: David Valentine analysiert, wie populäre Science-Fiction-Ideen oft kommerziellen Interessen dienen. John Hickman kritisiert, dass „Space Expansionism" die gleichen Muster der territorialen Aneignung reproduziert, die wir aus der Erdgeschichte kennen. Timothy Morton fordert schließlich,

Der Traum und sein Verrat

Samstagabend nach dem Bad. Das war der Moment, an dem die Zukunft begann. Frisch eingewickelt in ein Handtuch, auf dem Teppich sitzend, die Augen auf den Bildschirm gerichtet. Mein Haar roch nach Grüner-Apfel-Shampoo. Der Bildschirm, auf dem Raumschiffe geräuschlos durch den Kosmos glitten, auf dem fremde Welten nicht *erobert,* sondern *entdeckt* wurden.[113] Der Bildschirm, auf dem die Menschheit sich nicht mit sich selbst beschäftigte, sondern nach den Sternen griff – nicht aus Profitgier, sondern aus Neugier.

Der Weltraum war einst der Stoff unserer kühnsten Visionen: eine endlose Weite, die uns einlädt, über unsere Unterschiede hinauszuwachsen und neue Horizonte zu erkunden. Doch dieser Traum hat sich in eine Dystopie verwandelt. Die Kommerzialisierung des Kosmos, angetrieben von privaten Raumfahrtunternehmen und nationalen Ambitionen, stellt keine Befreiung dar: Sie ist der end-

---

dass wir das Weltraumzeitalter nicht als Fortsetzung imperialer Expansionslogiken betrachten, sondern als Chance, unser Verhältnis zur Umwelt radikal neu zu denken.
Vgl. dazu Neil deGrasse Tyson: Accessory to War. The Unspoken Alliance Between Astrophysics and the Military. New York: W. W. Norton & Company, 2018; Daniel Deudney: Dark Skies. Space Expansionism, Planetary Geopolitics, and the Ends of Humanity. Oxford: Oxford University Press, 2020; Walter McDougall: The Heavens and the Earth. A Political History of the Space Age. Baltimore: Johns Hopkins University Press, 1985; Peter Dicken: Global Shift. Mapping the Changing Contours of the World Economy. New York: Guilford Press, 2015; Lori M. Parker und Joseph N. Pelton (Hrsg.): Space 2.0. Revolutionary Advances in the Space Industry. New York: Springer, 2019; Joanne Gabrynowicz: The Obligation to Preserve Outer Space for Peaceful Uses and Future Generations. Journal of Space Law, 2015; David Valentine: Imagining the Future of Space Exploration: We Are on the Verge of Something Fantastic. American Ethnologist, 2012; John Hickman: The Politics of Space. A Critique of Expansionism. New York: Routledge, 2018; Timothy Morton: Hyperobjects. Philosophy and Ecology after the End of the World. Minneapolis: University of Minnesota Press, 2013.

[113] Anders als in *Risiko,* das Honig, Armin und ich immer an Buß- und Bettag spielten, der damals noch ein gesetzlicher Feiertag war.

gültige Sieg der kapitalistischen Logik über den utopischen Geist der Raumfahrt.

Satelliten, einst Werkzeuge zur globalen Kommunikation, werden nun zu Waffen im Informationskrieg. Der Mond, jahrzehntelang ein Symbol für die wissenschaftliche Erkundung, wird plötzlich als potenzielle Goldmine für Helium-3 oder seltene Erden betrachtet. Der Weltraum, der von seiner Natur her unermesslich und grenzenlos ist, wird in Claims und Besitzrechte aufgeteilt, eine koloniale Geste, die wir aus unserer eigenen Geschichte nur zu gut kennen.

Und während wir heute in denselben Himmel blicken wie damals, an jenem Samstagabend nach dem Bad, ist er nicht mehr das Versprechen eines neuen Zeitalters, sondern die Reflexion unseres alten Musters: Expansion nicht als Erkenntnis, sondern als Besitznahme. Vielleicht war er das längst – seit dem Sputnik-Schock, spätestens. Nur nicht für ein zehnjähriges Kind, das in jenem Moment noch glaubte, der Himmel sei unberührt.

Der Weltraum als geopolitisches Schlachtfeld

Die neuen Machtkämpfe im All sind keine Science-Fiction mehr – sie sind real. Und sie folgen einem Drehbuch, das wir nur zu gut kennen.

- Satelliten und die Kontrolle der Kommunikation: Das Internet, unser Tor zur Welt, ist längst kein freier Raum mehr. Konstellationen wie *Starlink* von *SpaceX* oder das geplante chinesische Gegensystem *GuoWang* bestimmen, welche Regionen der Erde Zugang haben – und welche nicht. Ein System der digitalen Abhängigkeit, das sich über die ganze Welt legt.
- Militarisierung des Weltraums: Als die USA 2019 ihre *Space Force* gründeten, klang das für viele nach einem PR-Gag.

Doch es war nur der Beginn. China, Russland und Indien entwickeln ihre eigenen orbitalen Waffen. Satelliten werden zu Zielen, Angriffswerkzeugen, strategischen Assets. Der Weltraum wird zum nächsten potenziellen Kriegsschauplatz – mit unvorhersehbaren Konsequenzen.

- Ressourcenkriege im All: Asteroidenabbau, Mondminen, extraterrestrische Rohstoffgewinnung. Die Idee, dass der Weltraum „niemandem gehört", wird mit jedem neuen Wirtschaftsplan weiter ausgehöhlt. Die USA haben bereits Verträge mit privaten Unternehmen geschlossen, um Mondressourcen zu kommerzialisieren. Die Frage ist nicht mehr, ob der Wettlauf beginnt, sondern wer am meisten profitieren wird.

Die koloniale Logik der Expansion

„Neuland" ist ein Wort mit dunkler Geschichte. Es war einst das Narrativ, mit dem Kontinente geplündert und Kulturen ausgelöscht wurden. Nun wird der gleiche Mythos auf den Weltraum projiziert.

- Der Weltraum sei „frei" für alle, heißt es. Doch wer hat die Mittel, ihn zu erschließen?
- Mondbasen sollen „zum Wohle der Menschheit" entstehen. Doch welche Menschheit ist gemeint?
- Der Abbau extraterrestrischer Rohstoffe werde „die Weltwirtschaft revolutionieren". Doch wer wird die Profite kontrollieren?

Der Weltraum ist nicht leer, er ist voller Möglichkeiten. Doch in einer Logik, die Wert nur an Besitz und Verwertung misst, ist das Potenzial zur Monetarisierung stets wichtiger als das Potenzial zur Bewahrung. Die Frage ist nicht, ob wir den Weltraum „besiedeln" können, sondern ob wir es schaffen, ihn nicht zu wiederholen.

Das Paradox der grenzenlosen Möglichkeiten

Der Weltraum sollte uns lehren, größer zu denken. Weiter. Offener. Doch stattdessen projezieren wir die Enge unserer irdischen Kämpfe in die Sterne.

- Ein Universum voller Möglichkeiten – und doch dieselben alten Konflikte.
- Unendliche Weiten – und doch die gleiche Gier nach Kontrolle.
- Ein Himmel ohne Grenzen – und doch das Bedürfnis, Besitzrechte festzulegen.

Meine Güte, ist es nicht absurd, wie wir versuchen, das Unkontrollierbare zu kontrollieren? Und doch gibt es Hoffnung. Der Weltraum bleibt ein Ort des Unbekannten, des Unvorhersehbaren. Diese Ungewissheit birgt nicht nur Gefahren, sondern auch Möglichkeiten. Der Schlüssel liegt darin, den Weltraum nicht als Ressource, sondern als Gemeinschaftsgut zu betrachten: als Einladung zur Zusammenarbeit, nicht zur Konkurrenz.

Fazit: Eine neue Vision des Kosmos

Die Zukunft des Weltraums ist untrennbar mit der Zukunft der Menschheit verbunden. Wenn wir den Kosmos als die letzte Grenze der Ausbeutung betrachten, dann verlieren wir nicht nur den Himmel. Wir verlieren unser größtes Versprechen als Spezies: das Streben nach etwas Größerem.

Doch wenn wir lernen, diese Grenze anders zu denken – als Einladung zur Zusammenarbeit, zur Demut, zur Entdeckung – dann könnte der Weltraum tatsächlich das Symbol werden, das er immer versprach: Ein Ort, an dem wir endlich über uns hinauswachsen.

Gene Roddenberrys *Star Trek* war keine naive Utopie, sondern eine radikale Hypothese: Was, wenn wir uns nicht selbst im Weg stehen? Was, wenn der Weltraum nicht nur ein neuer Markt, sondern ein Neuanfang ist? Eine Bühne, auf der wir nicht unsere alten Konflikte reproduzieren, sondern uns an das erinnern, was uns eigentlich antreibt: Neugier, Wissen, der Wunsch, nicht nur zu überleben, sondern zu verstehen.[114]

Bleibt zum Abschluss die Frage, ob wir uns vom Gewicht unserer irdischen Konflikte befreien können? Oder schleppen wir sie mit zu den Sternen? Wird der Kosmos unser nächstes Schlachtfeld, oder endlich der Ort, an dem wir beweisen, dass wir mehr sind als die Summe unserer Kriege und Grenzen?

---

[114]   Ein interessanter Kontrast zu Roddenberrys *Star Trek* ist die deutsche Sci-Fi-Serie *Raumpatrouille Orion* aus den 1960er Jahren. Während *Star Trek* den Weltraum als Schauplatz menschlicher Weiterentwicklung inszenierte, zeigte *Orion* eine Zukunft, in der die Menschheit zwar technologisch vorangeschritten war, sich jedoch weiterhin in bürokratischen Zwängen verhedderte. Statt grenzenloser Exploration stand dort eine von Vorschriften regulierte Expansion im Vordergrund. Der eigentliche Gegner war weniger das Unbekannte als die eigene Verwaltungslogik.
Die heutige Realität liegt irgendwo zwischen diesen beiden Extremen: Weder haben wir uns von alten Machtkämpfen gelöst, noch werden interplanetare Unternehmungen von staatlicher Bürokratie ausgebremst. Vielmehr erleben wir eine neue Art der Expansion, eine, in der die Eroberung des Weltraums nicht durch regulatorische Hürden, sondern durch private Kapitalinteressen bestimmt wird. Wäre *Orion* heute geschrieben worden, sähe das Szenario womöglich anders aus: Kein Kapitän, der sich mit starren Vorschriften herumschlägt, sondern einer, der sich gegen den Ausverkauf der letzten Grenze behaupten muss.

Epilog

Im Endstadium der Führung: Ein roter Faden aus Fragmenten

.../

EPILOG

Im Endstadium der Führung: Ein roter Faden aus Fragmenten

„Power, force, motion, drive."

Im Kontext dieser Essay-Sammlung sind diese vier Worte aus *p:Machinery* von Propaganda mehr als nur eine Textzeile: sie destillieren das Credo der Führung im 21. Jahrhundert in seine knappste, aber umso schärfere Form. Zumindest solange die Illusion von Kontrolle noch gewahrt werden konnte.

Sie fangen nicht nur die Mechanik ein, die uns antreibt, sondern auch die Dynamik, die uns formt, während wir auf den *„joyless lanes"* der modernen Welt ~~lust~~frustwandeln. Einst war Führung ein Versprechen, eine Kraft, die Orientierung bot und uns in eine klar definierte Richtung bewegte. Doch als die Globalisierung, der digitale Umbruch und die immer komplexer werdende, volatilere Welt (jene Auslöser, die in den späten Jahrzehnten des 20. Jahrhunderts ihren Einzug hielten) die einst festen Strukturen untergruben, wandelte sich dieses Versprechen. Heute gleicht Führung vielmehr einem System permanenter Anpassung, einer Maschine, die sich selbst korrigieren muss, um nicht irreparabel zu scheitern.

Warum *p:Machinery?* Eine Erläuterung für Uneingeweihte

Propaganda, eine der einflussreichsten Synth-Pop-Gruppen der 1980er Jahre, verstanden es meisterhaft, Maschinenklang und Ideologie, Technik und Emotion, System und Widerstand miteinander zu verweben. Das, was *p:Machinery* ausmacht – der ständige Wechsel nämlich zwischen Faszination und Kritik an der Mechanisierung der Welt – zieht sich durch die Musikgeschichte. Ob Kraftwerk, Laibach oder Nine Inch Nails – sie alle verstanden, die kalte Effizienz der Maschine mit der chaotischen Unberechenbarkeit des Menschen in Einklang zu bringen.

p:Machinery ist daher nicht nur ein Stück treibender Elektromusik, sondern ein Kommentar zur Moderne, ein Echo der Spannungen zwischen Mensch und Mechanik. Die wiederholte mantra-artige Struktur des Songs spiegelt das wider, worum es in diesem Buch geht: Führung als ein System aus Macht, Bewegung, Wiederholung; und der unaufhaltsamen Logik des Maschinenhaften.

„Power, force, motion, drive" – die Schlagworte, die Susanne Freytag (die Eröffnungszeile des Songs hat übrigens *Japan's* David Sylvian geschrieben) in die Welt schleuderte, sind keine Phrasen über Fortschritt, sondern ein Protokoll der Mechanik, die uns formt. Führung, wie sie lange verstanden wurde, war eine Maschine: berechenbar, linear, optimierbar. Doch in einer Zeit, in der sich Kontrolle in Paradoxien auflöst, wird klar: Die Maschine ruckelt. Die Maschine bricht. Die Maschine weiß nicht mehr, wohin sie sich drehen soll.

Dieses Buch hat versucht, genau diese Mechanik zu durchbrechen, die Strukturen hinter der Fassade zu entlarven, die Bruchstellen sichtbar zu machen und zu zeigen, dass Führung längst nicht mehr in stabilen Linien verläuft, sondern im Stottern, im Zusammenbruch, in der Neujustierung existiert.

Vom Sonatenschema zum Loop

Dieses Buch folgte einer Struktur. Es begann wie eine Sonate – mit klar definierten Themen, wiederkehrenden Motiven, Variationen. Doch anders als eine klassische Komposition kennt es keinen Abschluss. Führung war einst eine Partitur mit klarer Abfolge. Heute ist sie ein Synthesizer-Loop – pulsierend, rhythmisch, ohne Erlösung. Denn genau das ist Führung im Endstadium: kein befriedigendes Finale, sondern ein ewig drehender Zyklus aus Macht, Widerstand und Erschöpfung. Kein Fortschritt, nur Schleifen. Die Maschine ist nicht kaputt. Sie tut nur nicht mehr das, wofür sie gebaut wurde.

Was bleibt, wenn die Maschine stottert?

1. Der Mensch als Antiheld: *„Power, force, motion, drive"* – aber wohin denn nur? Führungskräfte taumeln zwischen Erwartungen, Idealen und KPIs. Vertrauen, Empathie, Selbstführung – Schlagworte eines Systems, das den Widerspruch zwischen Kontrolle und Chaos verwaltet. Die klassische Führungskraft? Längst ein Antiheld, gefangen zwischen Anspruch und Wirklichkeit.
2. Die Maschine als Spiegel: *„Another truth installed by the machine."* Technologie als Erlöser oder Vernichter? Weder noch. Sie ist ein Spiegel. Sie rettet uns nicht, sie zerstört uns nicht – sie zeigt uns nur, was wir sind: getriebene Wesen auf der Suche nach einer Ordnung, die es nicht mehr gibt.
3. Führung als Widerstand: Widerstand wogegen? Gegen die eigene Trägheit. Gegen die Versuchung, sich im Common Sense einzurichten. Führung ist keine Toolbox, kein Rezeptbuch, keine Formel. Sie ist Reibung, Konfrontation, ein permanentes Aushandeln der Regeln, die morgen schon nicht mehr gelten.

Das rote Kabel

„Today comes true what common sense denies."

Was verbindet die einzelnen Gedanken dieses Buches? Vielleicht die Erkenntnis, dass Führung kein Zustand ist, sondern eine Bewegung. Ein Strom, der niemals versiegt, weil er ständig neue Wege sucht, sich neu verdrahtet, neue Impulse empfängt. Führung ist kein statischer Zustand, sondern ein System aus Spannung, Widerstand und Fluss. Kein roter Faden, mehr ein rotes Kabel, das Energie leitet, verbindet, aber auch überhitzen kann:

- Wie führen wir in einer Welt, die keine festen Strukturen mehr kennt?
- Was bedeutet es, Macht abzugeben, ohne die eigene Rolle zu verlieren?
- Und wie schaffen wir es, trotz der Absurditäten unserer Zeit weiterzumachen?

Es führt nicht, wer vorne steht. Es führt, wer die Spannung kontrolliert.

Und jetzt? Reboot oder Exit?

Das Endstadium der Führung ist kein Schlusskapitel. Es ist ein Komma. Ein Moment der Reflexion, bevor die Maschine wieder anläuft. Aber diesmal nicht als dogmatische Blaupause, sondern als offene Frage.

Die Maschinen, von denen hier die Rede war, sind nicht unser Feind. Sie sind unser Produkt. Wir haben sie erschaffen. Sie sind das Abbild unserer Strukturen, unserer Ängste, unserer Hoffnungen. Und genau deshalb können wir sie nicht einfach abschalten.

Dieses Nachwort ist kein Resümee. Es ist ein letztes Aufbäumen gegen die Logik der Maschine. Widerstand ist nicht nur ein politischer

Akt, er ist eine Frage der Würde. Debord zeigte, dass Widerstand nicht nur darin besteht, sich gegen Macht zu erheben, sondern sie zu entlarven, ihre Inszenierung zu durchbrechen. Captain Sensible machte daraus einen Soundtrack, besser gesagt, einen Schlachtruf:

„Smash it up!"

„Today comes true what common sense denies."

Dieser Satz ist eine Warnung. Und ein Versprechen.

Führung im Endstadium bedeutet, die Absurditäten zu akzeptieren, die Bruchstellen zu nutzen und dennoch den Mut zu finden, weiterzumachen. Als Prinzip Hoffnung.

„Power, force, motion, drive."

„We've been crying now for much too long / And now we're gonna dance to a different song."

Hey!, die Maschine läuft. Und wir mit ihr.

Oder tanzen wir längst im Störgeräusch?

P.S.: STÖRSIGNAL_01

Wenn alles gesagt wurde und die Maschine trotzdem weiterläuft, bleibt nur eines: das Rauschen. Nicht das leise Summen der alten Ordnung, sondern das grelle Knacken eines Systems kurz vor dem Kurzschluss.

Führung im Endstadium? Vielleicht ist das gar kein Stadium. Vielleicht ist es ein Zustand ohne Richtung, ohne Fortschritt, ohne Heilung – ein Dauerzittern im Kontrollverlust.

Vielleicht ist Endstadium nicht das Ende, sondern das Offenbar-
werden der Wahrheit:

- Dass Kontrolle immer ein Mythos war.
- Dass Systeme nie neutral waren.
- Dass Macht immer auch Algorithmus ist – und Widerstand
  ein Datenfehler.

Vielleicht sind wir keine Held:innen im Maschinenraum der Zukunft. Vielleicht sind wir nur die Frequenz, die nicht zu berechnen
ist.

Ein letzter Vorschlag:

- Lass das Kabel brennen.
- Überführe das System in einen Zustand poetischer Instabili-
  tät.
- Werde *glitch.*
- Werde *bug.*
- Werde Mensch.

Denn:

*„We've been crying now for much too long / and now we're gonna
dance to a different song.“*

Und vielleicht, ganz vielleicht – tanzen wir gar nicht mehr mit der
Maschine. Sondern in ihrem Echo. Oder besser noch: gegen ihren
Takt.

12 Sekunden Wirklichkeit

Fallminiaturen zum Endstadium

.../

12 SEKUNDEN WIRKLICHKEIT

Fallminiaturen zum Endstadium

Sie erinnern sich, „Führung im Endstadium" ist ein Essayband. Ich entwerfe kein Regelwerk, kein Modell, keine universelle Methode. Mein Buch denkt, spürt, tastet sich durch das Gelände, das entsteht, wenn Führung nicht mehr wie Führung aussieht, sondern wie Präsenz im Kontrollverlust. Und doch bleibt nach der letzten Seite eine Frage offen: Was geschieht, wenn diese Gedanken *Realität* berühren?

Mit den zwölf Fallminiaturen gebe ich Ihnen eine mögliche Antwort. Sie stehen bewusst nicht mitten im Text, sondern am Rand. Wie eine Glosse in ihrem ursprünglichen Sinn: randständig, aber substanziell. Nicht spöttisch, sondern klärend. Wie in der mittelalterlichen Tradition: keine Dekoration, sondern Tiefenschärfe. Nicht zur Illustration, sondern als Gegenräume. Es sind reale Situationen, Entscheidungen, Spannungen: verdichtet, anonymisiert, präzise. Sie entstanden nicht aus dem Wunsch, etwas zu beweisen, sondern aus dem Bedürfnis, dem Buch eine weitere Ebene zu geben: die Ebene der Berührung mit dem Konkreten.

Sie folgen auf den Epilog, das aber nicht zufällig. Danach ist der Kopf offen, für Wirklichkeit etwa. In diesem Moment wirken die Fallminiaturen wie ein letzter Realitätsimpuls, ein Nachbeben, das Theorie und Haltung verankert.

Und sie stehen vor dem Soundtrack, ebenfalls nicht zufällig. Denn der Soundtrack bildet den ästhetischen Ausklang: ein emotionales

Nachglühen, ein Echo der Themen auf anderer Frequenz. Zwischen Reflexion (Epilog) und Resonanz (Musik) entfalten diese Miniaturen ihre Kraft: präzise, konkret, ungeschützt.

Jede dieser Miniaturen dauert nur wenige Sekunden. Aber sie trägt alles in sich, worum es in diesem Buch geht: Zögern und Richtung, Struktur und Zerfall, Haltung und Verlust. In zwölf Sekunden kann ein Blick zu lang dauern, eine Stille zu viel sagen, eine Entscheidung kippen. Und was in diesen zwölf Sekunden geschieht, wirkt nicht selten über Jahre.

„Wirklichkeit" verstehe ich in diesem Kontext nicht als Begriff der Kontrolle. Sie ist das, was übrigbleibt, wenn der Plan endet. Sie ist nicht das Messbare, sondern das Spürbare. Während die Essays in Bildern, Gedanken und Theorien arbeiten, stellen sich diese Miniaturen dem, was passiert. Und das tun sie unkommentiert, aber nicht unbedeutend.

Sie wurden bewusst getrennt platziert. Während der Essay Weite, Abstraktion, Sprachraum braucht, will die Miniatur verengen, fokussieren, verdichten. Beide Formate folgen unterschiedlichen Gesetzen. Und gemeinsam eröffnen sie ein Feld, das größer ist als die Summe seiner Teile.

Vielleicht kann man sich das Verhältnis von Essay und Miniatur wie das von Lukas und dem Scheinriesen Tur Tur vorstellen: Aus der Ferne wirkt alles riesig – Theorie, Begriff, Macht. Doch je näher man kommt, desto klarer wird: Der Riese ist keiner. Er ist eine Erscheinung, erzeugt durch Distanz. Die Miniaturen sind diese Nähe. Sie holen das Abstrakte auf den Boden. Sie zeigen, was bleibt, wenn man durch das intellektuelle Fernrohr tritt: in die konkrete, manchmal unbequeme, immer aber menschliche Wirklichkeit.

In diesem Sinne: zwölf Szenen. Zwölf Sekunden Wirklichkeit. Nicht als Antwort, sondern als Einladung zur Erinnerung.

1. Die Konferenz, in der niemand mehr etwas wollte

(zu Essay 1: Führung im Endstadium)

Zeit: Freitagvormittag, 09:30 Uhr

Ort: Konferenzraum der Schulleitung

Kontext: Strategieklausur zur Umsetzung eines Steuerungsmodell

Funktion der Hauptfigur: Schulleitung / Bereichsleitung

Spannung: Die Realität wird dargestellt, aber nicht mehr gelebt.

Das Leitungsteam einer großen Fachschule trifft sich zur Strategieklausur. Drei Jahre lang wurde an einem Steuerungsmodell gearbeitet, das Transparenz, Qualitätssicherung und strategische Steuerung verbessern soll. Es basiert auf über 40 Kennzahlen, die regelmäßig erhoben und grafisch visualisiert werden: Ausfallquoten, Beurteilungsraster, Feedback-Loops, Rücklaufquoten aus Surveys, Azubi-Zufriedenheit, Verweildauern, Projekterfolge.

Die Einführung wurde als „großer Wurf" inszeniert, ein Zeichen von Steuerungsfähigkeit inmitten postpandemischer Erschöpfung. Es gab Schulungen, Manuals, Change-Workshops. Doch am Tag der internen Entscheidung zur verbindlichen Umsetzung bleibt der Raum stumm.

Die Leitung präsentiert die finale Version des Dashboards: alles sichtbar, alles steuerbar. Doch keine der anwesenden Bereichsleitungen stellt eine Frage. Eine sagt leise: „Ich glaube, wir arbeiten inzwischen mehr an der Darstellung der Realität als an der Realität selbst."

Die Leitung reagiert nicht sofort. Am nächsten Tag wird der Rollout gestoppt. Nicht abgesagt, nur ausgesetzt. Ein Team aus drei Bereichsleitungen entwickelt stattdessen fünf wiederkehrende Reflexionsfragen, die monatlich in kurzen Formaten besprochen werden. Einige Zahlen fließen weiter, aber nicht zur Kontrolle, sondern zur Orientierung.

Die zentrale Führungsentscheidung lautete:

Verzicht auf Steuerung als Signal von Vertrauen. Nicht als Kapitulation, sondern als Wendepunkt. Ein langsamer Bruch mit dem Glauben, dass Wirkung aus Messung entsteht.

2. Zu viel Plan, zu wenig Welt

(zu Essay 2: Die VUCA-Welt als Prüfstein)

Zeit: Dienstag, 13:00 Uhr

Ort: Bildungszentrum, Besprechungsraum

Kontext: Umsetzungsphase eines Stabilitätsprojekts

Funktion der Hauptfigur: Teamleiter

Spannung: Zwischen Planung und Realität entsteht Leere.

Ein kommunales Bildungszentrum mit rund 180 Mitarbeitenden steht unter Druck: Personalwechsel, politische Umstrukturierungen, ein digitales Großprojekt mit unklarer Laufzeit. Und obendrein eine neue Schulform, für die es noch keine verbindlichen Vorgaben gibt.

Die Leitung reagiert mit einem ambitionierten „Stabilisierungsplan 2030". Ein 50-seitiges Strategiepapier legt fest: Teilziele, Prioritäten, Zuständigkeiten, Eskalationsstufen. Jeder Bereich soll einen Maßnahmenkatalog beisteuern: mit Ampelmodellen, Risikomatrix und Kennzahlen. Alle 90 Tage: ein neuer Durchstich.

Doch nach einem halben Jahr kippt die Stimmung. Bereichsleitungen beginnen zu improvisieren: außerhalb des Plans, gegen die Struktur. In einem internen Gespräch sagt ein erfahrener Teamleiter: „Ich weiß, was wir dokumentieren sollen. Aber ich weiß nicht mehr, was wir eigentlich tun dürfen." Die Leitung spürt den Bruch. Der Projektplan wird gestoppt, nicht mit Pauken und Trompeten, sondern mit einem leisen: Stopp.

Stattdessen werden vier Prinzipien formuliert, die in allen Teams zirkulieren:

- Was brauchen wir wirklich?
- Wo entstehen Handlungsspielräume?
- Welche Regeln dienen, welche binden?
- Was wäre jetzt mutig?

Der neue Modus ist nicht planbar. Aber handlungsfähig.

Die zentrale Führungsentscheidung lautete:

Nicht weiter strukturieren, sondern Verantwortung verteilen. Nicht planen, sondern prüfen, was trägt. Und was sich lösen muss, damit etwas wirken kann.

3. Demokratisch gewählt, fachlich überfordert

(zu Essay 4: Wahlamt versus Qualifikation)

Zeit: Montag, 11:15 Uhr

Ort: Büro der Geschäftsführung, Jugendhilfe-Einrichtung

Kontext: Einführung eines neuen Wahlsystems für Leitungen

Funktion der Hauptfigur: Gewählte Leitungskraft

Spannung: Vertrauen ersetzt keine Kompetenz.

In einer großen Einrichtung der Jugendhilfe wird ein neues Leitungsmodell eingeführt. Bereichsleitungen sollen künftig von den Teams gewählt werden, in einem offenen, begleiteten Verfahren. Man will Nähe schaffen, Vertrauen stärken, Mitbestimmung ernst nehmen.

Gewählt wird ein langjähriger Kollege. Beliebt, präsent, engagiert. Aber: ohne Führungserfahrung, ohne vertiefte Kenntnisse im Arbeitsrecht, ohne strukturelle Ausbildung für die neue Rolle.

Zunächst läuft alles stabil. Doch bei den ersten ernsthaften Entscheidungen – Personalkonflikte, Abgrenzungsfragen, Beschwerden – weicht die neue Leitung aus. Entscheidungen werden vertagt oder ins Team zurückgespielt.

Die Kolleg:innen beginnen, sich zu orientieren: nicht an der Leitung, sondern an sich selbst. Das Team spaltet sich: Die einen wünschen klare Führung. Die anderen halten am Modell fest. Die gewählte Leitungskraft wirkt überfordert: loyal zur Gruppe, aber ohne Zugriff zur Aufgabe.

Ein externer Prozess bringt es ans Licht: Das Wahlverfahren war gut gemeint, aber nicht professionell hinterlegt.

Die Geschäftsführung reagiert. Das Verfahren bleibt, aber unter veränderten Bedingungen: Nur wer eine zertifizierte Leitungsqualifikation nachweist, ist künftig wählbar. Zudem wird jeder neuen Bereichsleitung für zwölf Monate eine erfahrene Führungskraft als Sparringspartner:in zur Seite gestellt: beratend, nicht steuernd.

Die zentrale Führungsentscheidung lautete:

Mitbestimmung allein erzeugt keine Führung. Legitimität braucht ein Fundament. Und Vertrauen ohne Professionalität ist ein Risiko, nicht ein Fortschritt.

4. Vertrauen ist kein Gefühl

(zu Essay 6: Leadership und die Krise des Vertrauens)

Zeit: Donnerstag, 14:30 Uhr

Ort: Standort der sozialen Einrichtung

Kontext: Vertrauensdialog mit Geschäftsführung

Funktion der Hauptfigur: Geschäftsführerin

Spannung: Vertrauen entsteht nicht durch Nähe, sondern durch Risiko.

In einer sozialen Einrichtung mit mehreren Standorten ist die Fluktuation im Leitungsteam hoch. Stellen bleiben unbesetzt, Entscheidungen ziehen sich, Zuständigkeiten verschwimmen. Dann wird eine neue Geschäftsführerin berufen mit dem Versprechen: Transparenz, Nahbarkeit, Dialog. Sie kündigt „Vertrauensdialoge" an: offene Foren, persönliche Gespräche, Feedbacktage.

Drei Monate lang reist sie durch die Häuser. Sie hört zu, stellt Fragen, lässt Kritik stehen. Die Rückmeldungen sind verhalten positiv. Die Stimmung wirkt offen. Und doch bleibt ein Rest Misstrauen im Raum, nicht laut, aber spürbar. Nach einem Dialogtag sagt eine Bereichsleitung: „Sie ist sehr klug. Aber ich glaube, sie will wissen, wie wir funktionieren, nicht, wie es uns geht."

Dann, bei einer internen Sitzung mit Konfliktpotenzial, sagt die Geschäftsführerin etwas, das keiner erwartet hat. Leise, aber klar: „Ich weiß, dass manche von Ihnen glauben, ich bin hier, um die Häuser auf Effizienz zu prüfen. Ich sage Ihnen offen: Ich habe in zwei dieser Häuser selbst gearbeitet. Und ich kenne das Gefühl, wenn Vertrauen nur auf dem Papier steht."

Es entsteht eine Stille. Nicht unangenehm, sondern ehrlich. Danach verändert sich etwas. Nicht, weil die Tonlage weicher wird. Sondern weil sie das Risiko, das sie selbst eingeht, sichtbar macht. Kein Konzept. Keine Geste. Sondern eine reale Abhängigkeit, offengelegt ohne Schutzformulierung.

Die zentrale Führungsentscheidung lautete:

Nicht informieren, sondern sich zeigen. Vertrauen ist nicht das Ergebnis von Beteiligung, sondern von Verletzlichkeit, die nicht instrumentalisiert wird. Vertrauen ist kein Ziel. Es ist ein Wagnis.

5. Wenn Aufmerksamkeit wirkt – und keiner hinschaut

(zu Essay 7: Die Macht der Aufmerksamkeit)

Zeit: Mittwoch, 08:45 Uhr

Ort: Kinderklinik, Teamstation

Kontext: Neue Kollegin übernimmt digitale Dokumentation

Funktion der Hauptfigur: Bereichsleitung

Spannung: Was unbeobachtet wirkt, wirkt dennoch.

Ein multiprofessionelles Team in einer Kinderklinik bekommt Verstärkung. Eine neue Kollegin übernimmt das digitale Dokumentationssystem. Das ist ein Bereich, den bislang niemand gern betreute. Sie ist zurückhaltend, spricht wenig, beobachtet viel.

Nach sechs Wochen fällt auf: Die Übergaben verlaufen strukturierter. Rückfragen nehmen ab. Patientenverläufe lassen sich präziser nachzeichnen. Aber niemand hat darüber gesprochen. Es ist, als hätte sich die Atmosphäre verändert, ohne dass jemand dafür verantwortlich gemacht wurde.

In einer Teamsitzung sagt die Bereichsleitung beiläufig: „Ist jemandem aufgefallen, wie gut die Doku gerade läuft?" Die Kollegin schaut kurz hoch, überrascht. Sie scheint nicht sicher, ob sie gemeint ist.

In der Folgewoche bittet man sie, eine Schulung zum System zu geben. Sie beginnt zu sprechen, ruhig, sachlich, präzise. Nach der Sitzung fragt ein Teammitglied: „Wieso wussten wir eigentlich nicht, wie gut sie ist?"

Die Antwort liegt nicht in ihr. Sondern in der Organisation. Denn wer nicht gesehen wird, wird oft nicht gemeint. Und Aufmerksamkeit ist keine Charaktereigenschaft, sondern eine Führungsentscheidung.

Die Leitung beginnt, stille Kompetenzen systematisch zu beobachten. Nicht durch Fragebögen oder Rankings, sondern durch Präsenz. Einmal im Monat: ein Gespräch, eine Frage, ein kurzer Blick auf das, was im Schatten wirkt. Daraus entsteht ein neues Format: „Unsichtbare Stärken sichtbar machen."

Die zentrale Führungsentscheidung lautete:

Nicht mehr nur zuhören, wenn jemand spricht, sondern hinschauen, wenn jemand wirkt. Wirkung ist oft still. Und Aufmerksamkeit eine Praxis.

6. Freundlich manipuliert

(zu Essay 8: Empathie als Machtinstrument)

Zeit: Dienstag, 16:00 Uhr

Ort: Büro der pädagogischen Leitung

Kontext: Gespräch zu Dienstplänen

Funktion der Hauptfigur: Neue Leitungskraft

Spannung: Freundlichkeit kann auch Zwang erzeugen.

In einer traditionsreichen Fachschule übernimmt eine neue Leitungskraft den pädagogischen Bereich. Ihr Ruf eilt ihr voraus: nahbar, klug, menschenfreundlich. Sie schreibt persönliche Willkommensmails, bringt Kuchen mit, führt Gespräche auf Augenhöhe. Nach Jahren formaler Führung ist die Erleichterung spürbar.

In der dritten Woche bittet sie eine Kollegin zum Gespräch. Es geht um die Dienstpläne. Die Kollegin hatte mehrfach signalisiert, dass sich die Schichten nicht mit der Kinderbetreuung vereinbaren lassen. Die Leitung hört aufmerksam zu. Sie nickt, stellt Rückfragen, zeigt Verständnis. Am Ende sagt sie: „Ich sehe wirklich, wie sehr Sie sich bemühen. Und gerade deshalb würde ich Sie bitten, diesen Monat noch einmal einzuspringen. Ich weiß, Sie schaffen das. Ich weiß, was Sie können." Die Kollegin sagt ja. Natürlich sagt sie das.

Doch als sie das Büro verlässt, bleibt etwas zurück: ein Unbehagen, das sich nicht benennen lässt. Nicht wegen der Bitte. Sondern weil sie so freundlich, so verständnisvoll, so warm formuliert war, dass Zustimmung und Widerstand kaum mehr zu unterscheiden waren.

Zwei Wochen später bittet die Kollegin um ein weiteres Gespräch. Diesmal bringt sie den Dienstplan mit, nebst eines Vorschlags zur Umstrukturierung. Sie sagt: „Ich will nicht noch einmal ja sagen, wenn ich eigentlich nein meine."

Die Leitung reagiert. Nicht mit Erklärung, sondern mit Veränderung. Sie beginnt, ihre eigene Sprache zu prüfen. Ihre Bitten, ihre Botschaften, ihre Betonungen. Ein neues Prinzip entsteht, erst unausgesprochen, dann formuliert: Empathie darf nicht zwingen. Auch nicht freundlich.

Die zentrale Führungsentscheidung lautete:

Weniger Formulierung, mehr Raum. Ein Lob kann zur Verpflichtung werden. Und Nähe ist nur tragfähig, wenn sie nicht zur Technik verkommt.

7. Der Rücktritt, der niemandem fehlte

(zu Essay 13: Postheroische Führung)

Zeit: Freitag, 10:00 Uhr

Ort: Bildungseinrichtung, Leitungsetage

Kontext: Rücktritt eines langjährigen Leiters

Funktion der Hauptfigur: Geschäftsführung / Nachfolgegremium

Spannung: Das System war längst unabhängig.

In einer städtischen Bildungseinrichtung galt er über Jahre als Gesicht des Hauses. Er war auf jeder Veranstaltung, in jeder Broschüre, in jedem Interview. Nahbar, eloquent, präsent. Die Öffentlichkeit liebte ihn. Das Team auch. Na ja, zumindest bis zu einem gewissen Punkt.

Nach einem gesundheitlichen Einschnitt kündigt er seinen Rücktritt an. Ohne Drama, ohne Inszenierung. Mit Respekt und Pathos, wie gewohnt: „Ich verlasse ein gut geführtes Haus. Und ich hoffe, dass ihr den Geist bewahrt."

Dann ist er weg. Kein Skandal. Kein Nachspiel. Kein Übergabedrama.

In den folgenden Wochen geschieht – nichts.

Das Leitungsteam tagt. Die Projekte laufen. Eine Fachbereichsleiterin übernimmt kommissarisch. Entscheidungen werden getroffen. Abläufe greifen. Es gibt keine Unruhe, keine Stellvertreterdebatten. Nur eines fällt auf: Niemand scheint ihn wirklich zu vermissen.

Ein halbes Jahr später wird klar: Das System hatte längst gelernt, um ihn herum zu funktionieren. Seine Strahlkraft war real – aber ohne strukturelle Wirkung. Sie lebte von Aufmerksamkeit, nicht von Gestaltung.

Das Gremium entscheidet, die Rolle nicht nachzubesetzen. Stattdessen wird ein Führungskollektiv eingesetzt: drei Personen, rotierende Sprecherrolle, flache Hierarchien, verbindliche Abstimmung.

Die zentrale Führungsentscheidung lautete:

Heldentum wird nicht ersetzt, sondern entzogen. Was wie eine Lücke wirkte, war längst leer. Führung beginnt nicht mit Sichtbarkeit. Sondern mit Struktur.

8. Als das System sich selbst abschaltete

(zu Essay 15: Der totale Burnout)

Zeit: Montag, 08:00 Uhr

Ort: Landesbehörde, Verwaltungsebene

Kontext: Erschöpfung der Organisation

Funktion der Hauptfigur: Referatsleiter / Behördenleitung

Spannung: Stillstand ist keine Schwäche – manchmal ist er Rettung.

In einer Landesbehörde häufen sich die Ausfälle. Nicht abrupt, nicht dramatisch, sondern zäh, leise, systemisch. Zuerst fehlen die, die immer den Überblick behalten. Dann die, die immer geblieben sind. Dann die, die neu gekommen waren – voller Ideen.

Die Leitung lässt Kennzahlen auswerten. Das Ergebnis: über ein Drittel der Mitarbeitenden ist dauerhaft an der Belastungsgrenze. Die Personalabteilung meldet Rekordwerte bei Langzeitkranken. In den Fluren wird weniger gesprochen. In den Sitzungen weniger entschieden.

Man plant ein internes Entlastungsprogramm, mit Feedbackschleifen, Bewegungsinseln, Resilienz-Coachings. Aber schon in der Planungsrunde fehlen vier von neun Leitungen. Niemand spricht es aus, aber es ist da: Das System hat keine Energie mehr.

Dann fällt für zwei Tage das Verwaltungsnetz aus. Kein Zugriff auf Daten, E-Mails, Server. Und niemand eskaliert. Keine Panik. Keine Ersatzlösung. Keine Dringlichkeit. Ein Referatsleiter sagt: „Vielleicht ist das das erste Mal seit Monaten, dass sich hier etwas normal anfühlt."

Am Tag danach beschließt die Behördenleitung etwas Ungewöhnliches: Ein Moratorium auf alle internen Projekte, für drei Monate. Keine neuen Konzepte, keine Formate, keine Steuerungsrunden. Stattdessen: Fokus auf das, was getan werden muss, und auf das, was wieder getan werden will.

Die zentrale Führungsentscheidung lautete:

Nicht alles wieder zum Laufen bringen. Sondern zulassen, dass es stehen bleibt. Nicht als Schwäche, sondern vielmehr als Notwendigkeit. Manche Systeme brauchen keinen Restart. Sondern das Eingeständnis, dass sie sich selbst abgeschaltet haben: aus gutem Grund.

9. Digitalisiert. Verstummt.

(zu Essay 18: Technologie als Chance – Leadership im Zeitalter der Künstlichen Intelligenz)

Zeit: Dienstag, 10:00 Uhr

Ort: Soziale Trägerschaft, Hauptsitz

Kontext: Digitalisierungsprojekt mit KI-Tools

Funktion der Hauptfigur: Geschäftsführung

Spannung: Effizienz ersetzt keine Beziehung.

Eine große Trägerschaft im sozialen Sektor digitalisiert ihre interne Kommunikation. Alle Teams erhalten Tablets, ein neues Intranet, ein KI-gestütztes Dokumentationssystem. Die Ziele sind klar: Entlastung durch Automatisierung, mehr Zeit für Klient:innen, weniger Bürokratie. Der Rollout gelingt reibungslos. Die Funktionen sind datenschutzkonform, zertifiziert, mehrfach getestet. In den ersten Wochen scheint alles zu funktionieren: effizient, übersichtlich, stabil.

Doch nach drei Monaten verändert sich die Atmosphäre. Die Besprechungen werden kürzer. Die Übergaben strukturierter, aber ohne Gespräch. Rückmeldungen tauchen auf als Häkchen. Lob erscheint als grüne Statusmeldung. Konflikte werden erst spürbar, wenn sie eskaliert sind. Eine Mitarbeiterin sagt: „Früher hat jemand gesagt: ‚Ich sehe, du bist fertig.' Jetzt klickt jemand auf das Icon ‚bereit'." Die Leitung merkt es spät. Nicht, weil Beschwerden kommen, sondern weil die Stimmen verschwinden.

Die Feedbackkultur ist in Felder gegossen. Die Gespräche wurden optimiert. Das Ungefähre verschwand; und mit ihm die Nähe. Die

Geschäftsführung reagiert. Sie ruft ein Programm zur „Analogen Präsenz" ins Leben. Einmal wöchentlich: Gespräche ohne Bildschirm. Einmal im Monat: Fallbesprechungen ohne Dokumentation. Einmal jährlich: technische Systeme für 48 Stunden abgeschaltet: bewusst, begleitet, als Lernzeit.

Die zentrale Führungsentscheidung lautete:

Digitalisierung braucht Gegengewichte. Vertrauen hat keine API. Und Führung ist kein Interface, sondern ein Raum, der nur dann entsteht, wenn jemand bleibt; auch wenn das System längst antwortet.

10. Verwertet und verlassen

(zu Essay 22: Kapitalismus als Spektakel)

Zeit: Mittwoch, 15:30 Uhr

Ort: Gesundheitseinrichtung, Station 57

Kontext: Einführung von „Wirkungsinitiativen"

Funktion der Hauptfigur: Pflegekraft / Kommunikationsabteilung

Spannung: Menschlichkeit darf nicht zur Währung werden.

Ein privatisierter Träger im Gesundheitswesen stellt seine neue Unternehmensstrategie vor. Der Titel lautet: „Wirken mit Sinn". Hochglanzbroschüren zeigen Pflegekräfte beim Lächeln, Kinderzeichnungen, Zitate aus Patientendank. Der Imagefilm ist aufwendig produziert: Drohnenaufnahmen, *Voice-over,* orchestrale Musik. Der zentrale Claim: „Menschlichkeit ist unsere Ressource."

In den Wochen danach beginnen alle Häuser mit sogenannten Wirkungsinitiativen. Es entstehen Werte-Codices, Wirkungstage, neue KPIs zur emotionalen Bindung und Empathieskalen. Die Leitungen führen Feedbackformate ein, bei denen Dank dokumentiert und ausgewertet werden soll. Auf Station 57 beginnen Mitarbeitende, Post-its mit Anerkennungssätzen an die Wände zu heften. Eine Pflegekraft sagt: „Ich soll jetzt dokumentieren, wenn ich lächle."

Was als Zeichen von Wertschätzung begann, wird zur Pflichtübung. Jedes Lächeln wird zur Performance, jedes Kompliment zum KPI. Wer kritisch fragt, wird erinnert, dass Wirkung sichtbar sein müsse; und Sichtbarkeit messbar. Die Gespräche werden höflicher, aber leerer. Die Bilder stimmen. Die Stimmung nicht.

Sechs Monate später folgt die Meldung: Drei Standorte werden verkauft. „Unwirtschaftlich." Auch Station 57 gehört dazu. Zwei Drittel des Teams verlassen den Standort vor der offiziellen Schließung. Der Rest wird verteilt. In der Abschlussrunde sagt eine Kollegin: „Wir haben uns nicht wie Menschen *gefühlt*. Wir haben uns wie Menschen *dargestellt.*"

Die zentrale Führungsentscheidung lautete:

Keine. Nur ein Rundschreiben mit Dank, unterschrieben von einer Abteilung, die „People & Culture" heißt.

Die wirkliche Entscheidung fiel durch Unterlassung: Wirkung wurde verwertet – nicht ermöglicht. Menschlichkeit war nie Ziel. Nur Mittel.

11. Entscheiden im Schatten der Angst

(zu Essay 24: Die Ökonomie der Angst)

Zeit: Donnerstag, 12:00 Uhr

Ort: Öffentliche Verwaltungseinheit

Kontext: Politischer Druck und drohende Standortschließung

Funktion der Hauptfigur: Geschäftsführung

Spannung: Angst darf nicht der Maßstab für Entscheidungen sein.

In einer öffentlichen Verwaltungseinheit mehren sich die Signale von außen. Die politischen Gremien sprechen von Effizienz, Konsolidierung, Umbau. Inoffiziell kursieren Begriffe wie „Standortbewertung" und „Reformnotwendigkeit". Die Leitung weiß: Ein Haus steht auf der Kippe. Die Belegschaft spürt es. Die Stimmung verändert sich. Gespräche werden kürzer, Entscheidungen vorsichtiger. Die Protokolle füllen sich mit Konjunktiven. Zukunft wird zur Hypothese.

In einer Sitzung geht es um ein Projekt zur Unterstützung junger Menschen mit psychischen Belastungen. Es läuft gut, ist innovativ, aber angreifbar. Öffentlichkeitswirksam, aber ungeschützt. Die Leitung zögert. Die Unsicherheit schreibt mit. Dann sagt jemand: „Vielleicht sollten wir erst entscheiden, wenn wir mehr wissen." Stille. Dann eine Stimme aus dem Team: „Wollen wir wirklich das Signal senden, dass Mut erst erlaubt ist, wenn niemand mehr zuschaut?"

Am nächsten Tag trifft die Geschäftsführung eine Entscheidung: Das Projekt wird fortgesetzt. Öffentlich. Mit Begründung. Nicht, weil die Bedingungen stabil sind, sondern weil das Zögern gefährlicher wäre als das Risiko selbst. Im internen Schreiben steht: „Angst darf kein Führungsprinzip sein. Und Schweigen kein Schutzschild."

Ein Teil der Belegschaft reagiert mit Erleichterung, andere mit Skepsis. Doch zum ersten Mal seit Wochen entsteht ein Gespräch, das nicht unter Vorbehalt geführt wird. Führung zeigt sich – nicht im Wissen, sondern in der Wahl.

Die zentrale Führungsentscheidung lautete:

Mut darf nicht nachgereicht werden. Und wenn Führung spürt, dass Angst den Takt vorgibt, muss sie ihn brechen: nicht leiser, sondern früher. Denn nicht das Risiko lähmt Organisationen – sondern das Schweigen darüber.

12. Handeln ohne Halt

(zu Essay 25: Führung in der Klimakrise)

Zeit: Montag, 17:00 Uhr

Ort: Kommunale Schule, Gesamtlehrerkonferenz

Kontext: Einführung eines Bildungsprogramms zur Klimagerechtigkeit

Funktion der Hauptfigur: Schulleiter

Spannung: Wer führen will, muss handeln – auch ohne Rückhalt.

Eine kommunale Schule mit 900 Auszubildenden plant ein neues Bildungsformat. Der Schulleiter ist Anfang 40, vernetzt, streitbar. Kein Rebell, aber auch kein Verwalter. Einer, der weiß, was auf dem Spiel steht. Und einer, der nicht mehr darauf warten will, dass Gremien zustimmen, bevor Verantwortung beginnt.

Er entwickelt ein Programm für „planetare Verantwortung": Aktionstage zur Klimagerechtigkeit, Kooperationen mit lokalen Initiativen, systemische Fragestellungen zu Ernährung, Wasser, Energie, Migration. Die Vision: nicht Ideologie, sondern Urteilsfähigkeit. Nicht Aktivismus, sondern Haltung. Nicht Schuld, sondern Handlungsmacht.

Die Reaktionen sind zurückhaltend. Die Verwaltung sagt: „Nicht unser Auftrag." Die Lehrkräfte sagen: „Nicht unser Stoff." Die Eltern sagen: „Nicht unser Thema." Die Schulaufsicht sagt: „Nicht abgestimmt."

Neutralität. Sachlichkeit. Ausgewogenheit. Worte wie Kältekompressen. Nicht falsch, aber falsch platziert. Der Schulleiter hört zu, wägt ab. Und dann, in der nächsten Gesamtlehrerkonferenz, stellt er sich hin, schaut in den Raum – nicht trotzig, sondern ruhig. Dann sagt er: „Wenn wir jetzt nicht handeln, handeln wir für immer nach."

Er macht weiter. Ohne Rückendeckung. Ohne Mandat. Aber mit offenem Visier. Er dokumentiert alles transparent, holt Feedback ein, bleibt gesprächsbereit, aber kompromisslos im Kern. Das Programm bleibt. Wächst. Verändert den Schulalltag. Verändert auch die Gespräche im Lehrerzimmer. Ein Jahr später wird die Schule mit einem Preis für pädagogische Innovationskraft ausgezeichnet.

Doch was bleibt, ist keine Euphorie. Was bleibt, ist die Erkenntnis: Dieser Preis ist kein Lohn. Er ist eine Erinnerung. Daran, dass Mut kein Konsens braucht. Und dass Führung in der Klimakrise bedeutet, voranzugehen, selbst wenn niemand folgt – noch nicht.

Die zentrale Führungsentscheidung lautete:

Nicht auf Zustimmung warten. Nicht auf Rückendeckung hoffen. Nicht auf das perfekte Timing vertrauen. Sondern handeln. Weil das Nichthandeln sich nicht mehr rechtfertigen lässt. Weil in der Klimakrise jedes Abwarten Mitschuld erzeugt. Und weil Führung, wenn es ernst wird, bedeutet: Handeln. Auch ohne Halt.

Nachklang zu „12 Sekunden Wirklichkeit"

Sie waren nicht laut. Nicht heldenhaft. Nicht ausgreifend. Aber jede dieser Entscheidungen, so unspektakulär sie auch schien, hat etwas verschoben. Im Raum. Im System. Im Denken. Nicht, weil sie groß waren. Sondern weil sie wahrhaftig waren.

Führung beginnt nicht mit Methode, sondern mit Wahrnehmung. Sie entsteht nicht in PowerPoints, sondern im Prekären. Sie wirkt nicht in Konzepten, sondern in Kontingenzen, in Momenten, in denen kein System trägt und kein Skript mehr passt. In zwölf Sekunden kann sich zeigen, was sonst verborgen bleibt: die Zumutung, das Zögern, die Präsenz. Ein Blick, ein Verstummen, eine Entscheidung gegen den Reflex – das sind keine Nebensächlichkeiten. Es sind Kipp-punkte.

Diese Miniaturen sind keine Beispiele. Sie sind Verdichtungen. Sie sind das, was übrigbleibt, wenn man Theorie durch die Praxis schleust und Haltung nicht behauptet, sondern riskiert.

Der finale Akt der Führung ist nicht immer ein Entschluss. Manch-mal ist es das bewusste Unterlassen. Die Anerkennung der Grenze. Der Moment, in dem Kontrolle nicht versagt, sondern bewusst aus-gesetzt wird: nicht aus Schwäche, sondern aus Stärke.

Und vielleicht ist der mutigste Akt der Führung am Ende genau das: etwas zuzulassen, das noch keinen Namen hat. Und dabei nicht zu wissen, ob es trägt; sondern nur, dass es notwendig ist.

Zur Erinnerung an Ingo

1988, in einer Donnerstagnacht wie dieser, wären wir mit Sicherheit im *Logo* gewesen. Sabine hätte zu Lene Lovichs *Bird Song* getanzt, Ingo wäre sowas von stolz gewesen, hätte sich aber nichts anmerken lassen. Bauer wäre zu spät gekommen, noch die Miststiefel an, den *Demokratur*-Regenmantel über.

Und in Peters Imbiss vor dem *Logo*, der neutralen Zone, hätten wir mit Lutz the Wutz and his Fuckin' Oi-Oi's – so nannten wir die Skinheads, wenn sie nicht da waren – *Mein kleiner grüner Kaktus* gesungen. Dann noch schnell ein Dosenbier abgeflankt, aus dem Kofferraum von Christians grünem Fiesta.

Gegen 2 Uhr morgens hätte sich Ingo erbarmt und mich in seinem Opel C-Kadett mit Sarggriffen in der Türverkleidung nach Hause gefahren.

Karōshi is a superfluous bitch.

* 31. August 1968, † 10. März 2011

Führung hören:
Der Soundtrack des Endstadiums

Wer nicht tanzt, wird vermessen.

.../

FÜHRUNG HÖREN: DER SOUNDTRACK DES ENDSTADIUMS

Zwischen Kontrolle, Kollaps und kaltem Neonlicht

Führung ist nicht nur eine Frage von Macht, Kontrolle und Strategie, sie ist auch ein Gefühl. Sie hat einen Rhythmus, eine Atmosphäre, eine Ästhetik. Und wie jede tiefgreifende Erfahrung hat sie ihren eigenen Soundtrack.

Dieser Soundtrack ist keine bloße Ergänzung zur Essaysammlung, sondern ein weiteres Medium der Auseinandersetzung. Musik schafft Assoziationen, verdichtet Emotionen und öffnet Perspektiven, die Worte allein nicht erreichen können. In der Kombination aus Text und Klang entsteht eine synästhetische Dimension, nicht als neurologisches Phänomen, sondern als bewusste künstlerische Überlagerung. Es geht mir darum, die dargestellten Themen nicht nur intellektuell, sondern auch sensorisch und emotional zu erfassen.

Die hier zusammengestellte Playlist ist eine klangliche Spurensuche entlang der Themen dieser Essaysammlung. Sie reicht von den synthetischen Utopien und Dystopien elektronischer Klangwelten bis hin zu musikalischen Reflexionen über Kontrolle, Manipulation und Widerstand. Es sind Stücke, die Führung nicht nur beschreiben, sondern sie spürbar machen: als kalte Maschinenmusik, als apokalyptischen Abgesang, als fiebrige Rebellion oder als letzte tanzbare Kapitulation.

Eine Simulation, die sich längst selbst vergessen hat.

Das hier ist der Soundtrack:

1. Propaganda: *p:Machinery* (1985): Ein synthetischer Albtraum in Hochglanz-Ästhetik. Führung als perfekte Fassade,
   als durchgetaktetes Spektakel, das funktioniert, weil niemand mehr hinterfragt. Willkommen in der Maschine.

2. Brockdorff Klang Labor: *Debord* (2012): Das Spektakel beginnt. Führung als eine Inszenierung ohne Substanz, eine
   endlose Reproduktion von Machtstrukturen, die längst keinen Inhalt mehr haben. Guy Debord sah es kommen. Dieser
   Song bringt es auf den Punkt.

3. Kraftwerk: *The Man-Machine* (1978): Die Pioniere des
   elektronischen Sounds haben mit ihrem Album *The Man-
   Machine* die Idee von Menschen als maschinelle Wesen mu-
   sikalisch und ästhetisch perfektioniert. Titel wie *The Robots*
   oder *Spacelab* zeigen den Gleichschritt zwischen elektronischer Präzision und dystopischer Entfremdung.

4. Silvia: *Zuerst ich* (1982): In diesem Track zerschlägt Silvia
   kompromisslos alte Machtstrukturen. Wiederholte Forderun-
   gen wie *„Ich bin jetzt nicht mehr allein"* und *„Zuerst ich und
   dann du"* verkünden einen radikalen Akt der Selbstbehaup-
   tung. Minimalistische Synths und schroffe Beats lassen den
   Zusammenbruch überkommener Kontrolle akustisch nach-
   hallen.

5. Depeche Mode: *Everything Counts* (1983): Depeche Mode
   verbinden kalte Synthesizer mit sozialer Kritik. *Everything
   Counts* ist ein Song über Kapitalismus, Korruption und die
   unbarmherzige Logik der Märkte, mit mechanischen Beats,
   die die industrielle Kälte unterstreichen.

6. Air: *Electronic Performers* (2001): Die beiden französischen
   Soundästheten besingen die Eleganz und Verführungskraft
   der Technologie. Die Zeile *„We are electronic performers"*

erinnert daran, dass Menschen sich in digitale Rhythmen einfügen müssen. Doch wer dirigiert hier eigentlich?

7. Duran Duran: *The Chauffeur* (1982): Ein Song wie ein voyeuristischer Blick durch getöntes Glas. Führung als Inszenierung, als Fahrt durch eine Welt, in der jede Geste Bedeutung trägt. Synthesizer flackern wie Stadtlichter, Simon Le Bons Stimme gleitet über ein Arrangement aus erotischer Kälte. *The Chauffeur* ist der Soundtrack zu einem Machtspiel, in dem man nicht mehr weiß, wer eigentlich im Wagen sitzt und wer lenkt.

8. Daft Punk: *Technologic* (2005): Der ultimative Soundtrack der KI-getriebenen Effizienzgesellschaft. Die endlose Befehlsabfolge „*Buy it, use it, break it, fix it, trash it, change it, mail – upgrade it*" ist eine präzise Vertonung des digitalen Kapitalismus. Wer mit der KI tanzen will, muss sich fragen: Ist das noch Führung? Oder bloß ein rhythmisches Abarbeiten von Algorithmen?

9. Aphex Twin: *Windowlicker* (1999): Da diese Essaysammlung eine verstörende Ebene hat, ist dies der perfekte Track. Eine surreal verzerrte Klangwelt, die genauso gut für das Versprechen wie für die Bedrohung der KI steht. Ist der Tanz mit der KI ein kontrollierter Prozess? Oder werden wir längst geführt, ohne es zu merken?

10. Laibach: *Opus Dei* (1987): Laibach dekonstruierten totalitäre Ästhetik und Ideologie, indem sie sie bis ins Groteske überhöhten. Ihr industrialisierter Sound ist gleichzeitig ein Spiegelbild und eine Parodie auf das, was „Macht" bedeutet, ganz im Sinne von *p:Machinery*.

11. Front 242: *Headhunter* (1988): Die belgische EBM-Band verwandelte die Logik der Kontrolle und des Systems in

pumpende, militante Rhythmen. Headhunter ist eine Art musikalisches Manifest über Überwachung, Manipulation und Unterwerfung.

12. Nine Inch Nails: *Head Like a Hole* (1989): Trent Reznor fusionierte rohe Wut mit Maschinen-Sounds und mechanischer Perfektion. *Head Like a Hole* ist ein Protest gegen Geld, Kontrolle und Unterdrückung; mit einer Härte, die *p:Machinery* in eine dunklere Richtung führt.

13. Gary Numan: *Metal* (1979): Ein Song über das Mensch-Maschine-Syndrom, geschrieben aus der Perspektive einer KI oder eines Androiden, der sich selbst nicht mehr als Mensch begreift. Minimalistisch, mechanisch, beklemmend.

14. Suicide: *Frankie Teardrop* (1977): Ein minimalistisches Elektro-Meisterwerk über Verzweiflung, Angst und den tödlichen Druck der modernen Gesellschaft. Kalte Beats, klaustrophobische Atmosphäre. Eine Maschine, die langsam kollabiert.

15. Einstürzende Neubauten: *Feurio!* (1989): Ein apokalyptisches Lied über brennende Städte und den Zerfall der Zivilisation, angetrieben von Maschinenklang, Industrial-Noise und erbarmungslosem Rhythmus.

16. VNV Nation: *Control* (2011): *Control* ist eine Hymne auf die totalitäre Technokratie, verpackt in treibenden Future-Pop. *„You have no control"*. Und doch tanzt man dazu.

17. St. Vincent: *Digital Witness* (2014): In diesem Track setzt sich St. Vincent kritisch mit der digitalen Überwachung und der allgegenwärtigen Präsenz von Technologie auseinander. Die Kombination aus elektronischen Klängen und bissigen Texten reflektiert die Entfremdung im digitalen Zeitalter.

18. Janelle Monáe: *Dirty Computer* (2018): Das Album erforscht die Schnittstelle zwischen Menschlichkeit und Technologie und thematisiert Identität, Freiheit und die Auswirkungen technologischer Kontrolle auf das Individuum.

19. Muse: *Algorithm* (2018): In diesem Track setzt sich die Band mit der Dominanz von Algorithmen und deren Einfluss auf das menschliche Leben auseinander. Die epische Produktion unterstreicht die Thematik der technologischen Übermacht.

20. Parrish Smith: *Sex, Suicide & Speed Metal* (2018): Rohe Aggression mit provokativen Themen. Rasante, verzerrte Riffs und pulsierende Beats erzeugen einen Sound, der die explosive Spannung zwischen Leidenschaft und Selbstzerstörung eindrucksvoll zum Ausdruck bringt. Ein akustisches Manifest, das den Zerfall herkömmlicher Genre-Grenzen und den Bruch konventioneller Machtstrukturen spürbar macht.

21. Boy Harsher: *Fate* (2019): Die düstere Elektronik von Boy Harsher vereint hypnotische Beats mit einer intensiven Atmosphäre, die das unausweichliche Schicksal im Zeitalter mechanisierter Kontrolle widerspiegelt.

22. Drab Majesty: *Ellipsis* (2020): Drab Majesty kreiert eine Klangwelt, in der die Reflexionen der digitalen Moderne und der melancholische Glanz kühler Distanz miteinander verschmelzen, ein Spiegelbild unserer Zeit.

23. Rue Oberkampf: *Control* (2022): Ein Spannungsfeld aus digitaler Präzision und rebellischer Emotion. Treibende Synth-Linien mit pulsierenden Beats, die eine Aura strenger, fast maschineller Kontrolle kreieren, während fragile Melodien und subtile Dissonanzen das Gefühl menschlicher Verletzlichkeit durchscheinen lassen. *Control* fängt die Ambivalenz moderner Machtverhältnisse ein, den ständigen Balanceakt zwischen Überwachung und dem Drang nach individueller

Freiheit. Inmitten technischer Kälte zeigt der Song, dass Kontrolle nie absolut ist, sondern stets von den chaotischen Impulsen des Lebens unterminiert wird.

24. Madeline Goldstein: *Seed of Doubt* (2022): *In Seed of Doubt* entfaltet Madeline Goldstein eine atmosphärische Klanglandschaft, in der schwebende Synthesizer und zurückhaltende Beats den ersten Keim des Zweifels in einer Welt strenger Systeme pflanzen. Der Track suggeriert, dass selbst in der scheinbar perfekten Ordnung Raum für kritisches Hinterfragen und Veränderung bleibt.

25. Moloko: *The Time Is Now* (2000): Nach dem ersten Keim des Zweifels erklingt kein Protest, keine Rebellion, sondern Verführung. Róisín Murphy singt nicht über Systeme, sondern über Präsenz, über Dringlichkeit, über den einen Moment, der bleibt, bevor alles wieder in Kontrolle zerfällt. „*Let's make this moment last*" – das ist keine Floskel, das ist ein Aufstand in Zeitlupe. *The Time Is Now* wirkt wie eine letzte Verankerung im Körperlichen, im Sinnlichen, im Jetzt; ein Stück, das sagt: Du bist da. Noch. Zwischen der emotionalen Kälte digitaler Systeme und der überästhetisierten Totalüberwachung markiert dieser Track eine Rissstelle. Eine Öffnung. Ein möglicher Ausgang. Aber Achtung: Auch das Jetzt kann täuschen. Auch Sinnlichkeit kann simuliert sein. Auch Verführung hat ihre Agenda. Und doch: Was, wenn *The Time Is Now* nicht der letzte Trick der Maschine ist – sondern der erste echte Impuls des Menschen?

26. NNHMN: *Omen* (2022): NNHMN präsentiert mit *Omen* einen Track, der düstere Vorahnungen moderner Kontrolle in eine bedrohlich schimmernde Klanglandschaft überführt. Scharfe, pulsierende Synthesizer und fragmentierte Beats erzeugen eine Atmosphäre, in der jede Note das Unvermeidliche anklingen lässt, als ob das digitale Zeitalter uns sein

düsteres Omen verkündet. *Omen* thematisiert den schleichenden Verlust individueller Freiheit, während die kalte Effizienz technologischer Systeme unaufhaltsam in den Strudel der modernen Existenz zieht.

27. Cosey Mueller: *Constructed* (2023): In *Constructed* vereinen sich mechanische Präzision und emotionale Unberechenbarkeit. Strukturierte Synth-Muster und surreale Klangtexturen spiegeln den Zwiespalt zwischen digitaler Effizienz und menschlicher Verletzlichkeit wider; ein akustisches Manifest moderner, vielleicht auch nur *Berliner* Realität.

28. Ghost Cop: *A Shot in the Dark* (2023): Ein Schuss, der nicht tötet, aber alles verändert. Die Beats flackern wie Neonlicht in einem Gang, den niemand zurückgeht. Hier wird nicht geführt. Hier wird gewartet, bis das System selbst das Ziel markiert. Ungewissheit als Architektur. Und irgendwo schreit eine Sirene, aber niemand hört sie mehr.

29. Whitey: *A Walk In The Dark* (2005): In diesem Track konfrontiert Whitey den Hörer mit der allgegenwärtigen Präsenz einer unsichtbaren Macht. Wiederkehrende Zeilen wie *„I see you in the dark"* zeichnen ein Bild permanenter Überwachung und individueller Isolation. Minimalistische Instrumentals und ein beklemmender Rhythmus verstärken die düstere Atmosphäre und machen den Konflikt zwischen Selbstwahrnehmung und äußerer Kontrolle spürbar.

30. Throbbing Gristle: *Discipline* (1980): Hier gibt es keine Melodie, nur Kontrolle. Führung als Endlosschleife, als Selbstüberwachung, als kalter Maschinenbefehl. Wer es einmal hört, gehorcht für immer.

31. Numb: *Blind* (1997): Die Welt ist sortiert. In Spalten. In Formeln. In Farben. Aber niemand weiß mehr, wo vorne ist. Führung existiert – in Form einer Datei mit 18 Tabs. Und du

suchst dich durch, bis du dich verlierst. Aber der Cursor blinkt weiter.

32. Tangerine Dream: *Phaedra* (1974): Ein langsames Verschwinden. Nichts zerbricht. Es verläuft. Synthesizer wie Nebel, der dich nicht findet, weil du längst nicht mehr da bist. Führung als Idee. Die Realität: ein Klang, der nicht endet, aber auch nichts mehr hält.

33. Current 93: *Lucifer Over London* (1994): David Tibet hebt an zum Gebet, aber der Himmel bleibt stumm. Dies ist keine Prophezeiung. Es ist der Wetterbericht eines Imperiums kurz vor dem Zusammenbruch. Wer hier noch führt, spricht in Zungen – und keiner will mehr zuhören.

34. Scott Walker: *The Electrician* (1978): Ein orchestrales Fieberdelirium zwischen Folterkeller und Arienhöhe. Walker singt über Macht, Gewalt, Schuld – so zärtlich, dass es weh tut. Führung wird hier zur Abgründigkeit, zum instrumentalen Sadismus, zur Frage, ob Nähe auch Zerstörung bedeuten kann. *The Electrician* ist kein Lied, sondern ein atmosphärischer Übergriff. Ein Crescendo der Kontrolle.

35. Wipers: *Over the Edge* (1983): Der letzte Moment, bevor du fällst. Führung als permanenter Kontrollverlust, als verzweifelter Versuch, den Crash noch abzuwenden.

36. Selofan: *Auf Deiner Haut* (2020): Nähe. Als Funktion. Berührung. Als Protokoll. Es klingt nach Gefühl, riecht nach Simulation. Und am Ende bleibt: nichts; außer der Abdruck deiner eigenen Maske.

37. Leathers: Ultraviolet (2022): Steriles Licht. Schön. Kalt. Unwiderstehlich. Führung als Schaufenster: niemand drin, aber alles perfekt ausgeleuchtet. Du glaubst, es lebt. Aber es spiegelt nur dich.

38. Skemer: *Toasts & Sentiments* (2019): Ein letzter Toast auf das, was längst bedeutungslos geworden ist. Führung als Ritual ohne Funktion, als feierlicher Abgesang. Wohlsein!

39. Winter Severity Index: *Another Woman* (2014): Ein Blick in den Spiegel, ein fremdes Gesicht. Führung als Identitätskrise: du spielst eine Rolle, die nicht mehr dir gehört.

40. SIIE: *Cité Lunaire* (2021): Eine Stadt aus Licht. Aber niemand wohnt mehr darin. Straßen wie Datenleitungen, Fenster wie Interfaces. Hier spricht niemand. Hier wird gesendet. Führung? Ein Monolog im Loop. An Wände. An Wetter. An dich selbst.

41. Sydney Valette: *Station Stop* (2021): Letzter Halt. Doch keiner steigt aus. Die Musik pulsiert wie Restwärme unter Neon. Führung flackert auf wie ein Exit-Schild – verspricht Rettung, meint Durchsage. Und du wartest weiter.

42. Potochkine: *Sortilèges* (2022): Ein okkulter Maschinenzauber, ein fieberhaftes Mantra. Führung als dunkles Ritual, als Tanz zwischen Verheißung und Verdammnis. Wer einmal in diesen Strudel gerät, findet keinen Ausgang mehr.

43. Schonwald: *Collapse* (2010): Der leise Sound eines Systems, das in sich zusammenfällt. Führung als kalte Elegie, als romantische Täuschung, die längst zerbrochen ist. Aber der Beat läuft weiter.

44. Das Kabinette: *The Cabinet* (1983): Kafka goes Synth. Ordner in Endlosschleife, Akten als Architektur. Führung? Ein Dienstsiegel auf einem nicht gestellten Antrag. Der Stempel knallt. Niemand ist mehr da.

45. Atelier Du Mal: *Palau* (2017): Letzte Runde auf dem Parkett. Die Körper perfekt choreografiert. Aber keiner weiß mehr,

wer führt. Führung als Illusion in Zeitlupe, elegant, verfallen, leer wie das Archiv eines Balletts.

46. Karl Biscuit: *La Mort* (1984): Führung als perfekter Walzer mit dem Untergang. Eisige Synths, kalte Eleganz. Fürwahr eine makellose Inszenierung des Todes, mit Stil.

47. Neon: *Lobotomy* (1981): Chirurgisch. Jede Sekunde ein Schnitt. Hier wird nicht gedacht, hier wird gelöscht – elegant, effizient, final. Führung als neurotechnologische Hygiene: Störungen werden entfernt, bevor sie überhaupt auftreten. Es bleibt ein Lächeln. Ohne Absicht.

48. Sub Version: *Jezebel* (2002): Dekadenz, Rebellion, ein Tanz auf dem Drahtseil. Führung als Versuch, die Kontrolle zu behalten, während man längst von ihr kontrolliert wird.

49. Joachim Witt: *Strenges Mädchen* (1982): Ein autoritärer Beat, eine Stimme, die befiehlt: *„Ein herber Wind im Kirschenbaum"*. Führung als Fetisch, als eiskalte Lust an Macht und Kontrolle. Eine Parodie, die längst Realität geworden ist.

50. The Damned: *Smash It Up Parts 1 & 2* (1979): Ein Song wie eine gespaltene Persönlichkeit: Teil 1 als melancholisch instrumentale Meditation, Teil 2 als hymnischer Aufruf zur Demontage der Pose. *Smash It Up* ist kein bloßer Protest, es ist die musikalische Abrissbirne gegen jede Form von lähmender Vernunft. Hier wird nicht einfach zerstört. Hier wird das dekorierte Nichts enttarnt: mit Gitarren, die klingen wie ein kollektiver Tritt gegen die Fassade der Selbstoptimierung.

Und damit: Der Vorhang fällt. Der Sound bleibt. Der Soundtrack zu Führung im Endstadium steht wie eine Wand aus Beats, Beton und Blut.

Ein dunkles Flirren für alle, die wissen, dass Kontrolle kein Zustand ist, sondern ein Mythos.

Führung, Sound und die Frage nach dem letzten Track

Führungskräfte müssen lernen, mit der KI zu tanzen, schrieb ich in Essay 18. Der Soundtrack in dieser Essaysammlung ist so vielfältig wie die Interpretationen der digitalen Transformation selbst. Sehen Sie es mir diese popkulturelle Referenz bitte nach; manchmal funktioniert Denken einfach besser mit dem richtigen Soundtrack.

Vielleicht lautet die provokativste Antwort auf diese Frage: KI gibt keinen festen Soundtrack vor, sie remixt ihn. Der Tanz mit der KI ist kein Walzer mit klaren Regeln, sondern ein endloses Mashup aus Kontrolle, Chaos und Improvisation.

Führung ist heute ein ständiges Wechselspiel: zwischen menschlicher Intuition und algorithmischer Berechnung, kalter Effizienz und kreativer Störung, Kontrolle und Kontrollverlust. Wer führen will, muss nicht nur die Muster der Zukunft erkennen, sondern auch lernen, sich *zwischen den Takten* zu bewegen. Das ist nicht zu verwechseln mit *taktlos*.

Und manchmal ist Führung eben nur das: ein Basslauf gegen die Stille.

Literaturverzeichnis

.../
LITERATURVERZEICHNIS

Adorno, Theodor W.: Gesammelte Schriften in 20 Bänden, Band 11: Noten zur Literatur. Frankfurt am Main: Suhrkamp, 2003.

Ahmed, Sara: On Being Included. Racism and Diversity in Institutional Life. Durham: Duke University Press, 2012.

Aitken, Paul und Malcolm Higgs: Developing Change Leaders. The Principles and Practices of Change Leadership Development. London: Routledge, 2009.

Apple beschränkt das bei Demonstranten beliebte AirDrop in China. Online im WWW: https://www.spiegel.de/netzwelt/gadgets/apple-beschraenkt-das-bei-demonstranten-beliebte-airdrop-in-china-a-134f9a19-a6fc-45a1-92fe-e29abebab81 [Datum des Zugriffs: 2025-02-18].

Aristoteles: Nikomachische Ethik. Übers. von Eugen Rolfes. Hamburg: Meiner, 1995.

Bachtin, Michail: Literatur und Karneval. Zur Romantheorie und Lachkultur. München: Hanser, 1969.

Baecker, Dirk: Postheroisches Management. Ein Vademecum. Berlin: Suhrkamp, 1994.

Ders.: Postheroisches Management in Bibliotheken. In: BIBLIOTHEK. Forschung und Praxis (2018). Online im WWW: https://d-nb.info/1189071614/34 [Datum des Zugriffs: 2025-01-25].

Baudrillard, Jean: Agonie des Realen. Berlin: Merve, 1978.

Ders.: Die Transparenz des Bösen. Ein Essay über extreme Phänomene. Berlin: Merve, 1992

Ders.: Simulacra and Simulation. Ann Arbor: University of Michigan Press, 1994.

Bauman, Zygmunt: Flüchtige Moderne. Frankfurt am Main: Suhrkamp, 2003.

Ders.: Gemeinschaften. Auf der Suche nach Sicherheit in einer bedrohlichen Welt. Frankfurt am Main: Suhrkamp, 2009.

Beck, Ulrich: Risikogesellschaft. Auf dem Weg in eine andere Moderne. Frankfurt am Main: Suhrkamp, 1986.

Benjamin, Ruha: Race After Technology. Abolitionist Tools for the New Jim Code. Cambridge: Polity Press, 2019.

Bergman, Ronen: Rise and Kill First. The Secret History of Israel's Targeted Assassinations. New York: Random House, 2018.

Bias bei künstlicher Intelligenz: Risiken und Lösungsansätze. Online im WWW: https://www.activemind.legal/de/guides/bias-ki/ [Datum des Zugriffs: 2025-01-31].

Blyth, Mark: Austerity. The His-tory of a Dangerous Idea. New York: Oxford University Press, 2013.

Boltanski, Luc und Ève Chiapello: Der neue Geist des Kapitalismus. Konstanz: UVK, 1999.

Borgeest, Kai: Manipulation von Abgaswerten. 2. Aufl. Wiesbaden: Springer Vieweg, 2021.

Bort, Julie und Meghan Morris: Sex, Tequila und lebendige Tiger. Wework-Mitarbeiter berichten von zügellosen Partys und Exzessen. Online im WWW: https://www.businessinsider.de/tech/adam-neumann-wework-2019-9/ [Datum des Zugriffs: 2025-01-28].

Bostrom, Nick: Superintelligence. Paths, Dangers, Strategies. Oxford: Oxford University Press, 2014.

Brand, Ulrich und Markus Wissen: Imperiale Lebensweise. Zur Ausbeutung von Mensch und Natur in Zeiten des globalen Kapitalismus. Münster: Oekom, 2017.

Bröckling, Ulrich: Das unternehmerische Selbst. Soziologie einer Subjektivierungsform. Frankfurt am Main: Suhrkamp, 2007.

Brown, Wendy: Undoing the Demos. Neoliberalism's Stealth Revolution. Cambridge: MIT Press, 2015.

Bullough, Oliver: Moneyland. Why Thieves & Crooks Now Rule the World & How to Take It Back. London: Profile Books, 2018.

Bundesministerium für Arbeit und Soziales (Hrsg.): Weißbuch Arbeiten 4.0. Berlin 2017. Online im WWW: https://www.denkfabrik-bmas.de/fileadmin/Downloads/Publikationen/weissbuch_barriere-frei.pdf [Datum des Zugriffs: 2025-02-26].

Butler, Judith: Gender Trouble. Feminism and the Subversion of Identity. New York: Routledge, 1990.

Dies.: Undoing Gender. New York: Routledge, 2004.

Dies.: Raster des Krieges. Warum wir nicht jedes Leid beklagen? Frankfurt am Main: Campus Verlag, 2010.

Callahan, Molly: Algorithms Were Supposed to Reduce Bias in Criminal Justice – Do They? Online im WWW: https://www.bu.edu/articles/2023/do-algorithms-reduce-bias-in-criminal-justice/ [Datum des Zugriff: 2025-01-31].

Carney, Mark: Value(s). Building a Better World for All. New York: PublicAffairs, 2021.

Carr, Nicholas: The Glass Cage. How Our Computers Are Changing Us. New York: W. W. Norton & Company, 2014.

Cascio, Jamais: Facing the Age of Chaos. Online im Internet: https://medium.com/@cascio/facing-the-age-of-chaos-b00687b1f51d [Datum des Zugriffs: 2025-01-26].

Christensen, Clayton M.: The Innovator's Dilemma. When New Technologies Cause Great Firms to Fail. Boston, MA: Harvard Business School Press, 1997.

Clegg, Stewart und Miguel Pina e Cunha: Post-Leadership Leadership. Mastering The New Liquidity. In: Brigid Carroll, Josh Firth und Suze Wilson: After leadership. New York: Routledge, 2018, S. 175-193.

Crary, Jonathan: 24/7. Late Capitalism and the Ends of Sleep. London und New York: Verso, 2013.

Crawford, Kate: Atlas of AI. Power, Politics, and the Planetary Costs of Artificial Intelligence. New Haven: Yale University Press, 2021.

Crenshaw, Kimberlé: On Intersectionality. Essential Writings. New York: The New Press, 2019.

Crouch, Colin: Post-Democracy. Cambridge: Polity Press, 2004.

Csikszentmihalyi, Mihaly: Flow. Das Geheimnis des Glücks. Stuttgart: Klett-Cotta, 1992.

Curran, Thomas: Nie gut genug. Die fatalen Folgen des Perfektionismus – und wie wir uns vom Selbstoptimierungsdruck befreien können. Hamburg: Rowohlt, 2023.

Davies, William: The Limits of Neoliberalism. Authority, Sovereignty and the Logic of Competition. London: SAGE, 2014.

Debord, Guy: Die Gesellschaft des Spektakels. Hamburg: Edition Nautilus, 1978.

deGrasse Tyson, Neil: Accessory to War. The Unspoken Alliance Between Astrophysics and the Military. New York: W. W. Norton & Company, 2018.

Delayed Gratification: The Slow Journalism Magazine. London: The Slow Journalism Company, 2011ff.

Deleuze, Gilles und Félix Guattari: Tausend Plateaus. Kapitalismus und Schizophrenie. Berlin: Merve, 1992.

Ders.: Unterhandlungen 1972-1990. Frankfurt am Main: Suhrkamp, 1993.

Deterding, Sebastian u.a.: Gamification. Toward a Definition. Proceedings of CHI 2011, Vancouver, 2011.

Deutsche Umwelthilfe: Analyse der Deutschen Umwelthilfe enthüllt Einweg-Kampagne von McDonald's als besonders dreistes Greenwashing. Online im WWW: https://www.duh.de/presse/presse-mitteilungen/pressemitteilung/analyse-der-deutschen-umwelthilfe-enthuellt-einweg-kampagne-von-mcdonalds-als-besonders-dreistes-gre/ [Datum des Zugriffs: 2025-01-28].

Deutscher Ethikrat (Hrsg.): Mensch und Maschine – Herausforderungen durch Künstliche Intelligenz. Stellungnahme. Berlin 2023. Online im WWW: https://www.ethikrat.org/fileadmin/Publikationen/Stellungnahmen/deutsch/stellungnahme-mensch-und-maschine.pdf [Datum des Zugriffs: 2025-02-26].

Deudney, Daniel: Dark Skies. Space Expansionism, Planetary Geopolitics, and the Ends of Humanity. Oxford: Oxford University Press, 2020.

DiAngelo, Robin: White Fragility. Why It's So Hard for White People to Talk About Racism. Boston: Beacon Press, 2018.

Dicken, Peter: Global Shift. Mapping the Changing Contours of the World Economy. New York: Guilford Press, 2015.

Dobbin, Frank und Alexandra Kalev: Why Diversity Programs Fail. Harvard Business Review, 2016.

Durand, Cédric: Technoféodalisme. Critique de l'économie numérique. Paris: La Découverte, 2023.

Ehlers, Ulf-Daniel u.a.: AICOMP – Future Skills in a World Increasingly Shaped By AI. In: Ubiquity Proceedings (2023).

Ders.: Future Skills – Future Learning and Future Higher Education. Karlsruhe 2020. Online im WWW: https://nextskills.org/downloads/Future-Skills-The-Future-of-learning-and-higher-education.pdf [Datum des Zugriffs: 2025-02-01].

Elkington, John: Green Swans. The Coming Boom in Regenerative Capitalism. New York: Fast Company Press, 2020.

Ernst, Chris und Donna Chrobot-Mason: Boundary Spanning Leadership. Six Practices for Solving Problems, Driving Innovation, and Transforming Organizations. New York: McGraw-Hill, 2011.

Fisher, Mark: Kapitalistischer Realismus. Ist keine Alternative möglich? Hamburg: VSA, 2013.

Floridi, Luciano: The Fourth Revolution. How the Infosphere is Reshaping Human Reality. Oxford: Oxford University Press, 2014.

Foster, John Bellamy: The Ecological Rift. Capitalism's War on the Earth. New York: Monthly Review Press, 2010.

Foucault, Michel: Die Ordnung der Dinge. Eine Archäologie der Humanwissenschaften. Frankfurt am Main: Suhrkamp, 1974.

Ders.: Sexualität und Wahrheit. Erster Band: Der Wille zum Wissen. Frankfurt am Main: Suhrkamp, 1977.

Ders.: Überwachen und Strafen. Die Geburt des Gefängnisses. Frankfurt am Main: Suhrkamp, 1977.

Ders.: Die Regierung des Selbst und der Anderen. Vorlesungen am Collège de France 1982-1983. Frankfurt am Main: Suhrkamp, 2009.

Frey, Robert: Ernst Jüngers Der Arbeiter. Interpretation und kritische Kontextualisierung. Online im WWW: https://www.mythos-magazin.de/ideologieforschung/rf_arbeiter.pdf [Datum des Zugriffs: 2024-12-29].

Furedi, Frank: How Fear Works. Culture of Fear in the Twenty-First Century. London: Bloomsbury, 2018.

Gabrynowicz, Joanne: The Obligation to Preserve Outer Space for Peaceful Uses and Future Generations. Journal of Space Law, 2015.

Gallup Engagement Index Deutschland. Online im WWW: https://www.gallup.com/de/472028/bericht-zum-engagement-index-deutschland.aspx [Datum des Zugriffs: 2025-01-26].

Gilliard, Chris und Safiya Noble: The Gamification of Surveillance. How Social Credit Systems & the Quantification of Everyday Life Impact Democracy. Harvard Kennedy School, 2020.

Goleman, Daniel: Emotional Intelligence. Why It Can Matter More Than IQ. New York: Bantam Books, 1995.

Graeber, David: Bürokratie. Die Utopie der Regeln. Stuttgart: Klett-Cotta, 2016.

Ders. und David Wengrow: The Dawn of Everything. A New History of Humanity. New York: Farrar, Straus and Giroux, 2021.

Gründel, Verena: Kampagne „I am Beautiful". McDonald's: Das ist Greenwashing auf hohem Niveau. Online im WWW: https://www.wuv.de/Themen/Marke/McDonald-s-Das-ist-Green-washing-auf-hohem-Niveau [Datum des Zugriffs: 2025-01-28].

Hamel, Gary: The Future of Management. Boston, MA: Harvard Business School Press, 2007.

Ders.: What Matters Now. How to Win in a World of Relentless Change, Ferocious Competition, and Unstoppable Innovation. San Francisco: Jossey-Bass, 2012.

Han, Byung-Chul: Im Schwarm. Ansichten des Digitalen. Berlin: Matthes & Seitz, 2013.

Ders.: Psychopolitik. Neoliberalismus und die neuen Machttechniken. Frankfurt am Main: Fischer, 2014.

Ders.: Infokratie. Digitalisierung und die Krise der Demokratie. Berlin: Matthes & Seitz, 2021.

Ders.: Müdigkeitsgesellschaft. Berlin: Matthes & Seitz, 2010.

Handy, Charles: The Age of Unreason. Boston: Harvard Business School Press, 1989.

Harari, Yuval Noah: Homo Deus. A Brief History of Tomorrow, London: Harvill Secker, 2016.

Harrington, Brooke: Capital without Borders. Wealth Managers and the One Percent. Cambridge: Harvard University Press, 2016.

Harvey, David: A Brief History of Neoliberalism. Oxford: Oxford University Press, 2005.

Hawken, Paul: Drawdown. The Most Comprehensive Plan Ever Proposed to Reverse Global Warming. New York: Penguin, 2017.

Heifetz, Ronald, Alexander Grashow und Marty Linsky: Adaptive Leadership. Tools and Tactics for Changing Your Organization and the World. Boston: Harvard Business Review Press, 2009.

Hickman, John: The Politics of Space. A Critique of Expansionism. New York: Routledge, 2018.

Honore, Russel L.: Leadership in the New Normal. A Short Course. Lafayette, LA: Acadian House Publishing, 2017.

Hooks, Bell: Teaching to Transgress. Education as the Practice of Freedom. New York: Routledge, 1994

Hudson, Michael: Killing the Host. How Financial Parasites and Debt Bondage Destroy the Global Economy. New York: ISLET, 2015.

Illich, Ivan: Deschooling Society. New York: Harper & Row, 1971.

Illouz, Eva: Cold Intimacies. The Making of Emotional Capitalism. Cambridge: Polity Press, 2007.

Internationale statistische Klassifikation der Krankheiten und verwandter Gesundheitsprobleme. 10. Revision. German Modification. Version 2025. Online im WWW: https://klassifikationen.bfarm.de/icd-10-gm/kode-suche/htmlgm2025/block-z70-z76.htm [Datum des Zugriffs: 2025-03-15].

Jackson, Tim: Wohlstand ohne Wachstum. Grundlagen für eine zukunftsfähige Wirtschaft. München: Oekom, 2011.

Jonas, Hans: Das Prinzip Verantwortung. Versuch einer Ethik für die technologische Zivilisation. Frankfurt am Main: Suhrkamp, 1979.

Jünger, Ernst: Der Arbeiter. Herrschaft und Gestalt, Stuttgart: Klett-Cotta, 1932.

Kant, Immanuel: Grundlegung zur Metaphysik der Sitten. Hamburg: Meiner, 1999.

Kellerman, Barbara: The End of Leadership. New York: HarperBusiness, 2012.

Kittler, Friedrich: Grammophon, Film, Typewriter. Berlin: Brinkmann & Bose, 1986.

Klein, Naomi: The Shock Doctrine. The Rise of Disaster Capitalism. New York: Metropolitan Books, 2007.

Dies.: Die Entscheidung. Kapitalismus vs. Klima. Frankfurt am Main: Fischer, 2015.

Koch, Henning, Claudia Schneider und Ulrike Wilke (Hrsg.): Future Skills lehren und lernen. Schlaglichter aus Hochschule, Schule und Weiterbildung. Stifterverband für die Deutsche Wissenschaft e.V. Essen 2024. Online im WWW: https://www.stifterverband.org/sites/default/files/2024-10/future_skills_lehren_und_lernen.pdf [Datum des Zugriffs: 2025-02-01].

Köllner, Christiane: Ukraine-Krieg sorgt für Kabelbaum-Engpass in Deutschland. Online im WWW: https://www.springerprofessional.de/automobilproduktion/bordnetze/ukraine-krieg-sorgt-fuer-kabelbaum-engpass-in-deutschland/20227600 [Datum des Zugriffs: 2025-01-26].

Koop, Andreas: NSCI. Das visuelle Erscheinungsbild der Nationalsozialisten 1920-1945. 3. überarbeitete und ergänzte Auflage. Mainz: Verlag Hermann Schmidt, 2017.

Kotter, John P.: Leading Change. Boston, MA: Harvard Business Review Press, 1996.

Kramper, Gernot: 200 Dollar Entnahmegebühr – so saugt Nestlé eine Gegend trocken. Online im WWW: https://www.stern.de/wirtschaft/news/nur-200-dollar-entnahmegebuehr---so-saugt-nestl%C3%A9-eine-gegend-trocken-7477578.html [Datum des Zugriffs: 2025-02-18].

Kraus, Karl: Die chinesische Mauer. In: Christian Wagenknecht (Hrsg.): Karl Kraus Schriften, Bd.2. Frankfurt am Main: Suhrkamp, 1987.

Kuhn, Thomas S.: The Structure of Scientific Revolutions. Chicago: University of Chicago Press, 1962.

Laloux, Frederic: Reinventing Organizations. Ein Leitfaden zur Gestaltung sinnstiftender Formen der Zusammenarbeit. München: Vahlen, 2015.

Lanier, Jaron: Wem gehört die Zukunft? Hamburg: Hoffmann und Campe, 2014.

Ders.: Ten Arguments for Deleting Your Social Media Accounts Right Now. New York: Henry Holt, 2018.

Latour, Bruno: Das terrestrische Manifest. Berlin: Suhrkamp, 2018.

Ders.: After Lockdown. A Metamorphosis. Cambridge: Polity Press, 2021.

Le Guin, Ursula K.: Die Enteigneten. Eine ambivalente Utopie. Bellheim: Edition Phantasia, 2006.

Lévy, Pierre: Die kollektive Intelligenz. Eine Anthropologie des Cyberspace. Mannheim: Bollmann, 1997; Howard Rheingold: Smart Mobs. The Next Social Revolution. Cambridge, MA: Perseus, 2003.

Lin, Lauren Yu-Hsin and Curtis J. Milhaupt: China's Corporate Social Credit System. The Dawn of Surveillance State Capitalism? European Corporate Governance Institute, Law Working Paper No. 610/2021. Online im WWW: https://papers.ssrn.com/sol3/papers.cfm?abstract_id=3933134 [Datum des Zugriffs: 2025-02-18].

Luhmann, Niklas: Legitimation durch Verfahren. Frankfurt am Main: Suhrkamp, 1983.

Lyon, David: The Culture of Surveillance. Watching as a Way of Life. Cambridge: Polity Press, 2018.

Malik, Fredmund: Führen Leisten Leben. Wirksames Management für eine neue Zeit. Frankfurt am Main/New York: Campus Verlag, 2013.

Malm, Andreas: Fossil Capital. The Rise of Steam Power and the Roots of Global Warming. London: Verso, 2016.

Ders.: How to Blow Up a Pipeline. Learning to Fight in a World on Fire. London: Verso, 2021.

McDougall, Walter: The Heavens and the Earth. A Political History of the Space Age. Baltimore: Johns Hopkins University Press, 1985.

McGonigal, Jane: Reality is Broken. Why Games Make Us Better and How They Can Change the World. New York: Penguin, 2011.

Moore, Jason W.: Capitalism in the Web of Life. Ecology and the Accumulation of Capital. London: Verso, 2015.

Morningstar, Cory: The Manufacturing of Greta Thunberg – for Consent. Self-Published, 2019.

Morozov, Evgeny: To Save Everything, Click Here. The Folly of Technological Solutionism. New York: PublicAffairs, 2013.

Morrison, Toni: Playing in the Dark. Whiteness and the Literary Imagination. Cambridge: Harvard University Press, 1992.

Morton, Timothy: Hyperobjects. Philosophy and Ecology after the End of the World. Minneapolis: University of Minnesota Press, 2013.

Myers, Verna: Moving Diversity Forward. How to Go From Well-Meaning to Well-Doing. Chicago: ABA Publishing, 2011.

Newport, Cal: Digital Minimalism: Choosing a Focused Life in a Noisy World. New York: Portfolio, 2019.

Ogger, Günter: Nieten in Nadelstreifen. Deutschlands Manager im Zwielicht. München: Droemer Knaur, 1995.

O'Neil, Cathy: Weapons of Math Destruction. How Big Data Increases Inequality and Threatens Democracy. New York: Crown Publishing, 2016.

Orvat, Carsten: Diskriminierungsrisiken durch Verwendung von Algorithmen. Online im WWW: https://www.antidiskriminierungs stelle.de/SharedDocs/downloads/DE/publikationen/Expertisen/ studie_diskriminierungsrisiken_durch_verwendung_von_algorithmen.pdf [Datum des Zugriff: 2025-01-31].

Parker, Lori M. und Joseph N. Pelton (Hrsg.): Space 2.0. Revolutionary Advances in the Space Industry. New York: Springer, 2019.

Pasquale, Frank: The Black Box Society. The Secret Algorithms That Control Money and Information. Cambridge: Harvard University Press, 2015.

Poole, Steven: Trigger Happy. Videogames and the Entertainment Revolution. London: Arcade, 2000.

Raworth, Kate: Doughnut Economics. Seven Ways to Think Like a 21st-Century Economist. London: Random House, 2020.

Reckwitz, Andreas: Die Gesellschaft der Singularitäten. Zum Strukturwandel der Moderne. Berlin: Suhrkamp, 2017.

Rouvroy, Antoinette und Thomas Berns: Algorithmic Governmentality and Prospects of Emancipation. Disparateness as a precondition for individuation. La Découverte, 2013.

Rügemer, Werner: Die Kapitalisten des 21. Jahrhunderts. Gemeinverständlicher Abriss zum Aufstieg der neuen Finanzakteure. Köln: PapyRossa, 2018.

Rushkoff, Douglas: Survival of the Richest. Escape Fantasies of the Tech Billionaires. New York: Norton & Company, 2022.

Sandel, Michael: What Money Can't Buy. The Moral Limits of Markets. New York: Farrar, Straus and Giroux, 2012.

Scharmer, C. Otto: Theorie U. Von der Zukunft her führen. Presencing als soziale Technik. Heidelberg: Carl-Auer-Systeme Verlag, 2011.

Schneier, Bruce: Data and Goliath. The Hidden Battles to Collect Your Data and Control Your World. New York: W. W. Norton & Company, 2015.

Scott, James C.: The Art of Not Being Governed. An Anarchist History of Upland Southeast Asia. New Haven: Yale University Press, 2009.

Sen, Amartya: The Idea of Justice. Cambridge: Harvard University Press, 2009.

Sennett, Richard: Der flexible Mensch. Die Kultur des neuen Kapitalismus. 6. Aufl. Berlin: Berlin-Verlag, 1998.

Shaxson, Nicholas: Treasure Islands. Tax Havens and the Men Who Stole the World. London: Vintage, 2012.

Singer, Peter: Famine, Affluence, and Morality. In: Philosophy & Public Affairs 1 (3), 1972, S. 229-243.

Singh, Ajit: The Myth of „Debt-trap Diplomacy" And Realities of Chinese Development Finance. In: Third World Quarterly 42 (2021), S. 239-253.

Slobodian, Quinn: Globalists. The End of Empire and the Birth of Neoliberalism. Cambridge: Harvard University Press, 2018.

Smith, Adam: Der Wohlstand der Nationen. München: Beck, 1974.

Srinivasan, Balaji: The Network State. How to Start a New Country. Self-published, 2022.

Srnicek, Nick: Platform Capitalism. Cambridge: Polity Press, 2017.

Sternberger, Dolf, Gerhard Storz und Wilhelm E. Süskind: Aus dem Wörterbuch des Unmenschen. München: Deutscher Taschenbuch Verlag, 1962.

Stiglitz, Joseph E.: The Price of Inequality. New York: Norton & Company, 2012.

Streeck, Wolfgang: Gekaufte Zeit. Die vertagte Krise des demokratischen Kapitalismus. Berlin: Suhrkamp, 2013.

Stübane, Tim: Die trügerische Leichtigkeit der Nachhaltigkeitswerbung. Online im WWW: https://thegoodwins.de/truegerische-leichtigkeit-80239/ [Datum des Zugriffs: 2025-01-28].

Taibbi, Matt: The Divide. American Injustice in the Age of the Wealth Gap. New York: Spiegel & Grau, 2014.

Tapscott, Don und Alex Tapscott: Blockchain Revolution. How the Technology Behind Bitcoin and Other Cryptocurrencies is Changing the World. New York: Portfolio, 2016.

Taylor, Frederick Winslow: The Principles of Scientific Management. New York: Harper & Brothers, 1911.

Tegmark, Max: Leben 3.0. Mensch sein im Zeitalter Künstlicher Intelligenz. Berlin: Ullstein, 2019.

Valentine, David: Imagining the Future of Space Exploration: We Are on the Verge of Something Fantastic. American Ethnologist, 2012.

Victor, Daniel: Pepsi Pulls Ad Accused of Trivializing Black Lives Matter. Online im WWW: https://www.nytimes.com/2017/04/05/business/kendall-jenner-pepsi-ad.html [Datum des Zugriffs: 2025-01-28].

Voina, Andreea und Mihnea S. Stoica: Reframing Leadership. Jacinda Ardern's Response to the Covid-19 Pandemic. In: Media and Communication 11 (2023), S. 139-149.

Weber, Max: Wirtschaft und Gesellschaft. Grundriss der verstehenden Soziologie. 5. revidierte Auflage, hrsg. von Johannes Winckelmann. Tübingen: Mohr Siebeck, 1972.

Weizenbaum, Joseph: Computer Power and Human Reason. From Judgment to Calculation. San Francisco: Freeman, 1976.

Weizenbaum-Institut (Hrsg.): Künstliche Intelligenz zwischen Mythos und Kritik. Berlin 2024. Online im WWW: https://www.weizenbaum-institut.de/media/Publikationen/Einzel-publikationen/Broschuere_ki-mythos-kritik.pdf [Datum des Zugriffs: 2025-02-26].

Whyte, William H.: The Organization Man. New York: Simon & Schuster, 1956.

Williams, James: Stand Out of Our Light. Freedom and Resistance in the Attention Economy. Cambridge: Cambridge University Press, 2018.

Winter, Stefan: Deepwater im Top Kill. 20 Web-Dinge über die Öl-katastrophe. Online im WWW: https://www.jetzt.de/20dinge/deepwater-im-top-kill-20-web-dinge-ueber-die-oelkatastrophe-504690 [Datum des Zugriffs: 2025-01-28].

Wirth, Ulrich: Führung und Fiktion. Was Leadership von Literatur, Subkultur und Pop lernen kann. Norderstedt: BoD, 2025.

Worsley, Peter: Und die Posaune wird erschallen. „Cargo"-Kulte in Melanesien. Frankfurt am Main: Suhrkamp, 1973.

Wu, Tim: The Curse of Bigness. Antitrust in the New Gilded Age. New York: Columbia Global Reports, 2018.

Žižek, Slavoj: The Ticklish Subject. The Absent Centre of Political Ontology. New York: Verso, 1999.

Ders.: Violence. Six Sideways Reflections. New York: Picador, 2008.

Zuboff, Shoshana: Das Zeitalter des Überwachungskapitalismus. Frankfurt am Main: Campus, 2018.

Zucman, Gabriel: The Hidden Wealth of Nations. The Scourge of Tax Havens. Chicago: University of Chicago Press, 2015.

Vorangegangene Interventionen

Ulrich Wirth:

Führung und Fiktion. Was Leadership von Literatur, Subkultur und Pop lernen kann. Norderstedt: BoD, 2025, 300 Seiten, 19,99 Euro.

ISBN: 978-3-7693-5214-6

Führung, wie Sie sie noch nie erlebt haben.

Vergessen Sie Regeln und glitzernde PowerPoint-Präsentationen. Dieses Buch will Sie herausfordern, provozieren und transformieren. Taylor Swift trifft auf Charles Bukowski, Ernst Jünger auf Monty Python. Hilde Domin und Ingomar von Kieseritzky auf den persischen Dichter Rumi und das MAD Magazin. Dass Sie das noch erleben dürfen...

Was können Führungskräfte von Juli Zehs scharfsinnigen Gesellschaftsanalysen lernen? Von Laibachs subversiver Dekonstruktion von Macht? Von Bert Brecht, Thomas Mann und Annie Ernaux? Von Richard Wagner und Pulp, Brian Eno und Tocotronic? Ulrich Wirth verbindet in 32 Kapiteln Literatur, Subkultur und Pop zu einem inspirierenden Roadtrip, der Führung radikal neu denkt.

Dieses Buch ist keine Landkarte, sondern ein Trip ohne Navi.

Es ist kein Rezeptbuch – eher ein Labor, in dem man die eigene Haltung destillieren muss.

Zwischen Zitat und Zumutung, zwischen Witz und Wahrheit, zwischen Kontrollverlust und Klartext.

Hier wird nicht erklärt, wie Führung „geht". Hier wird gezeigt, wie Führung fühlt.

Keiner dieser unsäglichen How-to-Ratgeber, sondern eine völlig unsterile Einladung, die Komplexität zu umarmen und den Rest von Menschlichkeit im Chaos der Führung zu finden.

Stellen Sie sich ein auf:

- Geschichten, die tiefer schneiden als jede KPI.
- Resilienz, erlernt in den Schlachten des Lebens.
- Unbequeme Fragen, die Ihr Selbstbild infrage stellen.
- Popkultur, die härter trifft als jede Strategietagung.
- Gedanken, die sich nicht benehmen wollen.

Sind Sie bereit, nicht durch Nachahmung zu führen, sondern durch Vorstellungskraft?

Ulrich Wirth:

Pflege und Gesundheitsausbildung neu gedacht. Community Outreach und Agenda Setting als innovative Ansätze für die strategische und politische Positionierung von Gesundheitseinrichtungen. Norderstedt: BoD, 2024, 224 Seiten, 24,99 Euro

ISBN: 978-3-7693-0847-1

Pflegeschulen und Schulen für Gesundheitsfachberufe als mehr als nur Ort von Kreidegeruch und Gruppenarbeiten? Ja, warum nicht gleich als Denkfabriken und Aktionszentren, die das Gesundheitswesen auf links drehen? Klingt utopisch? Nein. Es ist machbar. Wie? Mit einer Mischung aus Community Outreach und Agenda Setting – zwei Ansätze, die so wenig sexy klingen, dass man sie einfach lieben muss.

Outreach: der Moment, in dem man die warmen Seminarräume verlässt und in die Realität der Menschen eintaucht. Dort, wo das Leben nicht aus PowerPoint-Folien, sondern aus echten Problemen besteht. Es ist wie ein Reality-Check für diejenigen, die glauben, dass das Gesundheitssystem funktioniert, solange die Excel-Tabellen stimmen. Was man vor Ort sieht, hört, fühlt – das sind keine abstrakten Statistiken, sondern echte Geschichten, Gesichter, Stimmen. Und plötzlich hat man keine Ausreden mehr, die Herausforderungen zu ignorieren.

Dann kommt *Agenda Setting*. Das ist der elegante Teil. Die Kunst, die rohe, ungeschönte Realität so zu verpacken, dass sie den politischen Entscheidungsträgern nicht nur auffällt, sondern sie mitten ins schlechte Gewissen trifft. Die Geschichten aus dem Community Outreach werden zu Argumenten, die nicht mehr wegdiskutiert werden können. Plötzlich wird aus dem kleinen Pilotprojekt in irgendeinem verschlafenen Ort ein Beispiel für alles, was sich ändern muss – lokal, national, überall.

Das ist die Magie: Praxis trifft Theorie, und beide knallen aufeinander wie ein guter Streit in der Lieblingsbar. Die Praxis liefert den Zündstoff, die Theorie sorgt dafür, dass der Funke überspringt. Und plötzlich sind Pflegeschulen nicht mehr nur Ausbildungsstätten. Sie sind die Thinktanks des Gesundheitssystems, die mit den Füßen in der Realität stehen und mit den Köpfen neue Wege erdenken.

Stellen Sie sich das vor: Pflegeschulen und Gesundheitsfachschulen, die nicht nur darauf trainieren, was funktioniert, sondern fragen: Warum funktioniert es nicht? Die nicht nur ausbilden, sondern inspirieren, mobilisieren, verändern. Die Politik erdet, den Diskurs elektrisiert und das Gesundheitswesen wachrüttelt.

Das ist mehr als Bildung. Das ist Revolution. So wird aus einer Schule ein Ort, der nicht nur Wissen vermittelt, sondern Gesellschaft gestaltet. Ein Denk- und Aktionszentrum für die Zukunft. Bereit, alles zu verändern – und dabei sogar ein bisschen Spaß zu haben.

Ulrich Wirth:

Handbuch Bildungscontrolling. Steuerung von Bildungsprozessen in Pflegeschulen und Schulen für Gesundheitsfachberufe in der VUCA-Welt. Norderstedt: BoD, 2023, 123 Seiten, 24,99 Euro

ISBN: 978-3-7460-6377-5

Willkommen im neuen Zeitalter betrieblicher Bildung, wo Schulen für Gesundheitsfachberufe nicht mehr nur lernen, sondern kämpfen: um Azubis, Lehrkräfte, Praxisanleiter. Und eigentlich um ihre Existenz. Der demografische Wandel? Der läuft nicht mit der Zeit, er schlägt gnadenlos zu. Ein Würgegriff, der aus Bildungseinrichtungen Spieler in einem Wettkampf macht, den niemand gewinnen kann. Es ist ein Wettbewerb, bei dem es um Köpfe geht – aber die besten Köpfe fehlen. Willkommen in der Post-Covid-Welt.

Was tun, wenn der Markt leer ist? Ulrich Wirth hat die Antwort: ein Controlling-System für Pflegeschulen und Gesundheitsfachberufe. Kein staubtrockenes BWL-Geschwafel, sondern ein System, das Bildungsmanager:innen intuitiv nutzen können – auch während sie einen Praxisanleiter überreden, nicht zur Konkurrenz zu wechseln.

Warum Controlling? Weil es im Fachkräftemangel keine Alternativen gibt. Schulen konkurrieren nicht nur miteinander, sondern auch mit Universitäten und privaten Anbietern, die mit schicken New-Work-Buzzwords locken. Die Lösung? Strategisches Schulmanagement, das mit Kennzahlen Ordnung ins Chaos bringt. Nicht, um die Welt zu retten, aber um den nächsten Jahrgang durchzubringen.

Ein Handbuch für alle, die niemals BWL wollten

Wirth versteht, dass Schulleiter:innen und Bildungsmanager:innen weder Lust auf Controlling haben noch Zeit dafür. Die meisten kommen aus der Pflege oder Berufspädagogik, haben nie eine Bilanz gelesen und tragen dennoch die Verantwortung, ein komplexes System am Laufen zu halten. Dieses Buch ist für sie. Für alle, die Excel mit einem Seufzer öffnen und hoffen, dass die Zahlen stimmen.

Locker, praxisnah – und garantiert ohne Bullshit

Statt trockener Theorien bietet Wirth praktikable Lösungen. Das Kennzahlensystem? Verständlich. Die Umsetzung? Sofort möglich. Die Sprache? Klar und direkt, kein BWL-Kauderwelsch. Es ist mehr als eine Anleitung – ein Werkzeugkasten für Bildungsmanager:innen, die mehr wollen als bloßes Überleben. Sie wollen eine Strategie.

Was bleibt?

Am Ende ist dieses Buch keine Revolution, sondern ein Rettungsanker. Es ist die Chance, in einer Branche, die von Krisen zerlegt wird, wenigstens einen Plan zu haben – auch wenn die Welt brennt. Denn während andere noch Buzzwords wie „New Work" und „Bildungsmarketing" googeln, sind die Leser:innen dieses Buches schon dabei, Controlling als echten Hebel zu nutzen. Und das ist vielleicht das Einzige, was in dieser absurden Bildungslandschaft noch wirklich zählt.

Ulrich Wirth:

Zielvereinbarungen für Mitarbeitende an Pflegeschulen. Wie Anreizsysteme Pflegeschulen und Schulen für Gesundheitsfachberufe innovativ machen und zur Fachkräftesicherung beitragen. Norderstedt: BoD, 2023, 100 Seiten, 19,99 Euro

ISBN: 978-3-7568-8519-0

Ziele setzen, Belohnen, Überleben: Das Drama des modernen Bildungsmanagements

Seit Peter F. Drucker *Management by Objectives* aus der Management-Bibel in die reale Welt holte, wissen wir: Menschen funktionieren besser, wenn man sie mit Zielen füttert. Ein klarer Kurs, ein klarer Fokus. Theorie, klar. Aber in der Praxis? Eine Mischung aus Ignoranz und Chaos. Besonders in der Aus- und Weiterbildungswelt, wo Zielvereinbarungen eher nach Motivationsseminaren für gestrandete Führungskräfte klingen als nach funktionierenden Konzepten.

Und hier kommt Ulrich Wirth mit seinem neuen Buch: Zielvereinbarungen, nicht als Pflichtübung, sondern als Lebensrettungsmaßnahme für Pflegeschulen und Gesundheitsfachberufe. Warum? Weil wir mitten in der Katastrophe stehen: Fachkräftemangel, Überalterung, Burnout auf allen Ebenen. Die Antwort? Nicht Yoga-Kurse oder neue Farbkonzepte in den Pausenräumen, sondern ein System, das Menschen motiviert, fördert und belohnt.

Das Ziel: Überleben im Wettbewerb

Wirth rechnet nicht nur mit der aktuellen Praxis ab – er liefert die Anleitung, wie es besser geht. Zielvereinbarungen, ja, aber bitte nicht als seelenlose Tabellen voller KPI-Müll, sondern als lebendige, adaptive Systeme.

Schulen sind keine Maschinen, sie sind Ökosysteme, die auf Pädagogen und Praxisanleiter angewiesen sind, die mit Herzblut und nicht mit Resignation arbeiten.

Zielvereinbarungen können dieses Herzblut fördern – wenn sie richtig gemacht werden.

Wirths Ansatz: Ein Belohnungssystem, das nicht aus einem BWL-Albtraum stammt, sondern aus der Praxis. Verständlich, pragmatisch, realistisch. Nicht für die Vorstandsetage einer Aktiengesellschaft, sondern für die echten Menschen, die in den Klassenräumen und Skills-Labs stehen.

New Work trifft Realität

In Zeiten, in denen jede dritte Keynote von „*New Work*" faselt, während die Realität aus überfüllten Lehrplänen und mangelnden Ressourcen besteht, zeigt Wirth, wie Zielvereinbarungen tatsächlich funktionieren können.

Es geht nicht um utopische Arbeitsmodelle, sondern um machbare Veränderungen. Ein Framework, das sowohl die Organisation als auch die Menschen darin stärkt.

Was Sie erwartet

- Praktische Tipps ohne Buzzword-Bingo: Wirth liefert ein System, das direkt anwendbar ist – kein Warten, keine Workshops, kein Wahnsinn.
- Realistische Perspektiven: Wie finanzielle Anreize wirken, ohne das Budget zu sprengen.

- Fallstricke vermeiden: Warum Zielvereinbarungen scheitern und wie man das verhindert.
- Motivation neu denken: Wie Pädagogen und Praxisanleiter in einer Branche voller Druck und Erwartungen wieder einen Grund zum Durchatmen finden.

Fazit: Ein Überlebenshandbuch für Schulen im Ausnahmezustand

Ulrich Wirth hat mit *„Zielvereinbarungen für Mitarbeitende an Pflegeschulen"* nicht nur einen weiteren Management-Ratgeber geschrieben. Es ist eine Anleitung zum Überleben – für Schulleiter:innen, für Pädagog:innen und letztlich für die gesamte Branche. Die Botschaft ist klar: Wer im aktuellen Chaos bestehen will, braucht nicht mehr Probleme, sondern Lösungen, die greifen.

Dieses Buch liefert sie – direkt, ehrlich, umsetzbar. Keine faulen Kompromisse, keine unnötigen Konzepte. Und am Ende bleibt die Frage: Sind Zielvereinbarungen die Lösung? Vielleicht nicht die perfekte, aber die beste, die wir haben.

Ulrich Wirth:

Psychologische Kriegsführung im 2. Weltkrieg. Die britische Tarnschrift „Stiegel der Holzhauer" – Wehrkraftzersetzung durch medizinische Propaganda. Norderstedt: BoD, 2023, 152 Seiten, 29,99 Euro

ISBN: 978-3-7578-7977-8

„Stiegel der Holzhauer" – klingt wie der Titel eines unscheinbaren Heimatromans aus der Kategorie *„Erbauungsliteratur für die Provinz"*. Ein harmloses Reclam-Heftchen, das irgendwo zwischen Goethe und Fontane im Regal verstauben könnte. Doch diese kleine, hellbraune Broschüre hat mehr mit Sabotage und Manipulation zu tun als mit Prosa und Landschaftsbeschreibungen. Sie ist ein genialer Coup der *„Schwarzen Propaganda"*, ein Produkt der britischen *Division of Psychological Warfare*. Ein Wolf im Schafspelz, der deutsche Soldaten und Arbeiter gleichermaßen ins Visier nahm, um sie mit subversiven Ideen vom Endsieg abzuhalten.

Was steht drin?

Nicht, wie man Bäume fällt oder Gedichte schreibt, sondern wie man Tuberkulose vortäuscht, Gelbsucht simuliert oder sich gleich komplett aus dem Kriegsgeschehen verabschiedet – elegant und mit

Erfolg. *„Stiegel der Holzhauer"* war eine Anleitung zur Sabotage des eigenen Körpers, ein Werkzeug, um das Getriebe der deutschen Kriegsmaschinerie zu blockieren. Nicht mit Bomben oder Kugeln, sondern mit Krankheitssymptomen und Fieberthermometern. Der wahre Gegner? Die eigene Führung.

Propaganda als Kunstform

Ulrich Wirth nimmt die Leser:innen mit in die finstere Welt der *„Schwarzen Propaganda",* von Zweifel, Verunsicherung und Manipulation. Die *Political Warfare Executive* des britischen *Foreign Office* wusste genau, was sie tat: Das Heftchen war ein Meisterstück subversiver Kommunikation. Wie überzeugt man einen Soldaten, sich gegen seinen eigenen Staat zu wenden? Indem man ihm zeigt, dass Überleben cleverer ist als Gehorsam.

Persönlich und subversiv

Der Clou dieses Buches? Es bleibt nicht bei der historischen Analyse. Wirths Mutter fand das Heft 1943 an einem Spätsommermorgen – eine reale Begegnung mit Propaganda. Der Autor verbindet diese persönliche Geschichte mit einer fundierten Analyse der psychologischen Kriegsführung. Das Ergebnis: Ein Buch, das Historie greifbar macht, ohne ins Akademische abzurutschen.

Fazit: Pflichtlektüre für Zyniker und Weltversteher

Dieses Buch – hier erstmals komplett als Faksimile – ist keine einfache Kost. Es ist ein Blick in die Abgründe der menschlichen Psyche und in die düstere Effizienz des Zweifels als Waffe. Doch es lohnt sich – nicht nur für Geschichtsfreaks, sondern für alle, die wissen wollen, wie Macht funktioniert, damals wie heute. Ein scharfsinniges Werk, das zeigt: Die Feder ist mächtiger als das Schwert. Oder, in diesem Fall, das Thermometer.

Ulrich Wirth:

Dionysos gegen den Gekreuzigten: Friedrich Nietzsches Denkwerk in Georg Kaisers „Von morgens bis mitternachts". Norderstedt: BoD, 2023, 120 Seiten, 19,99 Euro

ISBN: 978-3-7583-1078-2

Der Tod des Dramas und die Geburt des Wahnsinns aus dem Geist des Expressionismus

Wir schreiben das Jahr 1912, und irgendwo zwischen den Trümmern der alten Welt und der schweißnassen Geburt einer neuen Zeit steht Georg Kaiser mit einem Hammer in der Hand. Nicht nur, weil Nietzsche ihn inspiriert hätte, sondern weil das alte Drama – geordnet, aristotelisch, vorhersehbar – sterben musste. Was Kaiser da mit *Von morgens bis mitternachts* schuf, war kein Theaterstück im klassischen Sinne, sondern ein Schlag ins Gesicht des Publikums, ein Aufschrei, ein Chaos aus Symbolen, Sprüngen und Sinnlichkeit. Aristoteles? Tot. Lessing? Beerdigt. Die Zukunft? Offen, schmerzhaft, dionysisch.

Und Nietzsche, der Schatten, der sich durch diese groteske Inszenierung zieht? Wirth nimmt ihn sich vor – mit chirurgischer Präzision und einer Leidenschaft, die der Thematik angemessen ist. Nietzsche, der Apokalyptiker, der Tänzer, der ewige Widerspruch, wird in Kaisers Drama nicht nur zitiert, sondern zelebriert. Es ist ein

Kampf zwischen Dionysos, der alles bejaht, und dem Gekreuzigten, der alles verneint. Ein Tanz auf dem Vulkan der Zivilisationskritik, wo jeder Schritt ein Abgrund ist.

Expressionismus: Die Kunst des Schreis

Was Wirth hier beschreibt, ist kein gemütlicher Spaziergang durch die Literaturgeschichte. Es ist eine Reise in die Eingeweide des Expressionismus, wo Syntax und Grammatik in Flammen aufgehen, wo Wörter schreien und Gesten explodieren. Die Welt steht Kopf, und die Bühne wird zum Spiegel einer Gesellschaft, die sich selbst nicht mehr erkennt.

Kaisers Erneuerung des Dramas

Kaisers Stationendrama ist keine lineare Erzählung, sondern ein zerrissenes Puzzle, das nur diejenigen zusammensetzen können, die bereit sind, die alten Regeln zu vergessen. Wirth zeigt, wie Kaiser sich der mittelalterlichen Mysterienspiele bedient, wie er die Montage des Films antizipiert und wie er mit der Philosophie Nietzsches ein neues Fundament für das Drama legt. Es ist eine Revolution, und Wirth ist ihr Chronist: präzise, scharfsinnig, mit einem Blick fürs Detail und einem Gespür für die Abgründe.

Nietzsche auf der Bühne: Dionysos und der Gekreuzigte

Wirths Analyse zeigt, wie tief Kaisers Werk von Nietzsche durchdrungen ist. Der Dualismus zwischen Dionysos und dem Gekreuzigten wird zum Herzstück des Dramas, ein Konflikt, der sich in jeder Szene, in jeder Geste widerspiegelt. Es ist ein Theater der Extreme, ein Spiegel unserer eigenen Zerrissenheit, ein Versuch, Ordnung im Chaos zu finden oder zumindest im Chaos zu tanzen.

Warum das lesen?

Weil Wirth nicht nur erklärt, sondern entlarvt. Er zeigt uns, wie Kunst, Philosophie und Wahnsinn miteinander verschmelzen, wie Kaiser und Nietzsche gemeinsam eine neue Bühne schaffen – nicht für die Unterhaltung, sondern für die Konfrontation.

Fazit: Ein Fest für Zyniker und Visionäre

Dieses Buch ist ein intellektuelles Feuerwerk, das die Brücke zwischen Literatur und Philosophie sprengt und uns ins kalte Wasser der Moderne wirft. Wirth beweist: Theater ist kein sicherer Raum, sondern ein Schlachtfeld.

Und Nietzsche?

Der lacht, irgendwo da oben, oder vielleicht auch da unten.